Von Sam Keen ist außerdem bei BASTEI-LÜBBE lieferbar:

60 353 Feuer im Bauch

Sam Keen

DIE LUST, ICH ZU SEIN

Entdecken Sie Ihre eigene Mythologie

Aus dem Amerikanischen von
Hedda Pänke

BASTEI-LÜBBE-TASCHENBUCH
Band 60 355

Die amerikanische Originalausgabe erschien
unter dem Titel TO A DANCING GOD bei
HarperCollins Publishers, New York
© 1970 by Sam Keen
© für das Vorwort zur Ausgabe von 1990 by Sam Keen
© für die deutsche Ausgabe 1993 by
Gustav Lübbe Verlag GmbH, Bergisch Gladbach
Printed in Germany, Oktober 1993
Einbandgestaltung: Roland Winkler
Titelillustration: M. Brandes, Berlin
Satz: hanseatenSatz-bremen, Bremen
Druck und Bindung: Ebner Ulm
ISBN 3-404-60355-9

Der Preis dieses Bandes versteht sich einschließlich
der gesetzlichen Mehrwertsteuer.

Inhalt

Vorwort zur Neuauflage 9

Einleitung 31

I / **Exil und Heimkehr** 37
   1. Exil — Eine Studie in Nostalgie 40
      Erinnerungen und Erwartungen eines
      Pseudo-Israeliten 41
      Ein existentialistisches Zwischenspiel —
      Planung der Zukunft und Entdeckung der
      Vergangenheit 47
   2. Heimkehr — Das Neue und die Würde der
     Zeit 60
      Die unbehagliche Gegenwart 62
      Die pulsierende Gegenwart 67
      Die lebendige Vergangenheit 73
      Die offene Zukunft 78

II / **Erziehung zur Serendipität** 81
      Schweigen, Staunen und die Kunst der
      Gelassenheit 88
      Einführung in die Sinnlichkeit 92
      Die Bestimmung der Zeit: Die Anwendung
      von Sonnenuhren, Kalendern und Uhren ... 101
      Wie man lieben lernt 107

Wie man Feinde liebt und Freunde haßt 115
Die Anatomie von Wünschen und Wollen .. 120
Geschichtenerzählen und die Entdeckung
der Identität................................ 126
Über würdiges Sterben (und Leben)........ 131

III / **Nachdenken über einen Pfirsichkern-Affen oder Das Geschichtenerzählen und der Tod Gottes** 141
Eine kurze Geschichte des Geschichten-
erzählens.................................. 148
Ein Weg über den Tod Gottes hinaus oder
Wie man Geschichten erzählt............... 164

IV / **Tagebuch eines Festjahres** 173

V / **Die Bedeutung der Sinnlichkeit — Anmerkung zu einer instinktiven Theologie** 225
Körperlichkeit und Gnade.................. 226
Die Implikationen der Inkarnation.......... 234
Das Fleischliche und das Heilige............ 239
Einige praktische Folgerungen — Für eine
Auferstehung des Körperlichen............. 249

Meiner Mutter Ruth McMurray Keen —
die mich durch ihr Beispiel lehrte,
meine eigene Wahrheit zu suchen,
und die in mir ein starkes und zärtliches
Vertrauen wachrief,
das den Tod vieler Überzeugungen überlebt hat.

Vorwort zur Neuauflage

Über den zwanzigsten Geburtstag von *To a Dancing God* bin ich so überrascht wie nur irgend jemand. Andere meiner Bücher erfreuten sich eines eher kurzen Lebens, um dann in der Vergessenheit von Antiquariaten zu verschwinden — Opfer künstlicher Alterung und des Auf-die-Schnelle-Lesens, das die Boulevardpresse erfunden hat. Aber *To a Dancing God* wurde ständig nachgedruckt.

Warum?

Schon bald nach der Erstveröffentlichung stellte ich fest, daß *To a Dancing God* eine schwache Stelle in der modernen Psyche berührt hatte, denn ich bekam Briefe von Lesern. Die meisten begannen mehr oder weniger auf die gleiche Art: »Lieber Sam, wir kennen uns nicht, und eigentlich ist es nicht meine Gewohnheit, an Autoren zu schreiben, und doch habe ich das Gefühl, Sie zu kennen. Ich möchte Ihnen danken, soviel von sich preisgegeben zu haben, besonders von Ihren inneren Kämpfen, und ich würde Ihnen gern meine Geschichte erzählen.« Im Verlauf der vergangenen zwanzig Jahre habe ich immer wieder derartige Briefe erhalten. Eine Frau kam gar aus South Carolina nach Kalifornien gereist, um mir von sich zu berichten.

Es scheint, daß ich durch die Veröffentlichung der ersten Kapitel meiner geistigen Autobiographie — ich war damals keine vierzig Jahre alt und noch in Aufruhr — anderen Menschen unabsichtlich gestattet habe, das spirituelle Drama ihrer Existenz ernst zu nehmen. Mit dem Erzählen meiner Geschichte habe ich religiöse Autorität in die Hände des Individuums zurückgelegt. Meine Entscheidung, der eigenen Erfahrung mehr zu trauen als jedem Dogma, jeder Kirche, jedem Guru oder sonstigen Autorität, hat andere ermutigt, das gleiche zu tun und setzte eine Bewegung in Gang, die den Begriff des Geschichtenerzählens in den Mittelpunkt der Theologie zurückbrachte. Genau dorthin gehört er auch.

In vielerlei Hinsicht gehört dieses Buch weit eher in die neunziger als in die siebziger Jahre. Die Idee einer persönlichen Mythologie, die ich darin vorstelle, mußte viele Jahre lang gegen den Strom schwimmen. Erst als die Arbeit von Joseph Campbell durch Bill Moyers' PBS-Serien *The Power of Myth* einem größeren Publikum bekannt wurde, erhielt der Begriff Mythos in der allgemeinen Öffentlichkeit eine positive Bedeutung. Als wir uns dann plötzlich und gleichzeitig 1. dem Wiederaufleben neokonservativer religiöser Orthodoxien, 2. Glasnost und den Todeszuckungen des Marxismus, 3. der bedingungslosen Fortschrittsgläubigkeit von Wirtschaft und Industrie trotz der heraufziehenden ökologischen Krise, 4. einer feministischen Revolution und 5. der Geburt spiritueller New Age-Mythen aus der Verbindung zwischen Quantenphysik und einem wiedererwachten Interesse an Meditation und östlicher Vergeistigung konfrontiert sahen, wurde unübersehbar, daß wir uns mitten in einer weltweiten kulturellen Krise befanden. Wir haben keine einheitlichen Mythen mehr und sind daher gezwungen, uns die Frage zu stellen, die C. G. Jung die wichtigste von allen genannt hat: Welchem Mythos hast du gelebt?

Seit zwanzig Jahren (15 davon zusammen mit Joseph Campbell) veranstalte ich Seminare zum Thema persönliche Mythologie, Mythen und Selbstheilung. In ihnen fordere ich die Menschen auf, den Prozeß des Erkennens ihrer Helden und Schurken, Visionen und Bestrebungen, Verletzungen und Begabungen nachzuvollziehen, den ich bei der Vorbereitung und beim Niederschreiben von *To a Dancing God* durchlaufen habe. Es ist ein bißchen eigenartig, sich plötzlich mitten im Trend wiederzufinden.

Autoren werden immer wieder zwei Fragen gestellt: »Welches Ihrer Bücher ist Ihr liebstes?« und »Wie würden Sie das von Ihnen Geschriebene verändern?« Diese Fragen verwirren mich erheblich. Es ist, als würde man gefragt: »Welches Ihrer Kinder haben Sie am liebsten?« oder »Was würden Sie an der Erziehung Ihrer Kinder verändern?«

Wenn ich heute das Buch noch einmal lese, stelle ich fest, daß ich im Grunde nur sehr wenig ändern würde. Die Zeit scheint seine Botschaft fast noch dringlicher gemacht zu haben, als sie vor zwei Jahrzehnten gewesen ist. Selbstverständlich gibt es da ein paar Dinge, die ich dem jungen Autor dieser Essays gern sagen würde. Manche seiner Visionen kann ich heute nicht mehr teilen, manche seiner Ideale konnte ich leider nicht verwirklichen. Im allgemeinen stelle ich ein wenig mißmutig fest, daß ich von seinem jugendlichen Enthusiasmus noch viel zu lernen habe. Ich hoffe, ich habe aus der Auseinandersetzung mit moralischen Widersprüchen, die er noch nicht verstand, zumindest ein wenig Weisheit gewonnen.

Um Ihnen diesen jungen Mann vorzustellen, der ich war und irgendwie noch immer bin, möchte ich ein paar Hauptthemen des Buches ansprechen.

Exil und Heimkehr

Zunächst erstaunt mich an *To a Dancing God* die Tatsache, wie schwer es sich der Autor mit der Entwicklung von Konzepten gemacht hat, die seinen Erfahrungen entsprachen. Er befand sich im Exil mit seiner unersättlich religiösen Einstellung, die nach einem Repertoire an Vorstellungen verlangt, einer Ansammlung von Mythen, einer Lebensliturgie, einer Karte für den Lebensweg. Er war (und ist noch immer) ein Mensch, der von Fragen verfolgt wird, die nicht beantwortet werden können aber dennoch nicht vergessen werden dürfen. Warum bin ich rastlos? Ängstlich? Warum werde ich von Verlangen verzehrt, von der Säure der Einsamkeit zerfressen, wo ich doch eine Frau, zwei Kinder, einen Hund, eine Katze und eine akademische Position habe? Gibt es vielleicht irgendeine Ekstase, irgendeine göttliche Verrücktheit, eine übermächtige Begeisterung, die mich hinreißen und meine Seele von ihrem Kleinmut und ihren Hemmungen reinigen kann?

Wenn ich mir das Ringen des jungen Keen so betrachte, dann weiß ich, daß er — und mit ihm Millionen anderer, die sich innerhalb der gesicherten Grenzen christlicher Mythen nicht mehr heimisch fühlen — es sehr viel schwieriger als angenommen finden wird, zu einer Weltsicht zu gelangen, die seine Ansprüche befriedigt. Einmal enttäuscht, wird er seine Skepsis nie lange genug ablegen können, um sich einem Kult oder einer Orthodoxie hingeben zu können. Doch da er einmal ein Gläubiger war, kann er sich auch nicht mit den polyglotten Befriedigungen des Säkularismus zufrieden geben oder sein Vertrauen einer Nation oder einer Organisation übertragen. Wenn ich mir die unvermeidliche Kollision zwischen dem fragenden Geist des Autors und seinem Bedürfnis nach einem spirituellen Vertrauen vorstelle, das der Integrität seines Geistes keine Gewalt antut, dann kann ich nur Mitleid mit ihm empfinden. Wenn er uns gegen Ende eines Essays versichert: »Ich bin zu Hause in meiner Zeit ... zufrieden, hier zu sein ... heimisch im anrührenden Nachhall des Gegenwärtigen«, dann weiß ich, daß er im Dunkel pfeift. Wenn ich genauer hinhöre, vernehme ich das Echo eines Vakuums, das nicht leicht zu füllen ist — weder für ihn noch für alle anderen, die außerhalb herkömmlicher religiöser Institutionen eine spirituelle Heimat finden müssen. Die Heimkehr dieses verlorenen Sohnes mußte länger und verschlungener werden, als er sie sich vorgestellt hatte. Es überrascht mich keineswegs, daß er mit seinem umherschweifenden Geist, den ungebremsten Emotionen, der Bilderstürmerwut, dem Verlangen nach erotischen Freiheiten und himmlischer Tollheit ins Leben hinausstürmte — und prompt auf die Nase fiel.

Der Teil von *To a Dancing God*, der zwangsläufig zu Narben führen mußte, ist der Tagebucheintrag vom 31. November 1969 in Teil Vier: »Gelöbnisse«. Als junger Mann, ungeduldig und gegen das ›Noch nicht‹ aufbegehrend, dachte ich, ich könnte meine Grenzen endlos ausdehnen, ohne dabei Brüche entstehen zu lassen. Ich glaubte, verbotene Terrains erkunden zu können, ohne früher eingegangene Verpflichtungen zu gefährden. Im Kapitel »Betrachtungen über einen Pfirsichkern-Affen«, in dem ich über die Versprechen nachdachte, die mein Vater und meine Mutter mir gegeben hatten, entdeckte ich den Felsen, auf dem meine Zufluchtsstätte errichtet war: die Heiligkeit von Gelöbnissen. Selbstverständlich war ich, wie meine Eltern, entschlossen, meine Versprechen getreulich einzuhalten.

Dazu genügt die Erklärung, daß meine Ehe nach 17

Jahren 1970 mit der Scheidung endete, und daß ich mich getrennt von Heim, Herd und Kindern wiederfand. Es hat zwanzig Jahre gebraucht, eine zweite Ehe und eine neue Familie, bis ich endlich da ankam, wo ich mich bereits 1969 gewähnt hatte. Und die Straße, die endlich nach Hause führte, erwies sich ganz anders als die, die ich mir vorgestellt hatte.

Als Ergebnis dieses Zerbrechens und Heilens innerhalb meiner Familie mußte ich immer wieder über Versprechen, Verpflichtungen, das Wesen der Treue sowie die Beziehung zwischen dem spirituellen Bestreben des Individuums und der Heiligkeit des heimischen Herdes nachdenken.

Noch immer glaube ich, daß Gelöbnisse das einzige vorbehaltlose Band schaffen, das der Zersetzung durch Zeit und Veränderungen widersteht. Und doch müssen Individuen mitunter ihre Schwüre aufheben, um ihren unterschiedlichen Berufungen folgen zu können. Ich habe keine Folge abstrakter Prinzipien entdecken können, die meine Scheidung gerechtfertigt hätte, oder anderen die Entscheidung darüber erleichtern könnte, wann sie in der Hoffnung auf eine unterirdische Quelle tiefer graben müssen und wann es besser ist, die Zelte abzubrechen und weiterzuziehen, bevor eine unvernünftige Verpflichtung eine irreversible Unfruchtbarkeit des Geistes bewirkt. Die folgende Feststellung scheint dem Kern der Sache zumindest nahe zu kommen: Wenn eingegangene Schwüre drohen, den Lebensmut derjenigen zu zerstören, die sie binden, scheint die kreative Natur der Liebe eine Trennung als einzige Möglichkeit zu verlangen, sich treu zu bleiben. »Bis daß der Tod uns scheidet« bezieht sich auf den Geist, nicht auf den Körper. Natürlich wäre es allzu einfach, Unbeständigkeit und mangelnde Bindungsfähigkeit mit persönlicher Entfaltung zu rechtfertigen, mit dem »Erkennen der eigenen Möglichkeiten« oder dem Folgen seines geistigen Sterns. Doch ähnlich einfach ist es auch, ein feiges Zurückweichen vor radikalen Veränderungen im Namen der Treue zu rechtfertigen.

Im Rückblick auf ein Leben wird deutlich, daß wir unsere Hoffnungen eher auf die Gnade richten sollten als auf irgendeinen Anspruch auf Vollkommenheit. Soviel ist sicher: Wenn man die Kunst der Reue und des Verzeihens lernt, kommt man leichter mit einem intakten Geist durchs Leben als durch das Vermeiden von Risiken und Fehlern.

Durch die Scheidung lernte ich etwas über Zerbrochenheit. Die Wiederheirat belehrte mich über Neubeginn und darüber, wie man freudig in einem Haus lebt, das von einem oder zwei Geistern bewohnt wird. Für beides bin ich dankbar.

Schließlich ist mein Geist ein erfahrener Reisender geworden, dessen Heimat die Straße ist. Je mehr ich über das Blutvergießen nachdenke, das von wahren Überzeugungstätern angerichtet wird, desto mehr komme ich zu der Überzeugung, daß wir dann am menschlichsten bleiben, wenn wir die großen legendären Fragen am Leben erhalten, ohne Antworten zu verlangen. Ein freier Geist, ein freies Gemüt ist stets ruhelos, unersättlich und irgendwie unbeständig. »Eine dauerhafte Ordnung auf Erden kann vermutlich nur geschaffen werden, wenn der Mensch sich stets kritisch bewußt bleibt, daß seine Bestimmung die eines Reisenden ist... *homo viator*... Dieser Reisende ist die Seele; und wegen der Seele, allein wegen der Seele können wir mit höchster Berechtigung sagen, daß ›Sein‹ notwendigerweise ›auf dem Weg sein‹ bedeutet«, sagte Gabriel Marcel.

Doch heute ist mein Körper ein Siedler und weiß etwas über die Zufriedenheit. Vor drei Jahren haben meine Frau Jananne und ich sechzig verwilderte Morgen im Sonoma County in Kalifornien gekauft. Mit Hilfe meines Sohnes Gifford haben wir ein Haus gebaut, eine Quelle erschlossen, Brücken errichtet und Zäune gezogen, um Pferde drinnen und streunende Kühe draußen zu halten, sowie Obstbäume gepflanzt. Im nächsten Monat werden wir eine kleine Scheune bauen und unseren ersten Garten anlegen. Die ersten Stunden des Tages verbringe ich mit Überlegungen, dem Schreiben und sonstigen geschäftlichen Dingen. Doch den Nachmittag widme ich erdverbundenen Arbeiten: Ich errichte Mauern, schleppe Steine, schlage Holz, kümmere mich um die Pferde, reinige die Quelle, grabe, pflanze, mähe.

Mit Leib und Seele habe ich inzwischen begriffen, daß man ›Heimat‹ nur auf einem Stück Land schaffen kann, nicht im Geist. *Am Anfang ist der Humus, nicht das Wort.* Die Menschen sind Geschöpfe der Erde, und wenn wir uns zu weit von den ursprünglichen Gegebenheiten, Dinge anzubauen, und den jahreszeitlichen Rhythmen entfernen, beginnen wir, uns verloren zu fühlen. Wenigstens mir geht es so. Ich entferne mich zunehmend von der Weltsicht der Gnostiker, modernen Intellektuellen und Computer-Gurus, die daran glauben, wir könnten durch eine ›Wissens-Revolution‹ und eine High-tech-Zukunft gerettet werden.

Ich glaube an das Land, an Humus, Erde, Materie, Pflanzen, Bäume, Tiere und ausreichend Wildnis, um sich darin verlaufen zu können. Ich frage mich, ob es in einer zunehmend urbanen Kultur möglich ist, etwas über unsere Verwandtschaft zu anderen fühlenden Geschöpfen zu erfahren und das Land genügend schätzen zu können, um es zu bewahren. Ich bezweifle, daß eine in Hochhäusern aufgewachsene Generation von Walt Disney oder aus *Wild Kingdom* lernen kann, die Heimat von Pumas und Antilopen zu verteidigen. Es ist schwer einzusehen, wie eine Kultur, in der drei Prozent der Bevölkerung die nötige Nahrung produzieren, während alle anderen in großen Städten leben, auch nur den Ansatz einer Hoffnung zeigt, zu Bewahrern der Erde zu werden.

Von meinem Leben auf dem Land und der Beschäftigung mit der Erde lerne ich endlich, daß diese Vertrautheit die Schule der Liebe ist. Man lernt einen Ort auf die gleiche Weise lieben, wie man eine Frau lieben lernt: durch häufigen Umgang und enge Kontakte. Die Schwalben, die jedes Jahr wiederkehren, um über der Küchentür ihr Nest zu bauen, sind keine x-beliebigen Exemplare von Rauchschwalben. Es sind die flügge gewordenen Jungen des letzten Jahres, die ich bei ihren ersten Flugversuchen beobachtet habe. Ich erkenne sie mehr im biblischen als im wissenschaftlichen Sinn.

Ich glaube, wir modernen Menschen werden für immer im Exil sein — schweifend, ruhelos, heimwehkrank —, wenn wir nicht endlich einen Weg finden, wieder in den dauerhaften Gegebenheiten von Humus und Wildnis zu wurzeln. Die einzige hoffnungsvolle Zukunft, die uns winkt, wird eine totale Neuorientierung verlangen, eine Verschiebung der Werte, ein neues Bewußtsein für das, was wir sind, eine neue Identität und eine neue Definition von Wirtschaft. Nur innerhalb der Horizonte der wachsenden Erde, nicht in der Pseudowelt der Wirtschaft, können wir jemals zu Hause sein. Das ist für mich harter Realismus — keine romantische Vision einer Rückkehr zum Garten Eden.

Mir scheint die Logik schrecklich einfach zu sein, die über unser Überleben oder unsere Vernichtung entscheidet:

Entweder akzeptieren wir unsere Verpflichtung, die Erde zu retten, oder wir sterben.
Und:
Wir können nur retten, was wir lieben.
Wir können nur lieben, was wir kennen.
Wir können nur kennen, was wir berühren.

Warnung: Achten Sie darauf, was Sie täglich berühren, denn es wird Ihren Geist, Ihren Körper und Ihr Herz prägen.

Unterweisung in serendipischen Fähigkeiten, Ergänzung: Als Ergebnis meiner Erfahrungen in den letzten Jahren möchte ich den Vorschlägen im Kapitel »Unterweisung in serendipischen Fähigkeiten« zwei weitere hinzufügen: 1. Erdverbundenheit oder: Wie man bescheiden lebt, auf Konsum verzichtet, am Hungertuche nagt, und 2. Visuelle Bildung oder: Wie man Platons Höhle entkommt.

Erdverbundenheit

Das wichtigste Problem, das wir in der nächsten Generation bewältigen müssen, ist die klare Unterscheidung zwischen Weiterentwicklung, Fortschritt und reinem Aktivismus. Heutzutage denken Planer ganz automatisch beim Anblick eines Sumpflandes daran, daß darauf sehr gut ein Einkaufszentrum stehen könnte. »Der Fortschritt läßt sich nicht aufhalten«, ist ein gängiges Klischee. Wenn wir den Begriff Fortschritt entmythologisieren, können wir uns vielleicht beim Anblick von Einkaufszentren vorstellen, daß sie sehr gut in Sumpfland, Wiesen oder offenes Gelände umgewandelt werden könnten.

In hohem Maße ist das, was heutzutage Bildung genannt wird, Ergebnis von Ideologien statt von Forschung. Bevor sich das nicht radikal ändert, wird es uns unbewußt einer unmenschlichen Zukunft ausliefern. Unsere Schulen folgen blindlings den Imperativen der Gesellschaft und bilden Menschen für eine zunehmend technologische Zukunft aus. Eine Zukunft, die überaus wettbewerbsorientiert ist, überaus verschwenderisch, überaus verstädtert, überaus vereinheitlicht, und in der mit großer Sicherheit die empfindliche Erde zerstört wird, die unsere einzige Heimat, unser Herd und unser Heil ist.

Angesichts der immer bedrohlicheren Umweltzerstörung wird überdeutlich, daß die Technomanie eine akute Gefährdung unseres Lebens darstellt. Solange wir keine organischere Beziehung zu unserer Umwelt entwickeln, wird unsere menschliche Gattung nicht überleben. Wir brauchen eine neue Art des Lebens mit der Natur, neue, zweckdienliche Technologien, eine neue, maßvolle Ökonomie, neue, ›grüne‹ Städte, eine neue, ländliche Kultur, einen neuen Mythos, der uns unseren Platz im Haushalt der Erde und im Gemeinwesen aller fühlenden Geschöpfe gibt.

Schulen, Hochschulen und Universitäten vergehen sich an den heranwachsenden Menschen, wenn sie sie nicht dazu anregen, nach Lebensformen zu forschen, die sich im Einklang mit den Anforderungen der Biosphäre und unseren Bedürfnissen nach einer fürsorglichen Gemeinschaft befinden. Wie die Dinge liegen, treiben wir ohnmächtig in eine zunehmend urbanisierte, institutionalisierte, wirtschaftlich bestimmte Zukunft. Zur Zeit vermitteln uns weder unser Schulsystem noch die Medien die Vision einer ländlichen, gemeinschaftlichen oder gemächlichen Lebensweise. Wir erziehen unsere

Kinder dazu, ›erstklassige‹ Erfolgstypen zu werden, aufreibend zu leben, um in Berufen nach oben offen zu sein, in denen frühes ›Ausgebranntsein‹ mittlerweile zur Tagesordnung gehört. Wenn wir wollen, daß sich unsere Kinder zwischen echten Alternativen frei entscheiden können, müssen wir sie dazu ermutigen, unterschiedliche Lebensweisen kennenzulernen.

Vielleicht müssen wir unterschiedliche Ausbildungswege entwickeln. Weg Eins für jene, die perfekt ausgebildet als Fachspezialisten in einer vereinheitlichten Welt leben wollen, und Weg Zwei für jene, die selbst-bewußter sein wollen, die an einem erfüllten persönlichen und gemeinschaftlichen Leben mehr interessiert sind als an wirtschaftlichem Aufstieg. Wir verlieren rasch die Fähigkeit, bescheiden zu leben, auf Konsum zu verzichten, am Hungertuche zu nagen — ebenso wie die entsprechende Vorstellung. Doch selbst in unserer in hohem Maße spezialisierten Gesellschaft üben Millionen Menschen unauffällig die Kunst eines selbsterhaltenden Lebens aus. In ländlichen Gebieten, kleinen Städten und Dörfern leben unbesungene Mehrheiten in echten Gemeinschaften, in denen sich die Menschen mit Fertigkeiten helfen, Gerätschaften ausleihen und sich ganz allgemein in Zeiten der Not beistehen.

Um die Alternative ›freiwilliger Einfachheit‹ zu einer Lebensentscheidung zu machen, müssen wir Austauschprogramme entwickeln, die Stadtkindern einen Geschmack ländlichen Lebens — und umgekehrt — vermitteln, ebenso wie Ausbildungsprogramme, die mehr Do-it-yourself-Fähigkeiten fördern. So utopisch die Forderung klingen mag, jeder gebildete Mensch müsse auch über praktisches Wissen in der Landwirtschaft verfügen, so irreführend ist die Annahme, wir könnten eine ökologisch lebensfähige Kultur schaffen, ohne daß die Mehrheit der Menschen über Erfahrungen verfügt, die Wirklichkeit und Metapher des Wachsens und Werdens tief in ihren Seelen verankern.

Visuelle Bildung

In den Ländern, die wir im Gegensatz zu den ›unterentwickelten‹ Staaten ›überentwickelt‹ nennen sollten, verbringt die Mehrheit der Menschen fast zwei Drittel der wachen Stunden jedes Tages entweder bei der Arbeit oder läßt sich unterhalten. In US-amerikanischen Haushalten nähert sich der tägliche Fernseh- und Videokonsum der Acht-Stunden-Marke. Damit fördern wir die Entwicklung einer Bevölkerung, die Plato als an den Zwang der Arbeit gefesselt und/oder in einer Höhle der Illusionen gefangen bezeichnet hätte.

Bedenken Sie doch einmal die Ähnlichkeiten zwischen den Gefangenen in Platos Höhle und Fernsehzuschauern. In beiden Fällen konzentriert sich die Aufmerksamkeit des Betrachters — die des Gefangenen und des Sesselhockers gleichermaßen — auf eine Mauer oder einen Schirm mit Abbildern der Wirklichkeit. Je länger die Zuschauer an die Flut der Bilder gefesselt sind, desto ›hypnotisierter‹ werden sie, desto abhängiger vom Wechselspiel der Illusionen. (Das Fernsehen versetzt Zuschauer in hochgradige ›Alpha-Stadien‹, in denen ihre Augen fest auf den Bildschirm gerichtet sind — selbst auf die Werbung und anderen Unsinn.) Für gewohnheitsmäßige Zuschauer werden die Illusionen Wirklichkeit. Die Rollen in *Dallas* oder *Denver* werden für sie allmählich ›wirklicher‹ als ihre Nachbarn. Die Welt aus dem Fernseher ersetzt die Welt eigener Erfahrungen. Wenn wir beginnen, in den medienproduzierten Pseudowelten zu leben, werden unsere eigenen Lebensdramen, unsere persönlichen Mythen und Autobiographien durch erfundene Filmserien ersetzt. Im 19. Jahrhundert hat ein Aristokrat gesagt: »Unsere Diener leben für uns.« Am Ende des 20. Jahrhunderts sind es unsere Schauspieler, die für uns leben. Wir studieren das Leben der Stars, geben uns mit Erfahrungen aus zweiter Hand und Ersatz-Abenteuern zufrieden und trösten uns damit, als Voyeure am ›Lebensstil der Prominenz‹ teilhaben zu können. Die eigenerzeugten Phantasien unserer persönlichen Vorstellungskraft werden schnell durch massenproduzierte Mythen für Konsumenten ersetzt.

Vergangenen Generationen wurde Information durch das geschriebene Wort vermittelt, und jeder gebildete Mensch lernte zwischen sachlichen Argumenten und emotionalen Meinungen zu unterscheiden. Unterweisung in Logik und den Regeln vernunftgemäßen Denkens waren Standardware. Heutzutage erhalten wir den größten Teil unserer Informationen, besonders was Welt- oder Lokalnachrichten anbelangt, aus dem Fernsehen: Die Welt, wie New York oder Los Angeles sie sieht. Kurz und gut — wir sind auf dem besten Weg, uns in eine visuelle Kultur zu verwandeln, die mehr auf das Abbild eingestellt ist als auf das Wort.

Trotzdem verzichten wir darauf, Schülern und Studenten zu raten, kritisch gegenüber den Images zu sein, die ihre Vorstellung und ihr Verhalten formen. Die letzten Präsidentschaftswahlen, in denen sich alle Kandidaten verschworen hatten, die brennenden nationalen Themen zu ignorieren, um sich auf Wortgeklingel, Phototermine und Banalitäten zu konzentrieren, die von cleveren PR-Experten ausgetüftelt worden waren, hätten jeden denkenden Menschen davon überzeugen müssen, daß wir an jeder Schule das Unterrichtsfach Visuelle Bildung brauchen, wenn wir etwas anderes sein wollen als eine passive manipulierte Masse.

Die von Anzeigen, Werbung und ›Mediakratie‹ geschaffene Atmosphäre wirkt sich zerstörerisch auf das geistige Leben aus. In jeder Religion zielen die geistigen Übungen von Versenkung, Gebet und Meditation darauf ab, den Geist zu beruhigen, das nie versiegende Verlangen des Fleisches zu bezähmen, die Habgier zu überwinden und zwischen Realität und Illusion zu unterscheiden. Das tägliche Betrachten der ›Nachrichten‹ hat nach Meinung von Joseph Campbell die klösterliche Gewohnheit geistiger Lesungen und abendlicher Gebete ersetzt.

Erzieher und Lehrer kämpfen gegen Windmühlen, wenn ihre Schüler ebensoviel Zeit vor dem Fernseher wie in der Schule verbringen. Wenn wir den Kindern nicht beibringen, eine kritische Einstellung gegenüber den Bildern zu gewinnen, denen sie ausgesetzt werden, müssen sie als Gefangene der Werbung aufwachsen, die lediglich zwischen Markennamen, standardisierten Berufen und den ›Lebensweisen‹ unterscheiden können, die im Moment gerade im Trend liegen.

Individualismus, Autorität und Gemeinschaft

To a Dancing God hat vor allem eine neue Vorstellung religiöser Autorität vermittelt. Logischerweise begeisterte das jene, die von Autoritäten enttäuscht waren und beunruhigte die anderen, die die Leichen im Keller lassen wollten.

Zunächst einmal warfen mir Theologen unverblümt vor, einem exzessiven Individualismus das Wort zu reden, da ich jedem Menschen das Recht auf seine eigene

Geschichte eingeräumt habe. Wie konnte ich es wagen, die Autorität der Bibel, der Kirche, der Traditionen in Frage zu stellen? Sah ich denn nicht ein, daß ich damit an den Grundfesten der Gemeinschaft rüttelte und zum zügellosen, entfremdenden Individualismus des modernen Lebens beitrug? Ein Heer imposanter Inquisitoren tadelte, wenn ich die Massen wirklich liebte, könnte ich deren Glauben an Wunder, Mysterien und Autoritäten gegenüber nicht so kritisch eingestellt sein. Obwohl das Buch besonders häufig von Theologiestudenten und spirituellen Suchern gelesen wurde, erhielt ich ein Jahrzehnt lang keine einzige Aufforderung, vor einem theologischen Seminar zu sprechen und nur selten eine Einladung in eine Kirche. Überzeugte Liberale und Marxisten gleichermaßen stellten fest, daß die Idee persönlicher Mythologie, die mit dem Essay »Betrachtungen über einen Pfirsichkern-Affen« begann, zwar manchen Menschen helfen könne, die Mythen und Geschichten zu entdecken, die sie krank machten und so zu ihrer Heilung beitragen, aber sie ginge nicht auf die Schaffung einer Gemeinschaft ein und spreche die großen politischen Tagesthemen nicht an.

Wenn überhaupt, dann ist die in *To a Dancing God* vorgeschlagene Medizin notwendiger für die Heilung der geistigen Probleme der neunziger Jahre als sie es für die der siebziger Jahre war.

Anfang der achtziger Jahre begannen sich in der Christenheit, im Judentum und im Islam entscheidende Veränderungen abzuzeichnen. Inzwischen hat die Theologie ihren Elfenbeinturm verlassen und sich auf die Straße und in die Ghettos begeben. Im besten Fall ist sie politisch und prophetisch geworden, im schlechtesten politisch und dämonisch. Es will scheinen, als hätte Gott in den letzten beiden Jahrzehnten weit mehr gekämpft als getanzt.

Auf der religiösen Rechten ist Er — und ich meine *Ihn* — Bündnisse mit Politikern und der Rüstungslobby eingegangen und ist in einer Reihe neuer Kreuzzüge in vielen Ländern mitmarschiert. Auf der ganzen Welt zeigte sich Religion gewalttätig und zornentbrannt. Unkritischer Glaube an die absolute Autorität von Bibel, Koran, Papst und Ayatollah vermischte sich mit neuerwachendem Nationalismus, um neue, konservative Bewegungen ins Leben zu rufen. Der religiöse Fanatismus, den wir im Verschwinden gewähnt hatten, erwachte zu neuer Blüte. Die religiöse Rechte mit ihrem Beharren auf der absoluten Wahrheit und orthodoxem Glauben schien plötzlich gefährlicher als religiöser Liberalismus.

Auf der religiösen Linken hat Gott neue Allianzen mit Marxisten, Frauen, farbigen Minderheiten und entrechteten Massen gebildet. In der Befreiungstheologie und der feministischen Theologie erscheint Er/Sie als militanter Kampfgefährte für Befreiung, Schwesterlichkeit, Brüderlichkeit und Gerechtigkeit.

Und überall an den Rändern erblühen alljährlich neue Kulte und erfreuen sich ihres zugeteilten Andy-Warhol-Quotienten 15minütiger Medienunsterblichkeit, bis sie dahinwelken. Sie sind alle um uns: Hexen, Punkrocker, Teufelsanbeter, Ufo-Kulte, unterschiedlichste Buddhisten, säkulare Humanisten, New-Age-Hellseher. Kahlgeschorene Hare Krischnas mit fahlem Teint tanzen zu den hypnotischen Klängen von Trommeln und Becken durch die Straßen, Anhänger von Lyndon LaRouche besetzen auf Flughäfen Tische und fordern Vorbeikommende auf, Jane Fonda an die Wale zu verfüttern, orangegekleidete Jünger von Bhagwan Rajneesh predigen freie Liebe und überschütten ihren geliebten Meister mit jeder Menge Rolls Royce, Moonies veranstalten Massenheiraten im Madison Square Garden, transzendentale

Meditatoren werben für Stressverminderung und empfehlen Kurse in Levitation, rassistische Kulte — Aryan Brotherhoods, Christian Patriots und die altbekannten Ku-Klux-Klan-Kapuzen — verlangen ein lilienweißes Gemeinwesen und brechen auf dem Weg zu diesem Ziel nebenbei Geraldo Rivera das Nasenbein, an Straßenecken offerieren Scientologen, unsere Persönlichkeit zu analysieren und unsere Erinnerungen auszulöschen und so weiter und so weiter. Mit schöner Regelmäßigkeit lesen wir herzzerreißende Geschichten über Kinder, die von Kulten eingefangen und gegen ihre Eltern aufgehetzt werden, nebst Berichten über strenge Disziplin und grausame Praktiken — alles im Namen Gottes und menschlicher Vervollkommnung. Und im Hintergrund lauert die schreckliche Erinnerung an Jim Jones und seine getreuen Anhänger, deren sterbliche Überreste in einem Massengrab in Guyana vermodern.

Die Orthodoxen und die anderen mögen sich in Details unterscheiden, doch auf eine entscheidende und sehr destruktive Weise sind sie sich gleich. Sie halten ihre jeweiligen Anführer für unfehlbar und verfügen über einen direkten Draht zu Gott oder der offenbarten Wahrheit. Von den Anhängern wird verlangt, daß sie ihren Willen, ihre gesunde Urteilskraft und oft auch ihren Besitz dem Anführer übereignen, daß sie ihrer Gruppe oberste Priorität einräumen — vor Freunden, Familie oder persönlichem Glück. Abweichungen, Zweifel oder Kritik werden nicht geduldet. Indem sie ihre Mitglieder von Kontakten und Gesprächen mit Außenstehenden fernhalten, schaffen die wahrhaft Gläubigen eine fanatische Gruppenloyalität, eine paranoide Angst vor Andersdenkenden und das Gefühl, daß die Sekte oder der Kult der einzige Hort von Sicherheit und Wahrheit in einer ansonsten grundschlechten Welt ist. Die Anhänger stellen ihren Anführern im Hinblick auf Doktrin und Disziplin keinerlei Fragen oder erkundigen sich gar danach, wieviel Geld sie inzwischen auf Schweizer Bankkonten angesammelt haben.

In dieser Zeit der Massen-›Ismen‹ ist es – rechts wie links – sehr leicht, dem modischen Trend zu folgen und irgendeinem Kult beizutreten. Doch bei politischen wie auch geistig-spirituellen Fragen sollte es sich eine kluge Frau, ein kluger Mann zur Gewohnheit machen, auf ihre/seine ›innere Stimme‹ zu hören.

Auf der Suche nach einem authentischen geistigen Leben muß sich jeder Mensch immer wieder in die Zufluchtsstätte des eigenen Ich zurückziehen, um auf dem Boden persönlicher Erfahrungen die Fußabdrücke eines tanzenden Gottes zu erkennen. Besonders in problematischen Zeiten, wenn die Gemeinschaft bedroht ist, wenn der nötige Konsens fehlt, wenn konkurrierende Autoritäten versuchen, sich unserer Loyalität zu versichern, wenn wir versucht sind, unsere Seele für wohlfeile Antworten zu verkaufen, muß sich das Individuum der erfreulichen Mühe unterziehen, die Quelle religiöser Autorität zu erforschen. So sehr wir uns auch Gemeinschaft, Konsens und übereinstimmende Vision wünschen – das ist genau das, was uns fehlt.

Je häufiger wir die dämonischen Auswirkungen blinden Gehorsams gegenüber religiösen oder säkularen Autoritäten beobachten können, desto wichtiger scheint es für den Einzelnen zu sein, in sich die Quelle geistiger Autorität zu entdecken, die es ihm gestatten wird, der Tyrannei durch die Masse zu widerstehen. Wir brauchen nicht den anonymen Individualismus der isolierten Massen, sondern die echte Individuation des geistigen Pilgers, der das Wagnis unternommen hat, lange und intensiv über den Sinn des Lebens nachzudenken.

Dionysos 1990 / Dionysos heute

Den größten Teil des Buches habe ich 1969 während meines Sabbatjahres geschrieben. In Kalifornien, wo ich die humanistische Psychologie-Bewegung studierte, war ich von einer berauschenden Mischung aus politischen Radikalen, psychedelischen Wanderern und Verteidigern der sexuellen Revolution umgeben. Die Proteste gegen den Krieg in Vietnam zeigten Wirkung, und die Bewegung zur Erweiterung der Möglichkeiten des Menschen verhieß Freude und Glück. In der Luft lag das Versprechen von Veränderungen und der Duft einer Hoffnung auf eine neue soziale, psychologische und politische Ordnung. Es war eine Zeit des Aufbruchs und der Durchbrüche, des Abschüttelns alter Zwänge und theatralischer Tollheit. Dionysos tobte durch die Straßen.

Jeder Kenner der griechischen Mythologie hätte vorhersagen können, daß Apoll, der Gott des Status quo, der Beschränkung, der Vernunft und der Sparsamkeit wieder Oberwasser gewinnen würde. Doch niemand konnte ahnen, daß die sozialen Programme der New Frontier und der Great Society aufgehoben werden könnten, daß eine schäbige konservative Stimmung das Land ergreifen würde, daß wir in eine Ära der Remilitarisierung eintreten würden.

Aber plötzlich tobte Dionysos wieder zügellos durch die Straßen. Doch nicht in Amerika. Die alten repressiven Strukturen des Sowjetimperialismus verfielen so schnell, das Gesicht Europas verändert sich so dramatisch, die Gesetze der Ost-Westpolitik werden so radikal auf den Kopf gestellt, daß uns kaum Zeit zum Atemholen bleibt. Die Gorbatschow-Revolution von Glasnost und Perestrojka hat der Welt neue Beispiele politischen

Mutes gezeigt. In Massen sind Menschen in Polen, in der DDR und in der Tschechoslowakei auf die Straßen gegangen und haben die alten Regime gestürzt. In Berlin wurde die Mauer von Touristen abgebrochen, die alle ein Souvenir einer schnell vergehenden Ära haben wollten. Die Vorstellung radikaler Veränderungen, mit der wir 1969 gespielt haben, ist heute Wirklichkeit geworden.

Die große Frage im Moment ist, wie Amerika auf den neuen Zeitgeist reagieren wird. Bisher waren wir vergleichsweise passive Zuschauer der dramatischen Vorgänge, Voyeure, die den politischen Mut der Studenten auf dem Tien-an-Men-Platz und der Menschen in Ostberlin beobachteten. Noch verspüren wir in unserer eigenen Gesellschaft nichts von der Revolution, nach der die Zeit verlangt. Im Augenblick verharren wir in der niederschmetternden Erkenntnis unserer Leiden: Drogen, Obdachlosigkeit, Überschuldung, Bandenkriminalität, Umweltvergiftung, Unredlichkeit innerhalb der Regierung und Mangel an politischem Entscheidungswillen, Führungsstärke und Vision. Die alte Ordnung befindet sich eindeutig in Auflösung. Uns kann es jedoch nicht darum gehen, einer repressiven Regierung ein Fünkchen Freiheit abzutrotzen. Wir müssen unsere beispiellosen Freiheiten und den Überfluß nutzen, um eine tragfähige und ökologisch gerechte Gesellschaft zu schaffen. Bislang haben wir es noch nicht einmal gewagt, uns die psychologischen, sozialen, wirtschaftlichen und politischen Veränderungen — und die Opfer, die gebracht werden müssen — vorzustellen, die nötig sind, um innerhalb der Grenzen endlicher Ressourcen zu leben. Da es für die kommenden Jahrzehnte zunehmend deutlicher wird, daß wir zwischen dem Überleben des Menschen und dem Wirtschaftskrieg-System wählen müssen, zwischen einer grünen Erde und endlos expandierenden Bevölkerungszahlen sowie einer unendlich wuchernden Industrie, wird uns der Geist, der in der Geschichte wirkt, um aus Verzweiflung Hoffnung, aus Tod Leben zu machen, zu einer neuen amerikanischen Revolution ermutigen. Sie können versichert sein: Das vor uns liegende Jahrzehnt wird ebenso spannend wie chaotisch.

Die Hoffnung, die mich heute beseelt, hat den Untergang vieler meiner frühen Träume überlebt. Sie wurde durch eine Scheidung angeschlagen, durch viele Enttäuschungen beschädigt, doch auch immer wieder neu geboren. Ich denke, sie ist aus dem gleichen Stoff wie die Hoffnung, die den Autor von *To a Dancing God* inspirierte und die heute Millionen Männer und Frauen auf die Straße bringt, um eine neue und gerechtere soziale Ordnung einzuklagen.

Wenn wir dem Geist des tanzenden Gottes treu bleiben, vertraue ich fest darauf, daß wir noch einmal eine neue Schöpfung aus dem Chaos der Zeit bewirken können.

Sam Keen
Sonoma County, California

Einleitung

Es war einmal ein unwandelbarer Gott, der war Herrscher über eine geordnete Welt, in der Veränderungen so angenehm verliefen, daß sie Fortschritt genannt wurden. Für alles gab es einen Ort und eine Zeit. An sechs Tagen wurde gearbeitet und am siebten Tag der Sinn der Arbeit erklärt. Bestimmte Dinge wurden am Sonntag nicht getan. Es gab auch Autoritäten. Pfarrer und Priester sprachen ohne Zögern von Gott und seinen Forderungen. Vater und Mutter sagten uns, was brave Jungen und Mädchen zu tun hatten (und meistens nicht taten). In der Zeitung stand nur die Wahrheit. Uncle Sam sorgte für die Sicherung der Demokratie in der Welt. Etwaige Lücken zwischen den ernannten Autoritäten füllten Vernunft und gesunder Menschenverstand.

Doch dann geschah etwas. Manche sagen, Gott sei gestorben. Wir wissen nur soviel: Alles das, was festgefügt gewesen war, brach auseinander. Chaos herrschte, und die Welt der Moral wirkte wie ein Möbelgeschäft nach einem Hurricane. Überall waren die Autoritäten in Frage gestellt, und selbst in höchsten Kreisen wurden Betrüger und Hochstapler entdeckt. Die allgemeine moralische Übereinstimmung löste sich in Pluralismus auf. Die Glaubwürdigkeit der Offenbarung und mit ihr die ganze gewaltige Struktur organisierter Religion wurde allmählich durch empirische und pragmatische Denkgewohnheiten zersetzt. Uncle Sam verlor jeden Anspruch auf die unbedingte Loyalität seiner Bürger wegen seines Verhaltens in Vietnam sowie seines Liebäugelns mit Antiballistikraketen und Verteidigungsstrategien, die den millionenfachen Tod von Menschen in Kauf nahmen. Auch das Ansehen von Lehre und Forschung bekam Flecken, als sich herausstellte, daß die Universitäten wie alle anderen Institutionen ihre Folgerungen und Schlüsse nach den Bedürfnissen ausrichteten. Zu allem Unglück sah es dann auch noch ganz so aus, als würden Jungen und Mädchen, die taten, was Vater und Mutter sagten, eher mit einer Neurose als mit Glückseligkeit belohnt.

Worauf kann man sich also noch verlassen? Vermutlich ist sogar diese Geschichte über den Tod der Autoritäten falsch. Wir können nichts mit Sicherheit wissen, weil es keine Autoritäten gibt, die es uns sagen könnten. Wenn die Götter in widersprüchlichen Zungen reden oder stumm bleiben, müssen die Menschen entscheiden. Doch wenn die Autorität zusammengebrochen ist, wie soll der Einzelne die Prinzipien eines zuverlässigen Lebensstils erkennen? Anhand welcher Kriterien soll er überhaupt entscheiden, was ein ›zuverlässiger‹ Lebensstil ist?

Von dieser Krise, von diesem Bestreben gehen diese Essays aus.

Ich kann nicht mit Sicherheit sagen, ob die Es-war-einmal-Geschichte über Leben und Tod der Autoritäten zutrifft. Vielleicht trage ich zu dem historischen Prozeß lediglich eine individuelle Erfahrung bei. Ich weiß jedoch, daß ich von Autoritäten enttäuscht wurde, denen zu vertrauen mir beigebracht worden war. Und ich habe es für nötig gehalten, in den vertrauten, sinnlichen, idiosynkratischen Elementen meiner Erfahrungen nach den Fundamenten meiner Identität und Würde zu suchen.

Ich mußte die Prinzipien erforschen, ohne die ich nicht sein konnte. Ich teile meine Überlegungen mit, da ich davon überzeugt bin, daß meine Geschichte nicht atypisch ist.

Ich, Sam Keen, habe dieses Buch geschrieben. Die Stimme, die aus diesen Essays zu Ihnen spricht, ist meine Stimme. Es ist nicht die Stimme der Philosophie, der Theologie oder die des Menschen von heute. Ich biete eine Reihe persönlicher Betrachtungen zu Themen, Problemen und Krisen an, mit denen ich mich herumzuschlagen hatte. Die Schlüsse, zu denen ich gelangt bin, sind keineswegs zwangsläufig. Sowohl meine Zweifel als auch meine Gewißheiten sind vielleicht zu eng mit unverwechselbaren Elementen meiner Autobiographie verknüpft, um für das verschwommene Wesen mit der Bezeichnung ›Mensch von heute‹ als typisch zu gelten. Meine Gewißheiten entstammen der Tatsache, daß ich einige Elemente eines Lebensstils herausgefunden habe, die für mich befriedigend sind. Meine Sicherheiten haben jedoch keinerlei Autorität — es sei denn, Sie kommen zu den gleichen Schlüssen und stimmen mir zu. So war und ist es bei mir. Wie es bei Ihnen ist, kann ich nicht sagen. Dennoch möchte ich Sie auffordern, das ›ich‹ in diesen Essays durch ein ›wir‹ zu ersetzen, wenn Sie sich mit mir in Übereinstimmung befinden.

Es bedarf einer gewissen Disziplin, ›ich‹ zu sagen und nicht zur Autorität des anonymen ›man‹, des Plurals ›wir‹, des mythischen ›Menschen von heute‹, der ehrwürdigen ›christlichen Tradition‹ oder des populären ›gesunden Menschenverstandes‹ Zuflucht zu nehmen. Und der Verzicht auf ausführliche Fußnoten verlangt mehr als nur ein bißchen Mut von jemandem, der eine akademische Ausbildung genossen hat. Beim Schreiben dieser Essays empfand ich zunehmend das Bedürfnis, in der ersten Person Singular zu schreiben, mich nicht hinter stilistischen Tricks zu verstecken, die den Eindruck vermitteln sollen, hinter den Aussagen stehe eine Autorität und ein Orakel, kein ganz normaler Mensch. Meine Disziplin und mein Mut haben mich oft im Stich gelassen. Als Einzelwesen zu schreiben, die Verantwortung für alle getroffenen Feststellungen zu übernehmen, erfordert eine größere Sensibilität (das heißt Bescheidenheit) und Selbstgewißheit, als ich besitze. Mein Versagen ist jedoch ein wichtiger Bestandteil des *Prozesses*, den diese Essays veranschaulichen. Daher habe ich die ersten Essays nicht umgeschrieben, um jene Worte und Absätze zu eliminieren, die von einem anonymen und abgehobenen Autor zu stammen scheinen.

Es könnte hilfreich sein, ein paar Worte über das Themengebiet dieses Buches zu verlieren. Die Fragen, die mich beschäftigten, konzentrieren sich auf einen Bereich, in dem sich Theologie, Philosophie, Psychologie und Politologie überschneiden. Den Bereich kann ich mit Hilfe einer Analogie deutlich machen.

Es gibt eine Pilzgattung − *Marasmius oreades* −, die sich auf eine für Experten der Geometrie höchst befriedigende Weise verhält. Sie pflanzt sich in Kreisen fort. Im Rasen, auf Weideflächen umzingelt der Pilz eine Grasfläche mit einem Ring gelber Organismen. Die augenfällige Anordnung dieser Pilze ist so adrett und einnehmend, daß sich selbst Plato genötigt gesehen hätte, einen zweiten Blick auf diese Brutstätte zu werfen. Wie Wißbegierige herausgefunden haben, sind es in der Tat Bestandteile eines einzigen Keims, mit dem die Pilze durch unterirdische Fasern − von den Botanikern Myzelien genannt − verbunden sind. Ihr Zentrum ist tatsächlich substantiell, allerdings, wie die Leidenschaft der Geometrieliebhaber, nicht auf den ersten Blick sichtbar. Gräbt man ein wenig, so kommt es zum Vorschein. Es sollte nicht gering geschätzt werden, daß seine Geometrie – wie Ihre und meine – aus Lehm geschaffen ist. Nichtsdestotrotz ist das Myzel das greifbare Symbol dessen, was Menschen ein Prinzip nennen. Die Beziehung der Prinzipien zueinander bringt Verständnis und Wissen. Sollte sie dem Auge nicht sichtbar sein, lohnte es sich im Interesse des Wissens durchaus, ein wenig zu graben.[1]

Diese Essays sind eine Erforschung der Myzelien. Sie sind philosophisch im klassischen Sinn, da es ihnen darum geht, unter die Oberfläche zu dringen und die Fundamente oder Prinzipien deutlich zu machen, die das menschliche Leben fördern, vereinen, erklären, auszeichnen, schöner machen und rechtfertigen. Ihre autobiographische Befangenheit weist ihnen einen Platz in der Philosophieströmung zu, die Existentialismus genannt wurde.

Es wäre auch keineswegs abwegig, die Essays als Untersuchungen der Möglichkeit anzusehen, Theologie nach dem ›Tod Gottes‹ zu betreiben. Ich kann kaum Unterschiede zwischen Philosophie und (anständiger) Theologie erkennen. Wenn Theologie den Anspruch auf Offenbarung aufgibt und aufhört mit institutioneller Autorität zu verkünden, wird sie ein Zweig der Philosophie; und wenn Philosophie Prinzipien oder Strukturen erkennt, die die Vorbedingungen menschlicher Ganzheit sind, entdeckt sie das Geheiligte. Eine phänomenologische Annäherung zeigt, daß es das Geheiligte ist, das begründet, stützt und erhält. Daher ist eine Philosophie, die das Myzel erforscht, auch eine unterirdische Theolo-

---

[1] John F. A. Taylor »Politics and the Human Covenant«, *Centennial Review* 71, Nr. 1 (1962), Seite 1.

gie. (Nur eine unterirdische Theologie ist radikal und erdverbunden genug, um die Untergrundkirche erhalten zu können.) Wenn also dieses Buch theologisch ist, dann in dem Sinne, daß es sich eher mit dem Naheliegenden als mit dem Unnahbaren beschäftigt, mehr mit dem Einheimischen als mit dem Importierten, mehr mit dem Alltäglichen als mit dem Ungewöhnlichen, mehr mit dem Natürlichen als mit dem Okkulten, mehr mit dem Humanistischen als mit dem Kirchlichen, mehr mit dem Geheiligten als mit Gott.

Der tanzende Gott, auf den sich der Titel dieses Buches bezieht, ist weder Apoll noch Dionysos. Er ist eigentlich namenlos und muß es vielleicht auch bleiben. Meine (Ihre?) einzige Gewißheit ist die, daß er mich (uns?) ebenso oft zur Disziplin wie zur Spontanität anregt, zur Entschlossenheit wie zur Ekstase, zur Überlegung wie zur Unmittelbarkeit. Das Geheiligte erschüttert stets alle unsere Kategorien, mit deren Hilfe wir das Geheiligte begreifen sollen. Und so setzt sich der Tanz fort. Das ist Leben. Und dafür möchte ich dieses Trankopfer darbringen.

Schließlich möchte ich der American Association of Theological Schools, dem Louisville Presbyterian Seminary, dem Western Behavioral Sciences Institute sowie dem Center for Studies of the Person für Darlehen, Stipendien und andere — materielle und immaterielle — Formen der Unterstützung danken, die es mir möglich gemacht haben, dieses Buch zu schreiben.

I

Exil und Heimkehr

Wie kann ich mit Anstand und Würde in der Zeit leben? In meiner Zeit?

Die Uhr ›vertickt‹ die Minuten. Meine Minuten. Jedes Ticken fällt mit einem Herzschlag zusammen. Das innere und äußere Maß der Zeit bringt mich näher an . . . näher an . . . (Meine Gedanken weigern sich, den Satz zu beenden, fürchten das Ende, das Urteil.) Meine Aufmerksamkeit wendet sich von den bangen Ungewißheiten ab, von der endgültigen Sicherheit der Zukunft, und begibt sich auf die Suche nach einem sichereren Refugium. Schnell lasse ich den turbulenten Strom der Gegenwart hinter mir und arbeite mich weiter und weiter in die ruhigeren Gewässer der Vergangenheit vor, bis ich an einem Sommertag zur Ruhe komme, an dem ich etwa acht Jahre alt war. Mit meinen Eltern fahre ich in die Berge. Lange kann es nicht mehr dauern, dann sind wir bei Apple Buchanans Haus angekommen. Wir lassen die letzte Anhöhe hinter uns. Da ist die Schaukel, die weit in das Tal hinausschwingt. Jeder beeilt sich, um als erster bei ihr zu sein. Dad klettert den Hügel hinauf, zieht am Seil, bis die Schaukel betriebsfertig ist. Los geht's! Ich schwinge über das Tal hinaus in die Umlaufbahn, bin mit der Erde nur noch durch das Nußbaumbrett verbunden, auf dem ich sitze, und die Stahlseile der Schaukel, und zurück über den Fluß und die Weide, durch den Geruch nach Äpfeln und Kiefernrauch. Hinaus und zurück, hinaus und zurück. Allmählich erstirbt die Pendelbewegung, und ich komme im Staub unter der Schaukel zur Ruhe. »Daddy, ich will wieder schaukeln! Laß mich noch einmal den Hügel hinauffliegen!« Dad, Dad, Dad — tot. Tick, tick, tick ... das Ticken hört auf. In mir schnürt Panik den Atem ab. Ich muß hier raus! Weg aus der Vergangenheit. Die Erinnerung ist kein Refugium, das vor dem Tod schützt. In Zukunft und Vergangenheit liegt Unbehagen. Mir bleibt nur eine Hoffnung. Ich zwinge mich in das Hier und Heute, konzentriere mich auf die Geräusche (Düsenlärm, Wellenschlag, Herzklopfen) und die Empfindungen des Augenblicks (warme Sonne, kühle Haut, salzige Luft, klebrige Schreibmaschinentasten). Ich feile sorgfältig an meiner Aufmerksamkeit und hoffe, daß sie mich zum tieferen Sinn der Dinge vorstoßen läßt. Ich durchlaufe viele Metamorphosen, werde ein weißer Reißnagel in einem roten Brett, ein wedelnder Hundeschwanz vor einem blauen Himmel, ein Jukken zwischen den Zehen, ein Schild mit der Aufschrift: Privatbesitz. Ich bewege mich von Anreiz zu Anreiz, empfinde dabei aber keine Zufriedenheit. Ich drehe und wende mich, laufe hierhin und dorthin in meiner Zeit. Ein zielloses Gerippe. Ein Wanderer im Exil.

1. Exil – Eine Studie in Nostalgie

Nostalgie ist ein Symptom des Exils, das Merkmal eines Unbehagens in der Zeit. Ein Exilant ist ein Gast in der Gegenwart, der von Sehnsucht nach einer Heimat verzehrt wird, die in der Vergangenheit oder der Zukunft liegt. Die Erfüllung dieses Verlangens hängt ab von einer Rückkehr in die mythische Goldene Zeit des ›Es war einmal‹ oder von der Aufnahme in die Alabaster-Stadt des Morgen. Exil ist die Sehnsucht nach etwas, das gewesen ist oder sein wird, ein Leben in Erinnerung oder Erwartung, ein Streben nach Rechtfertigung (dem Blauen Umweltschutzengel als Gütesiegel).

Die Nostalgie spricht viele Sprachen und tritt in vielerlei Verkleidung auf. Senioren erinnern sich an die gute alte Zeit, in der es Schiffe aus Holz und Männer aus Eisen gab, freies Unternehmertum und ein Glas Bier für einen Groschen. Religiöse Menschen erinnern sich an das Paradies, träumen vom Neuen Jerusalem, verehren Splitter des Heiligen Kreuzes und Knöchelchen von Menschen, die zur Zeit des Herrn auf Erden wandelten. Aufgeklärte Vorstadtbewohner sammeln alte Medizinfläschchen, Model A-Fords, Reproduktionen authentischer frühamerikanischer Möbel und machen aus Alltäglichem Erlesenes (»Erinnerst du dich an die unübertroffene Darstellung Humphrey Bogarts in *Der Malteser Falke?*«). Das Verlangen kann aber auch in die

Zukunft gerichtet sein: »Wenn ich in den Himmel komme, werde ich meine Schuhe anziehen . . .« — »Wenn ich diese Hypothek endlich abgezahlt habe, setze ich mich in mein Auto und . . .« — »Wenn ich diese Angst vor dem Sex verloren habe, werde ich . . .« Erst dann werde ich glücklich, sicher und zufrieden sein. Sobald ich dieses Buch beendet habe . . . In der seligen Zukunft, wenn wir endlich an die herrlichen Gestade gelangen. Wo das ›Da Sein‹ immer woanders ist: vor langer Zeit und weit weg, oder auch nur um die Ecke im Garten Eden oder in der klassenlosen Gesellschaft.

Ein Mensch durchwandert so lange das Exil, bis er das ›Es war einmal‹ oder das ›Irgendwann‹ entdeckt hat, das seinen persönlichen Sehnsüchten Form gibt und die öffentlichen oder ganz privaten Mythen entmythologisiert, nach denen er bisher gelebt hat. Meine Wanderung durch die Wüste begann im gelobten Land Israel.

Erinnerungen und Erwartungen eines Pseudo-Israeliten

Es war in Tennessee, wo ich zum ersten Mal von der Geschichte meiner eigentlichen Heimat erfuhr — in den nach Rassen getrennten Räumen der Sonntagsschule, die mit Bildern und Karten des Heiligen Landes geschmückt waren. Noch vor meinem sechsten Geburtstag hatte ich Judäa und Galiläa durchstreift, Kapernaum, Bethlehem und Jerusalem. Mit Jesus und seinen Jüngern teilte ich den Staub der Straße, um mich abends am Luxus eines Fußbades, an Brot und Oliven in einem bescheidenen Heim zu erfreuen. Zu welch herrlicher Zeit in einem gesegneten Land gehörte ich doch! Über diese Berge, durch diese Wüstenorte waren bereits meine Vorväter — Abraham, Isaak, David und Salomon — gezogen, hatten die Feinde des Herrn vernichtet und ein Königreich für das auserwählte Volk errichtet. Anhand von Pappmaché-Modellen lernte ich die Architektur des Heiligen Landes kennen und anhand von frottee-gewandeten Puppen die Art sich zu kleiden (und in den Pausen gab es Milch und Vollkorn-Crackers). Ich erfuhr von Deborahs Heldenmut (doch nichts von dem Molly Pitchers) sowie von den Richtern und Königen, die der Herr erhört hatte, damit sie sein Volk führten und züchtigten (aber nichts von den Richtern im Blount County, die dazu beitrugen, Whiskey illegal zu brennen und mit hohem Profit zu verkaufen). Ich kannte die Topographie von Judäa, bevor ich das Cumberland Plateau bestimmen konnte, sowie ich auch die Straße von Damaskus nach Jerusalem kannte, bevor ich wußte, wie ich von Maryville nach Knoxville kam.

Rittlings auf dem Heiligen Land saß die Gestalt Jesu, mein Vorbild, mein Heiland, mein Richter und mein Herr. Jesus liebte mich, das wußte ich. In Jesus besaß ich einen Freund, mit dem ich durch Tennessee streifen konnte, der mir Rat und Beistand gab, Hilfe und Sicherheit. Ich sang zwar: »It may not be on a mountain top or over a stormy sea, it may not be on the battle front, my Lord will have need of me«, war aber fest davon überzeugt, daß mir das Privileg zufallen würde, einen Posten einnehmen zu dürfen, an dem die Schlacht gegen die Feinde der Aufrechten besonders heftig tobte. Ich sehnte mich glühend danach, zu den Helden und Heiligen gezählt zu werden. Ich bereitete mich auf den Platz in der Geschichte vor, den mir Jesus zuweisen würde, indem ich mich mit dem Wort (der Bibel, King James-Ausgabe, Anmerkungen von Schofield) bewaffnete und mittels Gebeten engen Kontakt zum Hauptquartier hielt. Ich hatte kaum Zweifel an dem, was Jesus von mir verlangte.

Dennoch regte sich in mir ein gewisser Widerstand, wenn ich davon ausgehen mußte, daß zu den Feinden, die ich lieben sollte, auch die gräßlichen Long-Jungs gehörten, deren Verworfenheit doch für jedermann ersichtlich war. (Sie rauchten echte Zigaretten, die sie aus dem Laden ihres Vaters geklaut hatten, während wir auf Hasentabak und Maisfäden angewiesen waren.) Mitunter befürchtete ich, der entscheidenden Prüfung der Jüngerschaft unterworfen zu werden: der Wahl zwischen meinen Eltern und dem Herrn. Obwohl alles darauf hinwies, daß sie zu den treuesten Anhängern Christi gehörten, wußte ich doch, daß eines Tages der Moment kommen würde, an dem meine absolute Hingabe auf irgendeine geheimnisvolle und ungeheuerliche Weise bewiesen werden müßte. »Einmal kommt für jeden Menschen, für jede Nation der Moment zu entscheiden ...« Doch im Moment verlangte Jesus lediglich Sanftmut und die Abstinenz von den offensichtlichen Sünden (Rauchen, Lügen, Stehlen, Fluchen, ins Kino gehen, die theologische Lehrmeinung in Frage zu stellen, Sex und eine frivole Freude an der Welt). Mit großem Ernst und äußerster Hingabe bereitete ich mich auf die schwere Aufgabe vor, als himmlischer Exilant inmitten einer sündigen Welt leben zu müssen. Ein reisender Fremder in diesem irdischen Jammertal muß gegen die Verlockungen der Zeit gewappnet sein. Es bestand immer die Gefahr, daß sich Freude Bahn brach und die schwerwiegende Wahrheit erschütterte, daß alle Menschen Sünder sind, deren einzige Hoffnung darin besteht, sich der Gnade Jesu Christi anheimzugeben.

Unvermeidlich hinkte ich dem Ideal Jesu stets und ständig mit Längen hinterher, tat Buße und erneuerte meinen Schwur, getreulich in den Fußstapfen des Meisters zu folgen. Wenn ich auch wußte, daß die von mir erwartete Heiligkeit die Grenzen meiner Willenskraft überstieg, bestand doch immerhin die immer präsente Möglichkeit, daß das Reich Gottes jeden Augenblick anbrach und mich von meiner Unheiligkeit läuterte. In den kleinen Orten in Alabama, Florida und Tennessee, in denen ich lebte, bestand unter den Aufrechten allgemeine Übereinstimmung darüber, daß wir in der Endzeit lebten, daß das Jüngste Gericht nahe war. Über die Details des kommenden Reichs gab es jedoch höchst widersprüchliche Ansichten. Manche hielten Mussolini für das Tier mit der Zahl 666, das der Offenbarung des Johannes zufolge das Reich des Bösen einleitete, das kurz vor dem Triumph der Heiligen hereinbrechen würde. Andere sprachen Hitler diese Ehre zu. Nicht wenige standhafte Republikaner hielten wiederum Franklin Delano Roosevelt für den Antichrist. Für mein kindliches Gemüt wurde dies zudem durch die Tatsache verwirrt, daß 666 auch der Firmenname eines umfassend beworbenen Kopfschmerzmittels war. Jeder Kandidat für den Antichrist verfügte über loyale Anhänger, die die Sache ihres Anwärters mit dunklen Zitaten aus dem Buch Daniel, der Offenbarung oder Kapitel 13 des Markus-Evangeliums verfochten. Ich glaube mich zu erinnern, daß ich meinen Bruder in einem Wutanfall einmal als »abscheuliche Plage« bezeichnete, »die die Erde geschlagen« habe (was er zu Zeiten durchaus sein konnte). Es entstand eine erregte Debatte darüber, ob Jesus sein Reich sofort oder erst nach dem Sieg über den Antichrist und der Niederschlagung seiner tausendjährigen Herrschaft errichten würde. Für einen Atheisten oder Weltweisen mag das eine akademische Frage sein, aber für jene, die das unmittelbare Ende der Geschichte erwarteten, war es schon von einiger Bedeutung, ob sie in die Vor-Millenium-Herrschaft des Bösen oder in das Reich Gottes geleitet wurden.

Welche geringfügigen Unterschiede in der Interpretation das Bild auch trüben mochten, der Gesamteindruck war eindeutig. Das gegenwärtige Zeitalter war der dekadente Abschluß der Geschichte. In seiner Beherrschung der Ereignisse war das Böse mittlerweile an einen Punkt gekommen, an dem sich Gott zum Eingreifen gezwungen sah. Die Christen waren Exilanten und Pilger in dieser verwerflichen Zeit von schleichendem Sozialismus und Modernismus, lockerer Moral und zunehmendem Müßiggang. Heil und Errettung war nur jenen bestimmt, die bereit waren, der Welt zu entsagen und für das nahe Reich Gottes zu leben. Es verstand sich von selbst, daß die einzig wahre Berufung des Christen darin bestand, den Heiden das Evangelium zu predigen und der Welt die heilbringende Kenntnis von Jesus Christus zu vermitteln. Die Zukunft gehörte jenen, die sich darauf vorbereiteten, die ihre Gegenwart zu einer Suche nach Heiligkeit machten. Alles andere als die absolute Treue zu Jesus war Verrat. Das wahre Leben vereinte Mißtrauen und Abscheu gegen das Gegenwärtige mit der Sehnsucht nach dem Heiligen Land und dem Verlangen nach dem Reich Gottes, das da nahe war.

Als ich mich der Pubertät näherte, geriet meine Nostalgie nach dem alten Israel und dem Neuen Jerusalem in Konflikt mit einem dunklen Verlangen, das aus ekstatischen Träumen geboren war. Die Stimme des Körpers holte mich in die Gegenwart zurück. Der Wettkampf zwischen Jesus als Herrn der Vergangenheit und der Zukunft einerseits und dem Lebenssaft, der im grünen Körper des Jugendlichen aufsteigt, andererseits, erwies sich als ungleich. Meine Loyalität spaltete sich auf. Auch wenn mein Geist auf den Triumph der Heiligkeit hoffte, flehte mein Körper, das Reich Gottes möge noch nicht anbrechen, um mich unter Umständen unberührt vorzufinden. Es war unmöglich, über die Verheißungen zu frohlocken, es werde »in Christus weder Mann noch Frau geben« und im Reich Gottes würden Eheschließungen überflüssig sein, wenn ich vom Geheimnis des Sex noch gar nicht gekostet hatte.

Als dann mein Körper nach Befriedigungen verlangte, die dringender waren als jene, die für das Reich Gottes verheißen wurden, schloß sich mein Geist der Rebellion an. Mit zunehmender Sorge stellte ich fest, daß das, was ich bislang für die Basis meiner Identität gehalten hatte, fehlbar war. Kritische Untersuchungen der Bibel im Hinblick auf Geschichte und Text erbrachten einen hohen Grad von Wahrscheinlichkeit, daß viele der alten, alten Geschichten nur Geschichten sind. Die Beweislage ließ darauf schließen, daß viele der »großen Werke Gottes« gar nicht geschehen waren, daß das ganze Schema von Verheißung und Erfüllung, auf dem die christliche Geschichtsvorstellung beruht, von den Verfassern der Bibel *ex post facto* aufgedrängt wurde. Ich erfuhr von Erlösern vor und nach Jesus, die als Märtyrer gestorben waren, sowie von dem langen Prozeß politischer und kirchlicher Streitereien, die jene Orthodoxie erst allmählich schufen, die für mich mit den Ereignissen untrennbar verbunden gewesen war. Und ich erfuhr von gnostischen Errettern, die auf die Erde kamen (oder fast auf die Erde), starben und wiedererweckt wurden. Als die Schlußfolgerung unausweichlich war, daß meine geschichtliche Entwicklung als Israelit von Menschen konstruiert war und nicht von Gott, tat sich mein Geist mit meinem Körper in der Forderung zusammen, Israel zu verlassen und nach Amerika heimzukehren.

Die Krise kam in den frühen Stunden eines Februarmorgens in Sichtweite des Harvard Yard. Die Armeen des Herrn sahen sich den Armeen der Wirklichkeit gegenüber. Auf der einen Seite stand alles, was ich im Hinblick auf Himmel und Erde geglaubt hatte sowie mein verblüffendes Verlangen nach Reinheit, Heiligkeit und Gehorsam gegenüber einem bekannten Gott. Auf der anderen Seite waren da eine Rastlosigkeit in den Lenden, ein paar Tatsachen, die nicht geleugnet werden konnten, und etwas Unbekanntes, das sowohl Schrecken als auch Abenteuer versprach. Für mich ergab sich die Wahl Christ zu bleiben oder ehrlich zu werden. Die Armeen, die das Heilige Land verteidigten, kämpften bis zum letzten Atemzug, bis sie aufgaben. Erschöpft schlief ich ein. Gegen Mittag erwachte ich in Cambridge, Massachusetts, USA, und ging nach Kaffee und Brötchen daran, die Welt neu zu erschaffen.

Ein existentialistisches Zwischenspiel — Planung der Zukunft und Entdeckung der Vergangenheit

Von der Religionsgeschichte und der Eschatologie wandte ich mich dem Existentialismus und dem Bemühen zu, meine Zukunft zu planen und meine Vergangenheit zu rekonstruieren.

Anfang der fünfziger Jahre, als ich in der Philosophie die Ganzheit zu suchen begann, die ich in der Religion nicht gefunden hatte, erregte zunächst der Existentialismus meine Aufmerksamkeit. Die Boulevardpresse gefiel sich damals darin, Photos betörend schöner Mädchen und bärtiger Männer zu drucken und Schilderungen ihrer ausschweifenden Aktivitäten zu veröffentlichen. Manche von ihnen lebten, so hieß es, wie die Lilien auf dem Felde (oder die Tiere im Dschungel), waren sexuell absolut hemmungslos und verschwendeten keinen Gedanken an den morgigen Tag. In jeder Generation halten es die Medien für nötig, das Image einer Gruppe zu vermitteln, die die Ideale von Spontanität, Anarchismus und Unabhängigkeit von allen ehrenwerten Repressionen verkörpert.

Mit einer aus langer Abhängigkeit vom Buch der Bücher geborenen Gläubigkeit wandte ich mich auf der Suche nach dem Weg ins Reich des Jetzt den Bibliotheken und Hörsälen zu. Aber kaum hatte ich die Schwelle zur Wissenschaft überschritten, fand ich dort einen Existentialismus, der genau das Gegenteil dessen war, was mich zunächst angezogen hatte. Von Kierkegaard, Heidegger, Camus und Sartre lernte ich Hoffnung, Liebe und anderen sanftmütigen Geisteshaltungen zu mißtrauen, Ängste, Sorgen und Qualen jedoch schätzen. Als ich darum bemüht war, mir den Ehrentitel Moderner Mensch zu erwerben, tauchte ich tief in den Nihilismus ein und erhob mich wieder mit stoischem Mut, um mir aus meinen inneren Ressourcen einen Wohnort in einer rücksichts- und lichtlosen Welt zu schaffen.

Sartre stattete mich mit den nützlichsten Werkzeugen zum Aufbau einer neuen Identität aus, mit einer neuen Eschatologie. Während das Christentum mich gelehrt hatte, die Zukunft sei ein Geschenk, das Vollkommenheit und Genugtuung in sich birgt, beharrte Sartre darauf, daß ich keine wahre Gegenwart haben könne, wenn ich nicht die ungeheure Verantwortung übernahm, meinem Leben durch ein von mir geschaffenes Projekt einen gewissen Sinn zu geben. Sein heißt Werden. Jede menschliche Würde beruhe auf der Entscheidung für irgendein Projekt sowie dem freiwillig gewählten Ziel entsprechenden Handeln. Der wahre Mensch sei teleologisch orientiert; sein Ziel rechtfertige seine Mittel; seine erwählte Zukunft befreie seine Gegenwart von Leere und Ekel. Es sei an mir, meinem Leben Würde, Sinn und Wert durch Entschluß und Tat zu geben.

Mein erster Entschluß bestand darin, eine Heidin zu heiraten. Schon als geistiger Bewohner Israels hatte ich mich mit Heather getroffen, doch zu dieser Zeit war mir klar, daß sie keine passende Ehefrau abgeben würde. Kluge Gläubige lassen sich nicht von Ungläubigen einspannen, ganz egal, wie attraktiv sie auch sein mögen. Die Beachtung der ernsthaften Aufgaben für das Reich Gottes verlangt absolute Hingabe. Als freier Bürger der Welt von heute entschied ich mich jedoch dazu, mich den Verheißungen einer befriedigenden Gegenwart und Zukunft zu beugen. Ich verhielt mich meinem Verlangen gegenüber loyal, meinen Pflichten gegenüber ungehorsam — und wurde mit einem ersten Geschmack reizvoller Freiheit belohnt.

Auch wenn ich es mir zu diesem Zeitpunkt noch nicht bewußt machte, begann ich in einen Traum zu investieren, in ein Projekt, eine Zukunft, die dazu angetan war, meine Existenz zu rechtfertigen. In meiner Ignoranz tauschte ich die Vorstellungen des Reiches Gottes für ein anderes Königreich der Zukunft ein, behielt aber die alte Lebensweise bei. Ich schob die Befriedigung auf und lebte erwartungsvoll auf ein künftiges Ereignis hin, das aus mir ein vollständiges menschliches Wesen machen würde. Meine Sehnsucht richtete sich auf den Zeitpunkt, an dem ich zum Doktor der Philosophe promovieren und ein Dozent sein würde. Sobald dieses Ziel erreicht war, würde eine Zauberwelt mein eigen sein, davon war ich fest überzeugt: Anspannung würde der Lockerheit weichen, Leere der Fülle, Leid und Qual durch Befriedigung ersetzt.

Im Vertrauen auf diese Versprechungen ließ ich die

Wüstenei akademischer Ausbildung über mich ergehen. Ich akzeptierte das Exil als Preis für eine Zukunft, die meinem Dasein Würde und Dichte geben würde. Ich entzog mich der Aufgabe, den Boden meiner Erfahrungen zu bestellen und wurde ein Kleinpächter auf den intellektuellen Feldern abwesender Besitzer. Ich lauschte der Weisheit von Sokrates und Aristoteles, Kant und Hegel, Tillich und Marcel. Aber ich war hart gegenüber Sam Keen. Ich ignorierte seine Langeweile, unterdrückte seine Ideen und verübelte ihm seine Ungeduld gegenüber gelehrtem Zeitvertreib. Ich brachte seine Sinne zum Schweigen, die nach Freude und Lust verlangten, und stellte die Musik ab, die seine Phantasie und seinen Körper tanzen ließ. Ich verlangte von ihm, sich den Anforderungen von Sprache und Fachwissen zu unterwerfen, von Papierkram, Klausuren, Examen, Vorlesungen und Seminaren, auf das er irgendwann einmal ein Beglaubigungsschreiben für kreatives Denken erhielt. Wenn erst einmal alle Kriterien erfüllt waren, versprach ich ihm, wenn die Autoritäten befriedigt waren, die Promotion erreicht, würde er vielleicht das Privileg haben, ein oder zwei eigene Vorstellungen beisteuern zu können (hoffentlich ordentlich mit Fußnoten versehen, um die historischen und zeitgenössischen Präzedenzfälle und Ähnlichkeiten nachzuweisen).

Ein Vorteil religiöser Eschatologie besteht darin, daß das Reich Gottes auf sich warten läßt, und so die gelebte Erwartungshaltung nicht erschüttert wird. Philosophiestudenten werden jedoch dann und wann Doktoren. Es ist Tradition in Princeton, daß es am Tag des Examens nicht regnet. Daher war es ein passender symbolischer Abschluß meiner akademischen Ausbildung (die Traditionen mehr schätzt als die unmittelbare Wirklichkeit), daß mir der Nachweis meines Doktorgrades während eines Dauerregens im Freien überreicht wurde. U. Thant, der geladene Ehrengast, stand alles mit unerschütterlicher Haltung durch. Die Quaste meines Baretts tropfte stetig vor sich hin, und der Rektor von Princeton redete darüber, was zu tun war, wenn es regnen *sollte*.

Jetzt, da die Zukunft angebrochen war, setzte ich alles daran, sie auch zu genießen. Nach dreißig Jahren der Vorbereitung war ich zu einer geschäftsfähigen Existenz aufgestiegen. Die ersten paar Male, als man mich Dr. Keen nannte, rann mir ein leichter Schauer über den Rücken. Es gab auch eine kurze Befriedigung darüber, Lehrgänge zu entwerfen und abzuhalten sowie praktische Erfahrung mit der Abhaltung von Vorlesungen und Seminaren zu machen. Doch allmählich ließ die Freude nach. Das Reich Gottes wurde zur Tretmühle: Papierkram, Beurteilungen, Ausschüsse, Fakultätssitzungen, endlose Diskussionen, Reden, Reden, Reden und Rezensionen von Büchern, die sich in meinen Regalen stapelten. Die Zukunft, für die ich Opfer gebracht hatte, war da – aber die versprochene Genugtuung, die Befriedigung nicht.

Ich stürzte mich in eine rastlose Betriebsamkeit, um die Stimmen nicht zu hören, die das Heraufdämmern von Leere ankündigten, und kehrte zu meinen existentialistischen Mentoren zurück – um meine Entschlossenheit zu bekräftigen und neue Pläne zu machen. Ich beschloß, mir eine eigene Karriere aufzubauen, die Spiele zu lernen, die Philosophen spielten, Vorlesungen zu geben und Bücher zu schreiben. Am Ende könnte ich dann vielleicht doch auf das zurückblicken, was ich erreicht hatte und nicht unbefriedigt sein.

Es klappte nicht. Meiner Entschlossenheit fehlte der lange Atem. Meine Willenskraft ließ nach, die Aufmerksamkeit ging eigene Wege. Einmal gekostet, wird Enttäuschung so latent wie Sodbrennen. Zweimal hatte ich versucht, Erfüllung aus Träumen zu beziehen, war aber immer noch von Sehnsucht und Verlangen beherrscht. Ich befand mich noch immer im Exil.

Was folgte, ist nur schwer genau zu beschreiben, weil es im Grunde Konfusion war. Es kam mir vor, als wäre mein Inneres entleert und statt dessen mit Desinteresse, Angst, Verzweiflung, Unfähigkeit, erratischer Halsstarrigkeit und unangebrachtem Selbstbewußtsein angefüllt worden, die wie Kleidungsstücke in einer Waschmaschine durcheinander wirbelten. Diese Dämonen schleuderten durch meine innere Leere, ihre schrillen Schreie hallten in dem Vakuum wider und vermischten sich zu einer qualvollen Kakophonie. Ich befand mich in einem Schwindelzustand, und es gab keine Möglichkeit, dem Strudel zu entkommen. Kein fester Boden, kein Ort, an dem ich Ruhe finden konnte. Nichts, an das ich mich hätte halten und Befriedigung finden können.

Nur einmal schwand die schwindelnde Benommenheit. *Der* Telephonanruf kam. Mein Vater starb. Bevor ich Arizona erreichte, hatte die unvorstellbare Tyrannei des Todes ihre Herrschaft über alle Welten angetreten, die ich je kennen würde. Die Götter waren tot, und ich war allein in dem heiligen Schweigen, das dem Zusammenbruch der letzten großen Illusion der Kindheit folgt — der Illusion, daß der Tod keine Macht über den Vater hat (und damit über den Sohn des Vaters). Eine Zeitlang war meine Leere mit Trauer erfüllt, mein Vakuum in eine Wunde verwandelt.

Doch das Schwindelgefühl kehrte zurück. Als der Tod meinen Vater holte, hatte er auch meine letzte Autorität in Frage gestellt. Nichts widersteht der zersetzenden Säure von Wechsel und Verfall. Einst hatte ich in der Geschichte Israels und den Gewißheiten der christlichen

Gemeinschaft nach einem Fundament gesucht. Sie hatten mich enttäuscht. Mein Vater hatte mich durch seinen Tod enttäuscht. Er hatte meine illusorische Hoffnung enttäuscht — Väter sterben nie! In meiner Enttäuschung wurde meine Suche vor allem durch die Frage bestimmt: »Was kann ich tun, um meinem Leben Sinn und Fülle zu geben?« Dahinter stand zweifellos die alte christliche Frage: »Was kann ich tun, um gerettet zu werden? Geheilt zu werden?«

Die Antwort kam mir plötzlich. Sie sprang mich an mit der Wucht einer lange geleugneten Tatsache. Eines Nachts wurde ich in Manhattan mit den Worten »Nichts, nichts« auf den Lippen wach. Als ich anfing, über die Komik meiner Ernsthaftigkeit zu lachen, ließ das Schwindelgefühl allmählich nach. Ich erkannte, daß ich von der falschen Frage besessen gewesen war. Angesichts der Unsicherheit des Lebens und der Gewißheit des Todes kann keine menschliche Handlung, kein menschlicher Plan das Dasein sinnvoll oder sicher machen. Es gab nichts, was ich tun konnte, um mich zu retten, um mich ontologisch gegen Tragödien und Tod abzusichern. Der Mensch verfügt über Würde und Lebenssinn — hat er sie nicht, wird er sie auch nie erlangen. ›Heiligkeit‹ kommt mit dem Sein. Sie wird nicht verdient. Würde darf nicht kontingent sein; sonst ist sie unerreichbar. Auf meiner Suche nach einem Ochsen war ich auf einem Ochsen geritten. Meine Ängste ließen nach und ich hörte auf zu fragen: »Was muß ich tun . . .?« Statt dessen fragte ich nun: »Wer bin ich?«

Es ist schwieriger, sich an die Frage »Wer bin ich?« zu halten, als man vielleicht annehmen mag. Die Psychoanalyse führte mich zurück ins Labyrinth und verwies darauf, daß ich die Frage am besten beantworten konnte, indem ich in der Vergangenheit nachgrub und herausfand, warum ich zu dem wurde, der ich bin. Und so suchte ich wieder in der Geschichte nach einer Identität. Doch diesmal in meiner eigenen Biographie und nicht in der Geschichte Israels. Freud versprach, daß ich die würdige Identität finden würde, nach der ich suchte, wenn ich die von mir verdrängte Geschichte wiederentdeckte, das Unbewußte bewußt machte. Religion und Philosophie waren gescheitert, mich von meinem Unbehagen zu heilen. Vielleicht konnte die Gesundung der Seele aus der Psychologie kommen.

*

Es war ein früher Flug, aber ich geriet ins Träumen. Das Frühstück lag hinter mir. Das Tablett war von einer Stewardess, deren sonst interessantes Gesicht ein permanentes Lächeln zur Schau stellte, entfernt worden. Ich lehnte mich zurück und überließ mich meinen Phantasien. Wie oft hatte ich diese Reise in die Imagination nicht schon unternommen! Mit einem Führer (einem Archäologen der Seele) hatte ich das erregende und qualvolle Territorium meiner Kindheit erkundet. Anfangs tastend, war ich dann mit mehr Mut zurückgekehrt, um die Bereicherungen und Verletzungen aufzuspüren, die ich beim Heranwachsen erfahren hatte. Erneut erhielt ich einen Geschmack meiner Einsamkeit, meiner Empörung sowie meines unersättlichen Hungers nach Zuneigung. Ich erinnerte mich aber auch an die Liebe, die sich in kleinen Zuwendungen zeigte: einer Tasse warmen Kakaos nach dem Rodeln, den handgestickten Taschen eines Cowboyhemds.

Jetzt kehrte ich nach fünfundzwanzig Jahren Abwesenheit zurück an den Schauplatz der berühmten Knallpistolengefechte (als wir Hammy Traylors Kopf grün anmalten und den Schuppen der Long-Jungs mit einer Zauberflüssigkeit namens Kongo-Rot verunzierten), zurück in die Wildnis des College Woods, in dem ich lernte wie Daniel Boone zu jagen und Hasentabak zu rauchen, und in dem ich weiche, rote Lippen entdeckte, die mitunter noch immer in Träumen aufflammen. Ich kehrte zurück in die heilige Zeit der Unschuld, bevor Entscheidungen, Tragödien und Tod die Welt regierten.

Die Hauptstraße von Maryville war beruhigend — verändert, aber noch erkennbar. Das Bestattungsunternehmen hatte einen Hauch institutioneller Größe angenommen und die Bank eine neue Fassade erhalten: Quadratkilometer Glas und Stahl, die wohlwollende Verfügbarkeit und Stabilität signalisieren sollten. (Die Pforten schlossen nach wie vor um drei Uhr nachmittags.) Aber der Drugstore hatte seinen alten Marmortresen, seine dunklen Holzstühle und Sitznischen behalten — geprägt von Erinnerungen an Cokes, Käse-Sandwiches und Hieroglyphen, die Generationen von Highschool-Romanzen feierten. Der Frisiersalon, in dem ich einst miterlebt hatte, daß der junge Schuhputzer einen ›Sonnenstich‹ bekam, schien weiterhin das Zentrum läßlicher Laster zu sein. Keine Rasuren am Sonnabend, aber ein Haarschnitt wurde noch immer mit Tips für's Pferderennen und der neuesten Ausgabe der *Police Gazette* angereichert. Das Billig-Kaufhaus hielt seinen üblichen Vorrat an Luftballons wie immer in bequemer Griffweite für kleine Ladendiebe, und ich mußte mich ermahnen, mein Kindheitsritual nicht zu wiederholen und ein paar für schlechte Zeiten einzustecken. Ich konnte jedoch keine Spur des Mietstalls entdecken, der sich neben dem Gefängnis befunden hatte. Aber als ich darüber nachdachte, war ich nicht mehr sicher, ob der in Wirklichkeit existiert, oder ob ich ihn mir nach dem Lesen von Lincoln Steffens' *Autobiography* ins Gedächtnis geträumt hatte.

Während ich durch die einst vertrauten Straßen lief, drang ich immer tiefer in das Herz meiner Sehnsüchte ein. Es war später Nachmittag, als ich den Waldrand erreichte. Der Pfad führte mich an den Eichen vorbei, unter denen sich Robin Hood mit seinen Mannen traf, um einen Plan auszuhecken, sich in die Footballspiele der Highschool einzuschmuggeln. Ich passierte den Friedhof und kam in das kleine Tal, in dem ich einst den Schatten eines Bären-Hundes erblickt hatte. Mitten im Wald lenkte ich meine Schritte auf einen kleineren Pfad, wo mich das bärtige Gespenst eines Professors erschreckte, als ich gerade dem Wind in den Kiefern zugehört hatte, und lief weiter zum Picknickplatz. Ich war im Heiligsten des Heiligen angekommen. Nichts hatte sich verändert: Der Stamm quer über den Bach war noch immer da und die zerbrochenen Latten des Damms, den wir letzten Sonnabend vor zwei Jahrzehnten gebaut hatten. Und da waren die Ranken, mit deren Hilfe Mowgli, Tarzan und die Keens von Baum zu Baum geschwungen waren (und in Zeiten höchster Not Mitglieder der Long-Bande gefesselt hatten, die unerlaubt in unseren Wald eingedrungen waren). Das Moos an den Baumstämmen (die Nordseiten waren frei), das heisere Gurgeln des Bachs, der Geruch der Tannennadeln, die Drossel, die glockenhell ihr Revier verteidigte, mischten ihren Zauber zu einem Trank, der mein Zeitgefühl weiter einlullte. Früher und später, jetzt und damals verschmolzen miteinander. Im Zyklus der Natur gab es keine Grenze zwischen 1940 und 1965, nur die ewige Wiederkehr; Bewegung ohne Zeit, Wechsel ohne Tragödie.

Fast wie in Trance lief ich dahin. Der Mond war aufgegangen und erfüllte den Wald mit einer tanzenden Orgie aus Licht und Schatten. Ich war zehn Jahre alt und wollte so schnell wie möglich nach Hause. Jetzt war es nicht mehr weit. Nur noch zwei kurze Steigungen, über den Zaun, und ich wäre auf der Wilson Avenue. Ich konnte die erleuchteten Fenster sehen und wußte, daß Dad und Mutter, Lawrence, Ruth Ann und Jackie im Wohnzimmer waren. Inzwischen war ich nah genug, um das Seil zu erkennen, das vom Baum im Vorgarten herabhing. Ich war fast zu Hause, fast...

Unvermittelt schien eine Stimme von überall her widerzuhallen und zerschmetterte meine Träume: »... Rassenkrawalle... brennende Städte... Unmoral an den Schulen. Amerikanische Mitbürger, wir müssen endlich etwas gegen diese Nigger, Kommunisten und Juden unternehmen. Sie übernehmen die Herrschaft in diesem Land.« Meine Trance verflog sofort. Das Mondlicht hatte seinen Zauber verloren, wirkte düster und bedrohlich. Die Stimme dröhnte weiter, redete weiter von Verschwörung. Woher kam sie? Keinesfalls aus einem Haus. Dazu war der Klang zu durchdringend. Vielleicht waren alle Fernsehgeräte der Umgebung auf einen Sender eingestellt? Nein. Viele der Häuser waren dunkel. Wie ein Hund einer Witterung folgte ich dem Klang der Stimme. Den Hügel hinauf, die Court Street hinunter, über die Eisenbahngleise. Als ich mich dem Gerichtsgebäude näherte, wurde die Stimme deutlicher. Sie kam eindeutig über ein Megaphon. Auf einer Plattform stand ein Mann, umgeben von einem Kreis von Autos. Hinter ihm standen Gestalten in Kapuzengewändern – weiß, rot und grün. Plötzlich war alles klar. Da fand ein Treffen des Ku Klux Klan statt, und der Wind hatte die Geräusche anderthalb Kilometer weit getragen, über den Hügel und bis zur Wilson Avenue.

Ich trat in den Kreis der Zuhörer. Ein Redner nach

dem anderen wiederholte die Litanei, mit der Kommunisten, Nigger, Juden und Religionslehrer verdammt wurden, die den Glauben an die Bibel zerstörten und den National Council of Churches. Der letzte Redner kündigte an, daß das Zusammensein mit dem Verbrennen eines Kreuzes seinen Höhepunkt finden würde. Während die Klan-Mitglieder ihre Fackeln vorbereiteten, wurde unter den College-Studenten eine Botschaft weitergegeben, die sich unter den Zuschauern befanden: »Wenn sie das Kreuz anzünden, bildet einen Kreis und singt ›We Shall Overcome‹.« Die ersten Takte unseres Lieds zerstörten die Träume der Klan-Mitglieder ebenso wie ihre Stimmen zuvor meine beendet hatten. Einige von ihnen stürmten mit erhobenen Fäusten in den Kreis der Sänger. Der löste sich auf. Die Polizei (die die ganze Zeit das Geschehen beobachtet hatte), beendete die Raufereien und jedermann machte sich auf den Heimweg.

Es wurde eine lange Nacht. Der Klan hatte meinen Zorn, meine Empörung und meine Verachtung erregt, nun ließ er mich nicht einschlafen. Als meine anfängliche Heftigkeit nachließ, erlebte ich eine Umkehrung der Wahrnehmung, einen Moment der Einsicht, in dem ich erkannte, daß sich meine Verachtung und mein Zorn in Wahrheit gegen mich selbst gerichtet hatte. Die Mitglieder des Klan und ich lebten nach den gleichen Denkmodellen: Wir lebten aufgrund von Nostalgie, von Sehnsüchten. Ihr Denkschema war fest in einer eingebildeten Vergangenheit verankert, in den Mythen von Individualismus, Amerikanismus, Fundamentalismus und weißer Vorherrschaft. Mein Denkschema wurzelte in meiner individuellen Geschichte. Ich war auf einer archäologischen Expedition nach Maryville gekommen, auf der Suche nach meiner Vergangenheit. Ich hoffte, auf diesem ›heiligen‹ Boden Modelle für eine Lebensführung zu entdecken, die ich für mich übernehmen konnte. Jahrelang hatte ich mich bemüht, den moralischen und religiösen Traditionen meiner Eltern entsprechend zu leben und nur wenig Hochachtung für die Einmaligkeit meiner eigenen Erfahrung bewiesen. In dem erschreckenden und gewalttätigen Anachronismus des Klan erkannte ich zum ersten Mal ganz deutlich die Tragödie und die Torheit des Exilanten, der die Grundlage seiner Identität in einer allgemeinen oder privaten Vergangenheit sucht. Die Vergangenheit eines Exilanten verändert sich schnell in einen Mythos, eine verehrte Tradition, eine maßgebliche Anschauung, die dazu dient, den Augenblick von der Last einer verantwortlichen Entscheidung zu befreien. Sie wird eine Ausrede, eine Fluchtmöglichkeit von der Verantwortung. Wenn ich mich auf der Suche nach meiner Würde, meiner Rechtfertigung und nach Modellen für eine Lebensführung auf die Vergangenheit verlasse, löse ich mich von meiner Gegenwart. Die Erinnerung — nicht das Bewußtsein — wird zur Grundlage der Identität. Ich werde ein Produkt, ein Opfer des Gewesenen, kein frei Handelnder, der auf die aktuellen Geschehnisse reagieren kann.

Auf dem Rückflug versuchte ich zu schlafen, aber es gelang mir nicht. Der Traum dieses Wochenendes hatte mir mein Verlangen nach Illusion genommen. Ich kehrte heim zum Offensichtlichen. Nachdem ich vieles von meiner Substanz mit Wanderungen durch die Vergangenheit und die Zukunft vergeudet hatte, kehrte ich in meine eigene Zeit zurück — die Gegenwart. Ich hatte zwar noch nicht gelernt, das Jetzt zu bestellen, würdevoll in der Gegenwart zu leben, das Aktuelle zu lieben, aber ich befand mich auch nicht mehr im Exil.

2. Heimkehr — Das Neue und die Würde der Zeit

In Geschichten und Mythen ist Heimkehr ein dramatisches Ereignis: Kapellen spielen auf, ein gemästetes Kalb wird geschlachtet, ein Festmahl vorbereitet, und es herrscht eitel Freude darüber, daß der Verlorene Sohn zurückgekehrt ist. In der Wirklichkeit wird das Exil allmählich beendet, ohne daß drastische Ereignisse den Abschluß kennzeichnen. Der Nebel verzieht sich, die Welt rückt wieder klar in den Blickpunkt. Suchen und Trachten wird durch Finden ersetzt, Sorgen und Ängste durch Genugtuung und Befriedigung. Nichts ändert sich, und doch ist alles verändert. In solchen Zeiten werden wir häufig ganz still, bemerkt Wittgenstein, uns fehlen die passenden Worte, weil Heimkehr nicht bedeutet, irgendwelche neuen Fakten über die Welt zu erfahren: Sie ist lediglich eine veränderte Wahrnehmung. Die menschliche Existenz ist kein Problem mehr, das gelöst werden muß. Sie wird zu einem Geheimnis, an dem man sich erfreuen kann. Das Geheimnis besteht darin, daß nichts verloren ist. Suche, und du wirst nichts finden. Gib das Trachten nach dem Reich Gottes auf, und du wirst die Heiligkeit in dir entdecken. So hat die Zen-Weisheit den erleuchteten Menschen häufig als mit seinen Handlungen personifiziert geschildert. Wenn er ißt, ißt er, wenn er schläft, schläft er, wenn er sich ängstigt, ängstigt er sich.

Es mag sein, daß Heimkehr die säkularisierte oder ent-kirchlichte Entsprechung dessen ist, was Christen traditionell mit Rechtfertigung durch den Glauben meinen. Sowohl für Paulus wie auch für Luther bedingte Rechtfertigung die Erkenntnis, daß die Rettung des Menschen nicht von irgendeiner menschlichen Handlung abhängt. Kein Streben und Trachten, keine guten Werke, keine aufrechte Lebensführung, keine ›richtigen Ansichten‹ können das menschliche Dasein rechtfertigen. Durch die Trennung von Errettung und Errungenschaften etablierte die christliche Kirche die Priorität des Seins über das Tun. Doch weder Paulus noch Luther zeigten einen allgemeingültigen Weg aus dem Exil, weil sie die Errettung von einem Ereignis in der Vergangenheit abhängig machten: dem Leben, dem Tod und der Auferstehung Jesu Christi. Um sich dieses Ereignis zunutze zu machen, muß der zeitgenössische Gläubige fremde moralische, intellektuelle und philosophische Kategorien aus einer längst vergangenen Zeit annehmen, die nicht seine ist. Rechtfertigung durch den Glauben weist mich aus der historischen Zeit meiner fleischlichen Existenz ins Exil, wenn sie den Glauben an das einmalige Versöhnungswerk Christi zur Bedingung für Errettung macht. Heimkehr hat mit der Erkenntnis zu tun, daß Würde nichts anderes verlangt, als daß sich der Einzelne voll mit seiner Physis und seiner historischen Situation personifiziert. Würde ist das natürliche Kennzeichen eines erfüllten menschlichen Lebens. Sie braucht nicht von Jesus Christus übertragen oder von der Kirche bestätigt zu werden.

Wenn die Beschreibung der Heimkehr auch weniger dramatisch sein mag als die des Exils, kann eine phänomenologische Untersuchung der Strukturen einer würdigen Existenz in der Gegenwart zweckdienlich sein.

Die unbehagliche Gegenwart

Die vielleicht erhellendste Art und Weise, die Vorstellung von einer würdigen Existenz in der Gegenwart zu betrachten, ist die Beschreibung ihres Gegenteils. Eine Form unbehaglichen Lebens in der Zeit ist ein Dasein im Exil abseits der Gegenwart – ganz so, als wäre das Jetzt lediglich eine Zwischenstation auf dem Weg in die Zukunft oder nur eine Wiederholung von Lebensmustern, die in der Vergangenheit entwickelt wurden. Das entgegengesetzte Leiden, das mir nie eigen war, besteht darin, innerhalb der Gegenwart im Exil zu leben; also so zu tun, als wäre die Gegenwart der einzige Augenblick menschlicher Zeit.

Die überdauernde romantische Ansicht, wahre menschliche Existenz spiele sich ausschließlich im Augenblick ab, erfreut sich zur Zeit eines üppigen Wiederauflebens. Der ›Jetzt‹-Generation scheinen sowohl die Erforschung der Geschichte als auch sorgfältige Planungen für die Zukunft ein Greuel zu sein. Weder Erinnerung noch Hoffnung regen die Imagination der Jugend zu bemerkenswerten Investitionen an. Die Sorglosigkeit des Heranwachsens ist zum Ideal für das ›reife‹ Erwachsenenleben geworden, *Die Reifeprüfung* zum Modell authentischer Handlung, emotionale Unmittelbarkeit das einzige Maß für Aufrichtigkeit, Spontanität das Banner einer Generation. Selbst kluge Denker wie N. O. Brown, A. H. Maslow, Norman Mailer und Fritz Perls verfechten das romantische Ideal. Hier Maslows Vorstellungen von einer kreativen Persönlichkeit:

> Das Kind akzeptiert alles bedingungslos – egal was auch immer geschieht. Da es kaum über Erinnerung verfügt, über nur spärliche Kenntnisse der Vergangenheit, neigt das Kind kaum dazu, die Vergangenheit in

die Gegenwart oder die Zukunft einzubeziehen. Die Folge davon ist, daß das Kind ohne jede Vergangenheit oder Zukunft lebt.

Wenn man nichts erwartet, weder Hoffnungen noch Befürchtungen hat, wenn es im gewissen Sinn keine Zukunft gibt, kann es auch nicht zu Überraschungen oder Enttäuschungen kommen. Es ist gleichgültig, was geschieht. Das ist das ›vollkommene Abwarten‹ und Zuschauen ohne jede Forderung, es möge dieses oder jenes geschehen. Es gibt keine Vorhersagen. Ohne Prognose zu sein heißt keine Sorgen zu haben, keine Ängste, keine Befürchtungen oder Vorahnungen.

Das alles steht in Bezug zu meiner Vorstellung von der kreativen Persönlichkeit als einem Menschen, der absolut hier und jetzt ist, der ohne Zukunft und Vergangenheit lebt. Anders ausgedrückt: »Die kreative Persönlichkeit ist ein unschuldiger Mensch.« Ein Unschuldiger könnte als Erwachsener definiert werden, der immer noch wie ein Kind wahrnehmen, denken und reagieren kann. Es ist diese Unschuld, die in der ›zweiten Naivität‹ entdeckt wird, aber vielleicht sollte ich das die ›zweite Unschuld‹ des weisen alten Menschen nennen, dem es gelungen ist, sich die Fähigkeit zum Kindsein zu bewahren.[2]

In der romantischen Zeitanschauung wird das Kind zum Modell authentischer Zeitlichkeit gemacht, und damit werden Vergangenheit und Zukunft sauber von der Gegenwart getrennt. Man definiert den authentischen Menschen als den Unschuldigen, der jeden Moment rein erlebt, ohne die Kontaminierung durch Erinnerung oder Hoffnung. Es könnte lohnend sein, sich die Extreme vor

---

[2] Abraham H. Maslow *Innocent Cognition*, Western Behavioral Science Institute, Zitiert in: Everett Shostrom *Man the Manipulator*, New York 1968, Seite 58.

Augen zu führen, zu denen das Denken vordringen mußte, um dieses unglaubliche Ideal zu verfechten. Nietzsche und Dostojewskij vertraten die Ansicht, bevor der Mensch frei und ohne Beschränkungen leben könne, müsse Gott getötet werden. »Wenn Gott tot ist«, läßt Dostojewskij seinen Iwan sagen, »sind alle Dinge möglich.« Nietzsche rang sich zu der erschreckenden Erklärung durch, Gott müsse getötet werden, damit der Mensch zu der unschuldigen Sinnlichkeit zurückfinden könne, die sein angestammtes Recht sei. So lange es einen Gott gibt, gibt es moralische Pflichten, die sich entweder aus einem Glauben ergeben oder aus der Hoffnung auf Heiligkeit, und diese unterdrücken die Spontanität. Jeder, der sich einer Tradition verpflichtet fühlt oder Hoffnung auf die Zukunft hat, glaubt noch an Gott und ist nicht frei. (Siehe »Nachdenken über einen Pfirsichkern-Affen«, Seite 141)

Die Unmöglichkeit wie auch die tragischen Konsequenzen eines Lebens in einer immerwährenden Gegenwart wurden mir kürzlich durch ein Ereignis drastisch vor Augen geführt. Am einem Sonnabendnachmittag im frühen Herbst arbeitete ich an meinem Haus. Ich definierte und privatisierte meinen Lebensraum, indem ich einen Redwooodzaun um meinen Garten zog. Ein Mann Anfang dreißig, der mit seinem Hund unterwegs war, blieb stehen, sah mir eine Zeitlang zu und fragte dann, ob er mir behilflich sein könnte. Er arbeite gern mit Holz, erklärte er, und habe zur Zeit wenig zu tun, um sich zu beschäftigen. Ich nahm sein Angebot an, aber bevor ich ihm sagen konnte, wann wir uns gemeinsam an die Arbeit machen würden, unterbrach er mich: »Da ist etwas, was ich Ihnen sagen sollte, bevor ich es vergesse. Wenn ich damit warte, könnte es zu spät sein.« Und dann erzählte er mir, daß er vor einigen Jahren einen

Unfall erlitten habe. Dabei war ein kleines Metallstück in den Teil seines Gehirns eingedrungen, der für das Gedächtnis zuständig ist. Nach seiner Einlieferung ins Krankenhaus gaben ihm die Ärzte kaum eine Überlebenschance, und sie waren fast sicher, daß er sein Denkvermögen kaum wiedergewinnen könne. Doch er hatte wieder sprechen gelernt, fast ohne jede spürbare Behinderung. Sein Gedächtnis und sein Erinnerungsvermögen hatte er jedoch noch nicht wieder im Griff. Zu einem Zeitpunkt konnte er sich an Ereignisse aus seiner weit zurückliegenden Vergangenheit erinnern, wußte aber nicht, was er fünf Minuten zuvor gesagt hatte. Zu anderen Zeiten konnte er sich an gerade Vergangenes erinnern, hatte aber keine Ahnung wie und wodurch er verletzt worden war. Da ihm ein verläßliches Gedächtnis fehlte, konnte er keine Arbeit annehmen oder für die Zukunft planen, obwohl seine formale Intelligenz nahezu unbeeinflußt war. Ich hörte seiner Geschichte mit zunehmendem Mitgefühl zu. Wir kamen überein, uns am folgenden Montag zu treffen, um gemeinsam an dem Zaun zu arbeiten, doch er tauchte nie auf. Ich könnte mir vorstellen, daß er in seiner Tasche den Zettel gefunden hatte, auf den ich meinen Namen und meine Adresse geschrieben hatte, sich aber nicht erinnern konnte, wie er in seinen Besitz gelangt war. Ich suchte ihn auch nicht zu Hause auf — aus Furcht vor der Peinlichkeit, nicht erkannt zu werden. Wie kann sich Freundschaft entwickeln, wenn es weder Erinnerung noch Erwartungen gibt.

Das zeitgenössische Ideal, ausschließlich dem Augenblick zu leben, ist — genau wie die klassische mystische Vorstellung eines Daseins innerhalb des ewigen Jetzt der göttlichen Anwesenheit — ebenso unmöglich wie unmenschlich. Es führt zu einer unbehaglichen, keineswegs zu einer würdigen Gegenwart. Wenn wir das Jetzt als die einzig authentische menschliche Zeit definieren, werden wir zu dem Schluß gezwungen, daß die wahre Heimat des Menschen im für immer verlorenen Paradies der Kindheit liegt, nicht in der Kultur. Die Lebensweise des Menschen unterscheidet sich von den Gesellschaften niedrigerer Tiere durch die Mäßigung der Spontanität durch Klugheit, die aus der Vergangenheit ererbt wurde, und durch Hoffnungen, die sich in die Zukunft richten. Wenn wir eine würdige Identität anstreben, müssen wir unsere Anhänglichkeit an die romantischen Phrasen aufgeben, die nur die unschuldigen und spontanen Handlungen feiern, die sich in einer reinen Gegenwart abspielen. Darüber hinaus müssen wir erkennen, daß sich die Idealisierung der Kindheit als Vorbild authentischen Lebens destruktiv auf die Würde reifer menschlicher Existenz auswirkt. Das Kind, das Maslow und andere Romantiker heraufbeschwören, ist so mythologisch wie Adam. Mit Sicherheit hat es keinerlei Ähnlichkeit mit den Knirpsen, die in meinem Haus leben. Die erinnern sich an ihren Großvater und freuen sich glühend auf Geburtstage, Weihnachten und das Erwachsensein und sind bei weitem zu berechnend, um das ›vollkommene Abwarten‹ und Zuschauen ohne jede Forderung zu praktizieren. Ein Kind ist ebensowenig ein adäquates Modell für eine authentische Erwachsenen-Existenz wie ein Erwachsener ein adäquates Vorbild für das ist, was ein Kind sein sollte (wie viktorianische Eltern annahmen). Wenn wir den Garten Eden als Ideal hochhalten, wenn wir Unschuld preisen, wenn wir das Hier und Heute feiern, opfern wir die tatsächliche und potentielle Integrität menschlichen Daseins einem unmöglichen Ideal (eigenartigerweise ist das genau der Fehler, den Nietzsche dem Christentum vorwirft). Wir werden nur dann menschlich, wenn wir das Paradies verlassen, wir reifen nur mit der Erkenntnis, daß die Kindheit vorüber ist. Wir kehren zur ganzen Fülle unserer Menschlichkeit nur dann heim, wenn wir die Verantwortung für das gegenwärtige Bewußtsein ebenso übernehmen wie für das ganze Ausmaß unserer Erinnerungen und Träume. Eine würdige Existenz beinhaltet Gegenwart, Vergangenheit und Zukunft.

Die pulsierende Gegenwart

Was heißt es, ›pulsierend‹ in der Gegenwart zu leben? Die Frage ist gleichzeitig hohl und bedeutungsvoll. Genauso wie unmittelbare, vorurteilsfreie Wahrnehmung die natürlichste wie auch die schwierigste menschliche Leistung darstellt, ist die Gegenwart sowohl mein einziger Besitz als auch der letzte Moment meiner Zeit, der voll gelebt werden muß. Ich kann nur dann erfüllt in ihr leben, wenn Zwang und Forderungen, falsche Verehrung der Vergangenheit und phantastische Zukunftshoffnungen aufgegeben sind. In der Gegenwart zu leben verlangt eine Verschiebung der Schwerkraft, eine größere Investition von Energie in das Bewußtsein als in Erinnerungen oder Erwartungen. Umfassendes Bewußtsein stellt sich jedoch erst ein, wenn Vergangenheit und Zukunft mitschwingen.

Der Doppelsinn des lateinischen Worts für Gegenwart weist auf eine Beziehung zwischen Präsenz (Gegenwart), Präsenten (Geschenken) und präsent leben hin. In der Gegenwart zu leben, heißt in der Gegenwart von Dingen, Personen und Ereignissen zu leben. Jetzt zu sein, heißt ›mit zu sein‹. Wenn sich mir jemand präsentiert, erhalte ich seine Gegenwart als Geschenk (als Bezugspunkt). Daher die Ansicht, Leben in der Gegenwart beinhalte die Vorstellung, in der Nähe von Bezugspunkten, Daten oder Phänomena zu leben.

Der erste Schritt in Richtung auf eine pulsierende Gegenwart besteht darin, mit den Daten in Berührung zu kommen, die spontan vom Bewußtsein wahrgenommen werden: den Gefühlen, Dingen, Personen, Ereignissen, Vorstellungen und Institutionen, die meine Welt ausmachen. Als Ich bin ich ein kosmisches Zentrum, von dem alle Linien ausgehen. Ich bin der Nexus, an dem sich alle Dimensionen der Realität treffen. Um mit meinen Gefühlen und Wahrnehmungen in Berührung zu kommen, muß ich daher die ganze Welt kennen, deren Mittelpunkt ich bin.

Der zweite Schritt erfordert, daß ich über die idiosynkratischen und egozentrischen Wahrnehmungen unmittelbarer Erfahrung hinausgelange. Ein reifes Bewußtsein ist nur dann möglich, wenn ich die Neigungen und Vorurteile verdaut und kompensiert habe, die das Überbleibsel meiner persönlichen Geschichte sind. Bewußtsein für das, was sich mir präsentiert, verlangt zweifache Aufmerksamkeit: das Vertraute zu beschwichtigen und das Fremde willkommen zu heißen. Jedesmal, wenn ich mich einem fremden Objekt, Menschen oder Ereignis nähere, tendiere ich dazu, meine gegenwärtigen Bedürfnisse, vergangenen Erfahrungen und Zukunftshoffnungen entscheiden zu lassen, was ich erlebe. Wenn ich die Einmaligkeit jeder neuen Begegnung schätzen soll, muß ich mir meiner vorgefaßten Vorstellungen und charakteristischen Gefühlsverzerrungen bewußt genug sein, um diese lange genug ausklammern zu können, und Fremdes und Neues in meiner Wahrnehmungswelt willkommen zu heißen. Die Disziplin des Ausklammerns, Kompensierens und Beschwichtigens verlangt eine verfeinerte Selbstkenntnis und mutige Ehrlichkeit. Aber ohne die Anwendung dieser Disziplinen ist jeder gegenwärtige Moment nur eine Wiederholung etwas bereits Gesehenen oder Erfahrenen. Damit wirklich Neues in Erscheinung tritt, damit die einmalige Gegenwart von Dingen, Personen oder Ereignissen in mir Wurzeln schlägt, muß ich mich einer Dezentralisierung des Ich unterziehen.

Ich kann mir sehr leicht einen Dialog zwischen mir und einem mehr-als-normal-philosophischen Stein vorstellen, der meine Egozentrik zunehmend entwaffnet:

S. K.: Verflucht! Warum hast du mich zum Stolpern gebracht?

Stein: Ich habe dich nicht zum Stolpern gebracht. Ich liege ganz einfach hier, halte Zwiesprache mit dem Himmel und dem Erdboden – da kommst du und trittst mich.

S. K.: Nun ja, ist nicht so schlimm. Wie ich gerade feststelle, hast du genau die richtige Größe und Form für die Mauer, die ich bauen will.

Stein: Erst beschuldigst du mich, dich zu mißhandeln, doch inzwischen ist klar, daß du der Aggressor bist, der es an Respekt für mich fehlen läßt. Du hast mich immer noch nicht richtig wahrgenommen. Du siehst nur den Nutzen, den ich dir vielleicht bringen kann. Warum bedienst du dich nicht für einen Moment deiner Fähigkeit zum Staunen?

S. K.: Ich könnte es ja mal versuchen. Was soll ich deiner Meinung nach tun?

Stein: Sieh dir zunächst einmal die Nuancen meiner Farben an. Dann könnte dir die Anmut meiner Form auffallen (bei weitem zu reizvoll, um in einer Mauer verborgen zu werden). Falls du genügend

>   Phantasie aufbringst, könntest du schließlich mit den Händen liebevoll über meine Oberfläche fahren und meine konzentrierte Energie spüren, um dir vielleicht die Frage zu stellen, wie ich von innen aussehe . . . Nun, was ist? Du bist so still.
> S. K.: Wenn ich mir die Zeit nehme, dich unter verschiedenen Aspekten zu betrachten, um deine Fremdheit in mir aufzunehmen, fühle ich mich belohnt, aber auch verwirrt. Jetzt sehe ich deine Schönheit, nicht nur deine Nützlichkeit. Aber ich muß noch immer eine Mauer bauen, irgendwelche Vorschläge?
> Stein: Nein. Ich weiß zwar nicht, wie du das Dilemma zwischen Verehrung und Nützlichkeit lösen kannst. Aber eins weiß ich: Nachdem du mich in dein Bewußtsein aufgenommen hast, wirst du künftig nicht mehr so einfältig sein zu denken, Steine und Bäume existierten nur, um dich zu Fall zu bringen oder als Baumaterial für Mauern und Häuser zu dienen. Wenn du das nächste Mal hier entlang kommst, könntest du vielleicht sogar deine Augen aufsperren, um mich nicht in meiner Ruhe zu stören.

Nur selten präsentieren sich derart philosophische Steine auf eine derart entwaffnende Art und Weise. Häufiger bin ich verblüfft, wenn mir die Geheimnisse von Menschen bewußt werden, die schon lange intime Freunde oder Feinde waren. Ein einziger Moment der Klarsicht im Zusammensein mit einer seit langem vertrauten Person kann — wie eine Bö, die den Nebel aus einer Bucht vertreibt — die Erwartungen und Einschätzungen deutlich machen, mit denen ich vorangegangene Begegnungen mit diesem Menschen befrachtet habe. Wieviele Jahre habe ich doch gebraucht, um meine Frau vorurteilsfrei sehen zu können — ohne die Projektionen der Images meiner Mutter, anderer Frauen, die ich gekannt habe, der ›typischen‹ Frau oder eines Ideals, das mir meine ›Männlichkeit‹ vorgaukelte. Je vertrauter ich mit meiner Vergangenheit werde, je besser ich die für mich typischen Arten des Projizierens kennenlerne, desto spontaner und unvoreingenommener werde ich in meinen Wahrnehmungen und Handlungen. Wenn ich das wieder entferne, womit ich andere belastet habe, werde ich die Geschenke besser schätzen können, die sie zu bieten haben. Einsicht und Reue gehen der Heimkehr voraus. In die Gegenwart eines anderen kann ich nur gelangen, wenn ich meine kognitiven Sünden erkannt, akzeptiert und bereut habe, die ich dadurch beging, daß ich in meinem Nächsten nur ein Beispiel, ein Problem, einen Fall oder ein Mittel zur Befriedigung meiner eigenen Bedürfnisse gesehen habe.

Daher ist Freiheit die andere Seite der Disziplin. Die Gegenwart kann nur von dem Menschen gelebt werden, der sich in vollem Einklang mit seiner Vergangenheit und Zukunft befindet; das Bewußtsein ist nur dann voll empfänglich, wenn es Erinnerung und Hoffnung einbezieht; spontan kann nur der sein, der die Verantwortung für seine Projektionen übernimmt; Unschuld kann nur wiedererlangt werden, nachdem Zwänge erkannt worden sind. Freiheit, geistreiche Unschuld, Spontanität, Offenheit für Neues und das Leben in der Gegenwart sind Kennzeichen der Reife. Diese Reife wird erst durch den langen Prozeß erreicht, in dem jeder seinen eigenen Weg aus dem Exil finden muß, das Kultur, Ignoranz und Feigheit verursacht haben.

Die Fähigkeit, Neues zu erfahren, unvoreingenommen wahrnehmen zu können, sich überraschen zu lassen, kann als entscheidendes Merkmal menschlicher Würde bezeichnet werden. In den Momenten, in denen ich dazu fähig bin, mich über Zwänge, Bedürfnisse und Erwartungen hinwegzusetzen, um mich von etwas Neuem überraschen und geistig erfrischen zu lassen, kann ich meiner Freiheiten und Möglichkeiten am sichersten sein. Wenn ich davon überzeugt bin, die Macht zu etwas Neuem zu haben, werde ich auf eine würdevolle Weise frei. Hannah Arendt hat die Verbindung zwischen Neuem, Freiheit, Handeln, Stärke und Würde auf eine Weise deutlich gemacht, die ich unvergeßlich finde:

Ohne diese Fähigkeiten des Neubeginnens, des Anhaltens und des Eingreifens wäre ein Leben, das, wie das menschliche Leben, von Geburt an dem Tode ›zueilt‹, dazu verurteilt, alles spezifisch Menschliche immer wieder in seinen Untergang zu reißen und zu verderben. Gegen diese, natürlich immer bestehende Gefahr, steht die aus dem Handeln sich ergebende Verantwortlichkeit für die Welt, die anzeigt, daß Menschen zwar sterben müssen, aber deshalb noch nicht geboren werden, um zu sterben, sondern im Gegenteil, um etwas Neues anzufangen . . .

Das Wunder, das den Lauf der Welt und den Gang menschlicher Dinge immer wieder unterbricht und von dem Verderben rettet, das als Keim in ihm sitzt und als ›Gesetz‹ seine Bewegungen bestimmt, ist schließlich die Tatsache der Natalität, das Geborensein, welches die ontologische Voraussetzung dafür ist, daß es so etwas wie Handeln überhaupt geben kann . . . Das ›Wunder‹ besteht darin, daß überhaupt Menschen geboren werden, und mit ihnen der Neuaufgang, den sie handelnd verwirklichen können kraft ihres Geborenseins. Nur wo diese Seite des

Handelns voll erfahren ist, kann es so etwas geben wie
›Glaube und Hoffnung‹.[3)]
Jeder Mensch hat sein Bethlehem, durch das neue Möglichkeiten geboren werden, durch das Neues in sein Leben kommt und mit ihm die Kraft für neues Handeln. Dann geben die Tyrannei der Vergangenheit und der Schrecken der Zukunft Raum für eine Zeit offener Möglichkeiten — die pulsierende Gegenwart.

Die lebendige Vergangenheit

Wie die meisten meiner Zeitgenossen bin ich mit zwei miteinander nicht zu vereinbarenden Geschichtsanschauungen aufgewachsen: der jüdisch-christlichen Vorstellung von einer objektiven Geschichte, die eine unerläßliche Offenbarung der Wahrheit enthält, sowie jener pragmatischen, ahistorischen Tradition, für die Geschichte ›Geschwätz‹ (Henry Ford) ist und keinerlei Konsequenzen für die Gegenwart hat. Beide Philosophien betrachten Geschichte als Folge von Ereignissen, die über Veränderungen hinaus objektiv festgelegt ist. Keine von beiden hat mich auf das vorbereitet, was ich erfahre, wenn ich erfüllter in einer pulsierenden Gegenwart lebe: die Offenheit der Vergangenheit für Neues.

Das vielleicht entscheidende Versagen des christlichen wie des pragmatischen Geschichtsbildes liegt in ihrem Verständnis von Erinnerung als einer Art Kamera. Das Gedächtnis wählt sich die Ereignisse willkürlich aus, die es bewahren will, zeichnet sie aber mit objektiven Linsen auf. Die Psychoanalyse hat uns den Fehler dieser Analo-

---

[3)] Hannah Arendt *Vita activa oder Vom tätigen Leben*, München 1992, S. 242/243

gie bewußt gemacht. Das Gedächtnis, wie es im normalen, entfremdeten Individuum funktioniert, ist kein Instrument akkurater Geschichtsaufzeichnung. Es hat vielmehr die Funktion, die Ordnung und Harmonie der Psyche zu bewahren. Es arbeitet nach Richtlinien, die vom Über-Ich entworfen und durch die Zensoren des Ich erzwungen wurden. Die Vergangenheit, an die wir uns erinnern, ist lückenhaft und verzerrt. Sie wurde von den Zensoren bearbeitet, um Ereignisse zu verdrängen, die verstörend schmerzlich oder verwirrend erfreulich sind. Die Erinnerungen an unsere frühen Freuden und Leiden, intimen Verbindungen und größten Verzichte, tiefen Verletzungen und wundervollen Zuwendungen wurden ausgelöscht oder verdrängt. Die Geschichte, an die wir uns erinnern, neigt dazu, eine Art Reklame zu sein, die den Status quo persönlicher Identität bewahrt. Sie macht aus Sterblichen Helden und Schurken, Götter und Dämonen, um Autoritäten zu haben, auf die die Qual der Entscheidung übertragen werden kann, sowie Puffer für Feindseligkeiten, die sonst als Selbstverachtung entlarvt werden müßten. Der Zensor der Erinnerung ist der ›Großinquisitor‹, der die Persönlichkeit in Abhängigkeit von Wundern, Geheimnissen und Autoritäten hält statt ihr zu gestatten, sich den Ängsten einer freien und verantwortlichen Existenz auszusetzen. In dem Maß, in dem der Großinquisitor innerhalb unserer Persönlichkeit tätig ist, muß die von uns erinnerte Geschichte mythologisch bleiben. Eine mythologische Vergangenheit ist statisch und in sich geschlossen. Sie besteht aus ›Es war einmal‹-Ereignissen wie dem Ödipus-Komplex und der Auferstehung, die dann eine unveränderliche Basis der Identität bilden.

Solange ich in meiner Vergangenheit nach maßgeblichen Vorbildern suchte, die meinem Dasein Sinn und

Form geben konnten, blieb ich ein Junge, der in einer Welt von Erwachsenen lebte, die über nahezu göttliche Macht verfügten. Ich schuf den Mythos von Eltern, die verantwortlich waren für die Freuden und Leiden, die Überzeugungen und Werte, die mich als im Exil lebenden Pseudo-Israeliten begleiten. Für den Beistand, den sie mir gewährten, war ich ihnen eine Loyalität schuldig, die an Anbetung grenzte. Für ihr Versäumnis, mich mit immerwährender, nieversagender, unendlich verständnisvoller und absolut uneigennütziger Hingabe zu lieben, verdienten sie meinen gerechten Zorn. Denn für das kindliche Ich ist es eindeutig, daß Eltern als omnipotente Wesen nur absichtlich enttäuschen können. Götter versagen nie zufällig, aus Erschöpfung, aus Mangel an Weisheit oder weil sie mit eigenen Problemen und Sorgen beschäftigt sind.

In dem Maße, in dem ich mich allmählich weigere, ein Exilant zu sein, ein Opfer, ein Fremder in einem fremden Land, und mich statt dessen an das Hier und Heute gewöhne, entdecke ich mich als freien und verantwortlichen Menschen. Meine mythologische Vergangenheit ist zerstört, meine Zensoren entspannen, und ich fange an, eine Vergangenheit zu entdecken, die ich nie zuvor gekannt habe. Meine Götter werden sterblich. Meine Tempel werden in Museen umgewandelt, meine Autoritäten zu Wegweisern, meine Vorbilder zu Gefährten, meine Gurus zu Freunden. Da ich meine Beteiligung, meine Komplizenschaft bei den Entscheidungen, die mein Leben geformt haben erkenne, sehe ich mich nicht mehr als Opfer meiner Geschichte, als dem Untergang geweihtes Produkt meiner Umwelt. Selbst als Kind entscheide ich über die Art, wie ich auf die Zuwendungen und Anforderungen meiner Umwelt reagiere. Sobald ich die Verantwortung für meine Lebensführung übernehme, sind meine Eltern nicht länger mythologisch, sondern Menschen aus Fleisch und Blut. Ich entdecke die Ambivalenz meiner vertrauten Geschichte, ihrer Leidenschaft und Lückenhaftigkeit, ihres Versagens und ihrer Triumphe, ihrer Schwächen und Stärken. Zum ersten Mal lerne ich die Pein und den Mut kennen, die das Ambiente meiner Kindheit waren. Die Verehrung der Götter wird ersetzt durch Hochachtung vor menschlicher Würde.

Wenn ich meine Vergangenheit entmythologisiere und die ambivalente und tragische Beschaffenheit jeder menschlichen Handlung erkenne, gewinne ich die neue Freiheit, die Bedeutung des Geschehenen zu verändern. Solange ich das Opfer meiner Vergangenheit war, konnte ich nur aufbegehren oder mich abfinden, um jenen zu grollen, die mir das aufgebürdet hatten. Als verantwortlicher Mensch habe ich jedoch die Freiheit, die Werte, Einstellungen und Vorbilder zu sichten, die mein Vermächtnis aus der Vergangenheit sind, um jene zu verwerfen, die mit meiner gegenwärtigen Erfahrung nicht übereinstimmen, und die zu bestätigen, die vereinbar sind.

Das bedeutet auch, daß ich unterscheiden kann zwischen Verletzungen, die mir zugefügt wurden sowie Geschenken, die ich erhalten habe, um dann zu den geeigneten Reaktionen zu kommen: Verzeihen und Dankbarkeit. Wenn ich durch Härte oder Gleichgültigkeit verletzt worden bin, indem ich zu wenig oder auf die falsche Weise geliebt wurde, kann ich diese Wunden nur heilen, wenn ich sie erkenne und den Menschen vergebe, die sie verursacht haben. Wenn ich allzu abhängig von meinem Vater war, werde ich mir Autoritäten suchen, die ich verehren, denen ich gehorchen kann. Wenn ich mich von meiner Mutter zu wenig geliebt fühle (die Ödipus-Situation), werde ich ihr Image auf andere Frauen übertragen, um ein willkommenes Ziel für meine Erbitterung zu haben. Allein das Verzeihen versetzt mich in die Lage, meine Vergangenheit zu akzeptieren und doch frei von ihren Verletzungen zu werden. Haßgefühle unterwerfen mich einem Zwang zur Wiederholung, einer beständigen Suche nach Angriffszielen (oder deren Gegenteil — Paranoia —, der Überzeugung, daß ich das allgemeine Angriffsziel bin). Durch Dankbarkeit werde ich dazu fähig, meine Kontinuität mit meiner Vergangenheit zu bestätigen und jene Zuwendungen zu bewahren, die ein integraler Bestandteil meiner sich weiter entwickelnden Identität sind. So kann ich einerseits davon überzeugt sein, daß mich die frühen Anforderungen, mich orthodoxen christlichen Glaubensüberzeugungen zu unterwerfen, mit einer gewissen Unbeweglichkeit geprägt haben, mit einer allzu großen Ernsthaftigkeit und einem unbehaglich starken Bedürfnis, Recht zu haben, andererseits aber auch die mangelnde Weisheit jener verstehen und verzeihen, die diese Forderungen aufgestellt haben. Auch kann ich für das Vorbild christlicher Pilger dankbar sein, das mich zur Suche nach neuen Bedeutungen, neuen Epiphanien des Heiligen motiviert. Bewertung, Verzeihen und Dankbarkeit bilden den Stoff, der die Vergangenheit von einem Schicksal zu einem Glück verändert, und der mich von einem Opfer von Ereignissen, auf die ich keinen Einfluß habe, zu einem Teilnehmer an einer Vergangenheit macht, die ich beständig umgestalte. Bewertung, Verzeihen und Dankbarkeit führen Neues und damit Leben in eine Vergangenheit ein, die bis dato leblos gewesen ist.

Die offene Zukunft

Eine würdige Zukunft ist eine, die für psychologisch, politisch und ontologisch Neues offen ist. Sie ergibt sich ganz natürlich aus einer Lebensführung, bei der sich das Bewußtsein auf die pulsierende Gegenwart konzentriert. Eine solche Offenheit wird berechtigt Hoffnung genannt, und sie beruht auf dem unmittelbaren Erkennen neuer Möglichkeiten, die es in jedem Leben gibt. Verzweiflung beruht auf der entgegengesetzten Wahrnehmung: der Ansicht, daß jede Zukunft lediglich eine Wiederholung der Vergangenheit ist.

Die Offenheit meiner Zukunft schließt Ambitionen und Planungen nicht aus. Sie verstärkt im Gegenteil meinen Impuls, die Verantwortung für den Entwurf einer sowie die Arbeit für die befriedigendste Zukunft zu übernehmen, die ich mir vorstellen kann, weil ich davon überzeugt bin, daß menschliches Handeln Neues schafft. Die Passivität und Verzweiflung, die in *Warten auf Godot* wie auch in vielen Heranwachsenden so schmerzlich deutlich ist, ist ein Wegbereiter des Nihilismus und trägt zur menschlichen Impotenz bei. Sie beruhen auf der Überzeugung, daß der Mensch nicht mehr fähig genug ist, die Zukunft mit neuen Möglichkeiten zu bereichern, und sich daher darauf beschränken sollte, auf das Unvermeidliche zu warten. In dem Maß, in dem ich mir der neuen und befriedigenden Möglichkeiten bewußt bin, werde ich entsprechende Schritte übernehmen, um diese Möglichkeiten in die Zukunft zu übertragen. Die Befriedigung, die ich beispielsweise empfinde, wenn ich mein Grundstück auf einer Insel in Maine vom Unterholz befreie, ist nicht von der Vorfreude zu trennen, mit der ich mir das Grundstück in den kommenden Monaten vorstelle.

Meine Befriedigung kommt aus aktueller Freude und der Hoffnung auf morgen.

Der Hauptunterschied zwischen einer unbehaglichen und einer offenen Zukunft ist der, daß meine Hoffnungen und Planungen in der letzteren nicht verwirklicht werden müssen, um meine Identität zu begründen. Wenn mein Schwerpunkt, meine Hauptenergie und meine Konzentration in der Gegenwart liegen, verlasse ich mich nicht darauf, daß irgendein künftiges Ereignis meine Existenz rechtfertigt oder ›absegnet‹. Mein Selbstwert ist nicht abhängig vom Kommen des Reiches Gottes, der Errichtung der klassenlosen Gesellschaft oder davon, daß ich den richtigen Essay zum richtigen Zeitpunkt schreibe. Meine Identität ist durch mein Bewußtsein der Möglichkeiten und der Einmaligkeit der augenblicklichen Zeit gesichert. Ich **bin** hier und jetzt. Auch wenn ich hoffe, mich in Richtung auf eine erfülltere und reichere Lebensführung hin zu entwickeln, gibt es doch kein Ziel künftiger Vollkommenheit, das ich erst erreichen muß, um mich akzeptieren zu können. Meine Planungen sind eine Ausdehnung meines Verlangens. Meine Zukunftsplanung ist vorrangig ein Mittel, Verantwortung für anhaltende Zufriedenheit zu übernehmen, kein Programm zur Begleichung von Verbindlichkeiten oder Erfüllung von Pflichten.

Es ist Zeit, zum Schluß zu kommen. Wieder bin ich mir der Uhr bewußt: tick, tick, tick, tick, tick, tick. Ich lasse mich von ihrem Rhythmus einfangen, und Angst kommt in mir hoch. Ich bin versucht, in die Beständigkeit zu fliehen. Habe ich aus meiner gedanklichen Aufarbeitung meiner Erfahrungen mit der Zeit nichts gelernt, aus dem mir ein Gegenmittel gegen die Angst und das Fluchtverlangen erwachsen könnte? Während ich mir diese Frage stelle, werde ich mir bewußt, daß ein neuer Klang in mein Bewußtsein dringt: bum, bum, bum, bum, bum, bum. Die Wellen treiben heran, werden an den Strand geschleudert und regelmäßige Donnerschläge erfüllen die Umgebung. Allmählich werden die Rhythmen von Land und Meer eins, schwingen die Geräusche von Uhr und Wasser zusammen (wie der Atem von Liebenden): bum tick, bum tick, bum tick, bum tick, bum tick, bum tick. Ich entspanne und überlasse mich dem synkopierten Rhythmus. Meine Zeit ist in die Gezeiten eingefügt; Wissen und Mysterium, *chronos* und *kairos*, Zeit und Ewigkeit beginnen miteinander zu tanzen. Nachdem sich meine Ängste aufgelöst haben, gerät die mir zugemessene Zeit in Bewegung, frei und harmonisch. Erinnerung und Hoffnung verweben sich mit dem Bewußtsein. Mondschein-Parties und frühe Liebe, einen Kontinent und eine Generation entfernt, strudeln mit Träumen von einer Hütte am immergrünen Ufer von Swan's Island zusammen und spülen über kalifornischen Sand. Ich bin zu Hause in meiner Zeit: zufrieden, hier zu sein, dankbar, die Wildnis der Berge von Tennessee und die geordnete Ruhe von Harvard Yard kennengelernt zu haben und — ja — die Wüste Palästinas, in der zu Zeiten Milch und Honig fließen; in angenehmer Erwartung, daß Träume reifen und Überraschungen geboren werden. Das Ticken geht weiter. Der harte Rhythmus scheint manchmal das Donnern der Wellen zu übertönen und Angst droht mich zu überwältigen. Aber ich glaube jetzt, daß das Exil hinter mir liegt und daß es daher immer eine Möglichkeit gibt, nach Hause zu kommen.

Gnade ist der Mut, im fließenden Widerhall der Gegenwart zu Hause zu sein.

II

Erziehung zur Serendipität [4]

---

[4] Die Fähigkeit, Gutes zu entdecken, nach dem nicht gesucht wurde.

Vor langer Zeit, als ich kurze Hosen trug und mit der linken Hand treffsicher Murmeln spielte, erhielt ich einen Eindruck von Erziehung und Ausbildung, der mich kürzlich wieder heimgesucht hat. Mrs. Jones' Raum für die erste Klasse wirkte immer düster, aber an diesem speziellen Tag war er noch deprimierender als sonst. Einen endlosen Nachmittag lang übte ich mich in Schönschrift und hörte Mrs. Jones' monotones: »Führe deine i mit Schwung bis an die Mittelzeile und mach deine o schön rund. Kreis, Kreis, Kreis. So. Und nun noch einmal.« Im Widerstreit zwischen Langeweile und Verzweiflung kämpfte ich gegen die Tränen an und beschloß, auf die Erlösung zu warten — das Drei-Uhr-Klingeln.

Und dann geschah es. Eine Bewegung im Gebüsch vor dem Fenster fing meinen Blick ein. Da, im milden und versöhnlichen Licht der Frühlingswelt baute eine Grasmücke ihr Nest. Mit ehrfürchtigem Staunen verfolgte ich den Nestbau und träumte von der Zeit, in der ich ein großer Ornithologe sein würde. Meine i und o waren vergessen, bis Mrs. Jones neben meiner Schulter auftauchte und wissen wollte, warum die letzten drei Zeilen in meinem Schönschreibheft leer waren. Der Instinkt sagte mir, daß eine kleine Grasmücke, daß ganz private Begeisterung keine hinlängliche Entschuldigung dafür waren, meine ernsten schulischen Pflichten zu vernachlässigen. Also biß ich mir auf die Lippe, genoß mein Staunen schweigend und saß nach, um meine Aufgaben zu beenden.

Mrs. Jones setzte Maßstäbe. Schule wurde mir zur Gewohnheit. Ich verbrachte mehr als fünfundzwanzig Jahre in Klassenräumen, ohne jemals die Maxime ernsthaft in Frage zu stellen, daß persönliche Begeisterung von erzieherischen Aufgaben streng zu trennen war. Auf dem College und der Graduate School richtete ich meine Aufmerksamkeit auf die Aneignung des Wissens, das als notwendiges Arbeitskapital eines gebildeten Menschen betrachtet wird. Ich wurde mit theologischen, philosophischen, biologischen, psychologischen, anthropologischen und soziologischen Konzepten des Menschen vertraut gemacht. Ich lernte Methoden zur Lösung kognitiver Probleme sowie Techniken zum Aufspüren der universellen Botschaft in einem bestimmten Text. Ich studierte die Regeln von These und Beweis, lernte die Schichten des Zweifels zu durchdringen, die sich unter jeder Gewißheit verbergen, die mir durch Familie und Kultur vermittelt werden. Obwohl das nirgendwo so deutlich festgehalten ist, begriff ich, daß das Motto von Erziehung und Ausbildung *dubito ergo sum* lautet — ich zweifle, also bin ich. Jahrelang hockte ich mit verkrampften Muskeln auf harten Holzbänken (mit eingeschnitzten Initialen) und lauschte Vorträgen über die Notwendigkeit des Dialogs (niemand lachte!) und über den verpflichtenden Charakter menschlichen Daseins.

Kaum jemals wurde ich in meinem Vierteljahrhundert schulischer Ausbildung ermutigt, die intimen und persönlichen Fragen zu erörtern, die meine Aufmerksamkeit außerhalb des Klassenzimmers beanspruchen. Während mir beigebracht wurde, das Allgemeine aufzuspüren, das Universelle, das Abstrakte und die bekannten Fakten der äußeren Welt, wurde ganz stillschweigend davon ausgegangen, daß die Schulausbildung nicht die Verantwortung hatte, mir dabei zu helfen, mit dem Besonderen, dem Konkreten, dem Eigenartigen, dem Biographischen, dem Sinnlichen klarzukommen, die den Kern meiner privaten Existenz ausmachten. Ich lernte wenig über Organisation, Wertschätzung, Führung und Aufmerksamkeit für den menschlichen Grundbesitz, der den Namen Sam Keen trägt.

Es ist kaum überraschend, daß ich nach dem Verlassen des Klassenraums meine i mit Pünktchen versehen und meine o schön rund machen konnte. Aber die Grasmücke war fort. Ich verließ die Graduate School und stellte fest, daß ich mich nicht mehr begeistern konnte. Ich hatte einen Beruf aber keine Berufung, Wissen aber keine Weisheit, viele Vorstellungen aber kaum Emotionen, war reich an Methoden aber arm an Überzeugungen. Ich hatte eine Ausbildung erhalten doch eine Identität verloren. Als ich das Dasein des Lernenden hinter mir ließ, nicht mehr Wissen ansammelte und organisierte, sondern mich auf die Suche nach Weisheiten begab, die für ein lebendiges Leben wichtig sind, richtete ich mein Augenmerk auf Fragen, für deren Beantwortung ich nicht ausgebildet worden war. Ich lernte Fähigkeiten schätzen, die nie gefördert worden waren, und entdeckte Gefühle, die zu lange brach gelegen hatten. Jetzt endlich, nach zu vielen Jahren, hatte ich meine Sprache wiedergefunden und widersprach Mrs. Jones.

Zu ihrer Verteidigung muß gesagt werden, daß Mrs. Jones über eine pädagogische Theorie verfügte, die in der demokratischen Ideologie und Praxis tief verankert ist. Wäre sie gebeten worden, die Prinzipien zu erläutern, die die Grundlage ihrer Tätigkeit bildeten, hätte sie vermutlich gesagt: »Als Lehrerin habe ich das Öffentliche streng vom Privaten zu trennen, das Faktische vom Emotionalen, das Objektive vom Subjektiven. In einer Demokratie hat die Schulausbildung kein Recht, in den privaten Bereich von Gefühlen, Wertvorstellungen oder religiösen Überzeugungen der Schüler einzudringen. Der Lehrer hat sich strikt an die Themen zu halten, die einem Schüler auf sachliche und objektive Art vermittelt werden können. Das Prinzip der Trennung von Staat und Kirche bedingt, daß die öffentliche Schulerziehung sich nicht mit Wertvorstellungen zu befassen hat, die von den subjektiven, emotionalen, biographischen oder religiösen Bedingungen der Schüler nicht zu trennen sind. Das Streben nach Weisheit, nach Identität, nach emotionaler Verzückung — beispielsweise über Grasmücken — hat im Klassenzimmer nichts zu suchen.«

Aus persönlichen wie auch aus pädagogischen Gründen bin ich davon überzeugt, daß Mrs. Jones' Philosophie gefährlich falsch ist. Ich gehe davon aus, daß Ausbildung zwei vorrangige Ziele hat: Sie sollte junge Menschen in das Wissen und die Technik seiner Kultur einführen, und sie sollte die Jugend darauf vorbereiten, über Vergangenes hinaus kreativ zu werden, um Neues zu schaffen und Freiheit zu nutzen. Kreativität verlangt stets ein Zusammenspiel zwischen Id und Ego, zwischen Fremdem und Vertrautem, Ferne und Nähe, Allgemeinem und Besonderem, Abstraktem und Konkretem. Wenn Erziehung das Persönliche vernachlässigt, das Nahe, das Sinnliche, das Autobiographische, scheitert sie an ihrer kreativen Aufgabe und ist nur noch erhaltend, unter Umständen sogar reaktionär. Um das richtige Gleichgewicht zwischen Bewahrung und Revolution einhalten zu können, muß sich Ausbildung und Erziehung mit den intimen Wurzeln kreativen Erlebens befassen.

Die revolutionäre Funktion von Erziehung schwebt in beständiger Gefahr, unterdrückt zu werden, weil es stets die Generation mit berechtigtem Interesse am Hergebrachten ist, die die Jungen unterrichtet. Für sie ist Neues immer eine Bedrohung. Das Neue hat sich seinen gefährlichen Weg gegen die Strömung der Tradition zu bahnen. In einer demokratischen Gesellschaft bewahrt die ältere Generation ihre Werte höchst wirksam durch eine Verschwörung des Schweigens, durch die sie verhindert, daß die entscheidenden Fragen überhaupt auftauchen. Die repressive, die reaktionäre Wirkung unseres Schulsystems geht nicht so sehr von den Dingen aus, die dort unternommen werden, sondern von jenen, die unterlassen werden. Das Vakuum, nicht die Rute, ist das Instrument, den Status quo zu bewahren. Die Rute führt früher oder später zu einem Aufbegehren mit der Wirkung, daß es den Rebellen an die Wertalternativen bindet, die innerhalb des Systems wahrgenommen werden, gegen das er aufbegehrt. Zu einer wahren Revolution kann es nur kommen, wenn die zentrale Frage nach dem Sinn der menschlichen Existenz aus einer Perspektive gestellt wird, die sowohl dem Establishment als auch jenen fremd ist, die sich in Rebellion gegen das Establishment befinden. Freiheit liegt jenseits von Konformität und Aufbegehren.

Ich würde gern vorschlagen, daß jede Bildungsinstitution, die den Anspruch erhebt, ihren eigentlichen Auftrag des Bewahrens sowie der Förderung von Kreativität zu erfüllen, das Fach »Staunen, Weisheit und Serendipität« mit dem prophetischen Ziel einrichtet, sich mit den unaktuellen Fragen sowie den Lebensmöglichkeiten zu beschäftigen, die im gängigen Schulunterricht nicht erörtert werden. An den Universitäten würde dieses Fach die Universität vermitteln. Es würde ihre Phrasen, ihre Ideologie und ihre Leistungen unter die Lupe nehmen. Es könnte Kurse in alten Tugenden anbieten, unbekannte Möglichkeiten und eigentümliche Formen privaten und gemeinschaftlichen Lebens vorstellen. Auf jeden Fall sollte es das Bewußtsein der Studenten für die Möglichkeiten, Lebensformen und Fragen schärfen, die für ungebührlich gehalten werden, für unmodern, überwunden, naiv, tabu, gefährlich oder politisch nicht opportun. Für die Regierung könnte es durchaus gut sein, einen neuen Kabinettsposten zu schaffen, dessen Inhaber peinliche Fragen stellt, unterschätzte Alternativen oder neue Modelle für ein erfüllteres Miteinander in den Blickpunkt des öffentlichen Interesses rückt. Wenn eine Nation bereit ist, mehr als die Hälfte ihres Vermögens für die Entwicklung neuer Technologien des Tötens auszugeben, wenn sie ihre Stärke an der Kapazität des millionenfachen Todes mißt, ist es durchaus nicht dumm zu fragen, welche Art von Stärke oder Macht in der Liebe oder in Blumen liegt. Es sollte nicht vergessen werden, daß der Stier Ferdinand eine Reaktionsmöglichkeit auf Aggression entwickelte, die keineswegs dazu führte, daß er rot, tot oder bis an die Zähne bewaffnet war.

Für den Rest dieses Kapitels werde ich einige der Kurse aufzeigen, die im Fach Staunen, Weisheit und Serendipität angeboten werden können. Diese Kurse betonen die triebhaften und emotionalen Bereiche der Erziehung, die von Mrs. Jones ignoriert wurden. Sie haben den Anspruch, den Lehrplan auf die Probleme und Fragen zu konzentrieren, die für mich in den Jahren von großer Bedeutung waren, als ich die Schule verließ und mit meiner Ausbildung begann. Keineswegs plädiere ich dafür, daß die kognitiven, abstrakten und naturwissenschaftlichen Disziplinen, die zur Zeit an unseren Schulen dominieren, aufgegeben werden und sich schulische

Ausbildung ausschließlich auf die Entwicklung des Individuellen fixiert. Doch es scheint höchste Zeit zu sein, die personalistische (im Gegensatz zur rein humanistischen) Dimension unserer Erziehung wiederzuentdecken. Wenn wir es versäumen, die Identität und Ganzheit im Schulunterricht zu fördern, muß unser abstraktes und technisches Wissen nur eine leere Hülle für ein schmerzliches Vakuum bilden. Ich sollte hinzufügen, daß die Liste der Kurse eher Bereiche des Mangels aufzeigt als exakte Methoden zur Beseitigung dieser Mängel anzubieten. Es handelt sich mehr um einen Katalog von Experimenten, die ausgeführt werden müssen, als um ein Anleitungsverzeichnis.

Schweigen, Staunen und die Kunst der Gelassenheit

Ziel: Dieser Kursus wird die Grundhaltung untersuchen, die die alten Philosophen für die Voraussetzung aller Weisheit hielten — das Staunen-Können. Er wird Schülern dabei helfen, ein inneres Schweigen zu entwickeln, die Fähigkeit zu kultivieren, Dinge geschehen zu lassen, sie zu begrüßen, auf sie zu achten und in den Situationen ganz ruhig zu sein, in denen Sich-Ergeben sinnvoller ist als das Bemühen, die Lage unbedingt in den Griff bekommen zu wollen.

Begründung: Zu dem Zeitpunkt, an dem ein Schüler das erreicht, was wir beharrlich ›höhere‹ Ausbildung nennen (warum nicht ›tiefere‹?), sind die Strukturen seiner Wahrnehmung und seiner Lebensform durch das linguistische Klima geprägt, in dem er sich seit der Geburt befunden hat. Sprechen zu lernen ist Ziel und Prinzip jeder Erziehung, da die Sprache das erste Instrument ist, mit dem das Chaos der Wirklichkeit dezimiert, strukturiert und beherrscht werden kann. Das Sprachsystem einer Kultur verkörpert die Wertvorstellungen und Überzeugungen, in die ein Kind eingeführt werden muß, um ein Mensch zu werden. Zur Zeit sind wir so darum bemüht, diese Einführung zu erreichen, bevor die Rebellion einsetzen könnte, daß es von vorrangiger pädagogischer Bedeutung geworden ist, wie früh wir Johnny das Lesen beibringen können, wie flink und ökonomisch wir die gesammelten Daten der Kultur in seinen Kopf bekommen (Computer). Seit dem Sputnik ist die Kindheit in Gefahr, eine Art nationaler Ressource zu werden, ein Lagerhaus zum Sammeln von Daten, die für die künftigen Ziele einer kybernetisierten Gesellschaft notwendig sind.

Man kann sich des Eindrucks kaum erwehren, daß die westliche Kultur eine Verschwörung gegen das Schweigen gebildet hat. Erziehung und Ausbildung sind vorwiegend verbal, begrifflich und dialektisch. Wir lesen, hören und sehen zu, um unterhalten zu werden. Die verbale Diarrhöe von Disc-Jockeys ergießt sich aus dem omnipräsenten Transistor in die aufnahmebereiten Ohren von Millionen. Geschwätz erfüllt jeden Raum, in den sich sonst das Schweigen einschleichen könnte. Selbst das, was wir Denken nennen, spielt sich meistens in einer höchst ausgeklügelten Art innerer Konversation ab. Dialektik ist der Dialog mit einem unsichtbaren Partner.

Eine Psychoanalyse des Geschwätzes würde ergeben, daß unsere Über-Verbalisierung das Bemühen ist, etwas zu vermeiden, was beängstigend ist: Schweigen. Doch warum sollte Schweigen bedrohlich sein? Worte sind eine Möglichkeit zu strukturieren, zu manipulieren und zu beherrschen — fehlen sie, erhebt sich das Gespenst des Machtverlusts. Was wir nicht benennen können, können wir nicht kontrollieren. Kontrolle ist Macht, und Macht ist Sicherheit. Keine Kontrolle zu haben bedeutet Unfähigkeit und Gefahr — das sagen uns zumindest unsere Ängste. Und so vermeiden wir das Schweigen, um die Illusion aufrechtzuerhalten, daß wir in einer Welt leben, die wir im Griff haben, und um zu vermeiden, mit unseren Ängsten konfrontiert zu werden, keine Kontrolle zu haben.

Diese Obsession des Beherrschens, die alle technologischen Kulturen kennzeichnet, macht uns blind für alternative Formen der Wahrnehmung und des Lebens. Wenn wir nicht fähig sind, auf das Beherrschen zu verzichten, um Menschen und Dinge in ihren eigenen Sprachen zu uns sprechen zu lassen, ihnen zuzuhören, sie zu schätzen, sind wir zu dauerhafter Aggression verurteilt, zu einer erbarmungslosen Prometheus-Anstrengung, unsere Umgebung zu meistern. Es gibt jedoch auch eine Zeit des Schweigens, des Erstaunens, der Gelassenheit. Wir sind in Gefahr, diese Zeit in der aktuellen Welt zu vergessen.

Inhalt und Methoden: Ein Kurs in der Kunst des Schweigens ist schon per Definition schwer zu vermitteln. Könnte er Vorträge oder Vorlesungen beinhalten? Wie sollte das Gelernte bewertet werden? Wie sollen wir verbesserte Fähigkeiten im Staunen beurteilen? Und woher sollten wir eigentlich die Dozenten im Fach Schweigen bekommen und welche Kriterien würden wir an ihre Beförderung anlegen? (Vielleicht sollten jene, die publizieren, bestraft werden.) Auch wenn die Schwierigkeiten Legion sind, sollten wir uns daran erinnern, daß es Präzedenzfälle für dieses Experiment gibt. Zen-Meister waren Professoren des Schweigens. Durch das Mittel des *koan* zerstörten sie den naiven Glauben ihrer Schüler an die Angemessenheit von Worten und Konzepten als letztes Mittel, die Realität zu begreifen. Und durch Meditationen lehrten sie Techniken, durch die der Geist von Dialektik befreit wurde, ohne das Bewußtsein zu verlieren. Zen beweist, daß innere und äußerliche Welten willkürlich beherrscht oder aufgegeben werden können, wenn die Kunst des inneren Schweigens erst einmal gelernt ist. In der philosophischen Tradition des Westens gibt es ebenfalls Beispiele für die Unterweisung in der Kunst des Schweigens. Platonimus, christlicher Mystizismus und Romantizismus kultivierten und schätzten die Haltung des Erstaunens und der schweigenden Bewunderung.

Ein Kursus in Schweigen könnte ganz einfach mit Schweigen beginnen. Eine Phase linguistischer Askese würde Schülern die Omnipräsenz von Worten und die Bedrohlichkeit des Schweigens bewußt machen. Sie könnte die Erkenntnis fördern, daß Worte und Schweigen, Konzepte und Gefühle, Beherrschen und Sich-Ergeben nur vital sind, wenn sie in ständiger Beziehung zueinander sind. Wenn ein Schüler nach einem Ausflug ins Exil des Schweigens in die Sprache zurückkehrt, könnte er unter Umständen ausreichend Hochachtung für die Sprache entwickelt haben, um sich über Geschwätz, Phrasen und hohles Gerede zu empören. Vielleicht könnte es zu einer neuen Revolution kommen, die das Recht zu schweigen auf ihre Fahnen schreibt.

Viele der in der Zen-Tradition entwickelten Meditationstechniken, die zur Zeit in Esalen und anderen Zentren erforscht werden, widmen sich dem Studium den »nicht-verbalen Humanitäten« (Aldous Huxley) und könnten für einen Schüler des Schweigens sehr nützlich sein. Mit Übung ist es möglich, den Strom des Bewußtseins zu erleben ohne einzugreifen, die Dialektik zum

Schweigen zu bringen, ohne Selbstbewußtsein bewußt zu sein, sowie eine größere Unmittelbarkeit und Spontanität zu erfahren als im ›normalen‹ Bewußtsein. Die ›Türen der Wahrnehmung‹ könnten gereinigt, das Schweigen wiedererlangt und die Kunst der Gelassenheit erlernt werden.

Darüber hinaus wäre es nötig, unsere nicht-verbale Art und Weise des Lernens und Kommunizierens zu erforschen. Wir verlassen uns auf die Sprache, weil wir nie systematisch dazu ausgebildet wurden, auf irgendeine andere Weise zu kommunizieren. Berühren, Tasten und Riechen werden in unserer Kultur kaum unterrichtet, obwohl sie bei weitem intimere Sinne sind als Hören und Sehen. Miteinander in Berührung zu kommen, die intimeren Sinne zu fördern, könnte dazu beitragen, das Vakuum in und zwischen Menschen auszufüllen, das jetzt mit Worten zugeschüttet wird. Dann könnten wir, wie man in Maine sagt, nur dann das Wort ergreifen, wenn Schweigen nützlicher wäre.

Einführung in die Sinnlichkeit

Ziel: Dieser Kursus soll Schülern dazu verhelfen, zu einer tieferen Einheit zwischen Körper, Geist und Welt zu gelangen und einen Lebensstil zu entwickeln, der reich ist an sinnlichem und körperlichem Bewußtsein, sowie die bestätigende Sicherheit zu erfahren, die die Folge eines fest verankerten und inkarnierten Daseins ist.

Begründung: Die aktuell gängigen Phrasen rühmen Fleisch und Materie über alles. Die vereinte Wirkung von Pragmatismus, Existentialismus, naturwissenschaftlicher Methodologie und den Früchten der industriellen

Revolution hat uns davon überzeugt, daß die wahre Heimat des Menschen im Reich seines Körpers liegt. Die ältere, idealistische Auffassung, nach der der Mensch ein Verstand war, zu dem zufällig auch ein Körper gehörte, ein Geist, der bedauerlicherweise in Materie eingeschlossen war, wurde im 20. Jahrhundert überall und ausnahmslos verworfen.

Lediglich in der Praxis — nie in der Theorie — ist der idealistische und gnostische Dualismus eine funktionierende Voraussetzung der zeitgenössischen Gesellschaft. Unsere Lobeshymnen können die Abscheu vor dem Fleischlichen nicht übertönen, die unsere Taten enthüllen. Man denke beispielsweise an unsere Rücksichtslosigkeit gegenüber dem Körper in Ausbildung und Erziehung. Im Klassenzimmer wird der Verstand, nicht der Körper geschult. An keinem Punkt unternimmt der Lehrplan den Versuch, Schülern das Erkennen der Körpersprache zu vermitteln, sie Methoden der Entspannung und Beherrschung zu lehren oder ihnen zu einem Verständnis der Beziehung zwischen Körper und Persönlichkeitsstruktur, »Charakter-Schutz« (Wilhelm Reich) und Abwehrmechanismen oder Bewegung und Emotionen zu verhelfen. An unseren Schulen wird so getan, als wäre die Tatsache der Verkörperung für die Aufgaben von Erziehung und Ausbildung rein zufällig. Mitunter beschäftigt man sich mit dem Körper in »Gesundheitslehre«, doch dabei handelt es sich meistens um eine Mischung aus Informationen über die Verdauungsorgane, um Sexualkunde und erbauliche Vorträge über den Wert der Reinlichkeit. Was wir »Leibeserziehung« nennen, besteht in der Regel aus einer Reihe sportlicher Wettbewerbe (in der passenden Jahreszeit), die den Körper in Wirklichkeit desensibilisieren, da das Hauptaugenmerk auf den Sieg gelenkt wird und nicht auf die Förderung der Kinästhesie, des Muskelgefühls.

Das Ergebnis der verdeckt idealistischen Annahme unseres Schulsystems ist die Verewigung eines Dualismus, der dem Gnostizismus ähnelt, der ebenfalls den Verstand vom Körper trennt, Geist vom Fleisch und Erscheinen vom Gefühl. Das ärgerlichste Symptom dieser Fehlentwicklung (einer kulturell lizensierten Form von Schizophrenie) ist das Zwillingsphänomen von Stil und Kosmetik. Der Körper wird modisch gekleidet, weil er von den anderen Menschen gesehen wird. Sein ›Ansehen‹ kommt aus dem, was gesehen, nicht aus dem, was gefühlt wird. *Esse est percipi.* Gleichermaßen ist das Make up eines Gesichts eine Maske von Helena Rubinstein, die angelegt werden ›muß‹. Es ist ein Spiegelgesicht, kein ›Normalgesicht‹ — sorgsam im Hinblick darauf hergerichtet, wie es von außen betrachtet und beurteilt wird. In dem Maß, in dem wir unsere Körper für die Blicke anderer dekorieren, trennen wir uns von der Perspektive sinnlichen Empfindens. Unser Erziehungssystem kann keineswegs aus der Verantwortung dafür entlassen werden, diese Form körperlicher Existenz zu verewigen, in der der visuelle Körper über den sinnlichen Körper dominiert. Wenn unsere Körper für uns leere Hüllen sind, die bemalt und dekoriert werden müssen, so liegt das daran, daß wir uns nie die Mühe gemacht haben, das sensitive Innere auszubilden. Wir haben nichts unternommen, um den Körper aus der Todesstarre zu erwekken.

Es ist auch vorstellbar, daß diese Vernachlässigung mit dem politischen Problem des nachlassenden Gefühls für öffentliche Verantwortung zusammenhängt. Die Vorstellung eines öffentlichen Bereichs ist nur sinnvoll im Gegensatz zu dem, was kein öffentlicher Bereich ist, also im Gegensatz zum privaten Raum. Und das Modell für Privatheit ist mein Verhältnis zu meinem Körper. Wenn mir das Gefühl für die Unverletzlichkeit meines Körpers fehlt, sind schwache Ego-Grenzen sowie eine beschränkte Fähigkeit, soziale Bindungen einzugehen die Folge. Das Extrembeispiel für diese gleichzeitige Auflösung des öffentlichen und privaten Bereichs ist der Schizophrene, dem das Gefühl fehlt, mit seinem Körper verbunden zu sein. Sein Körper ist schwerelos und transparent. Er kann vom Wind davongeblasen und von fremden Blicken durchschaut werden. Er hat keine Beschränkungen, keine Grenzen, keine Privatheit. Daher hat das schizophrene Kind Angst, seine Eltern könnten jeden seiner Gedanken, jedes seiner Gefühle ›sehen‹. Für den Schizophrenie-Kranken gibt es keinen Zufluchtsort, keine fruchtbare Dunkelheit, in der zarte Dinge, vor neugierigen Augen verborgen, keimen und wachsen können. Da ihm das Gefühl potenter Körperlichkeit fehlt, kann der Schizophrene auch kein Mitglied einer Gemeinschaft werden. Alleinsein und Gemeinschaft stehen zueinander in Beziehung wie der physische Körper zur körperlichen Gesellschaft. Ohne Inkarnation gibt es keine Vereinigung. Verkörperung ist unteilbar. Es kann nicht darum gehen, Individuen die Unverletzlichkeit der Privatsphäre zu lehren (wie die Rechten fordern), noch von der Gemeinschaft die Erneuerung des Gefühls für den öffentlichen Bereich und Verantwortlichkeit zu verlangen (wie die Linken fordern). Entweder wir tun beides oder nichts. Erziehung zur Sinnlichkeit ist politisch und Erziehung zur Politik ist sinnlich.

Inhalt und Methoden: Physiologie, Psychologie und Philosophie bieten eine Fülle theoretischen Materials, das sich zum Einstieg in das Studium der körperbewußten

Existenz eignet. Grundkenntnisse in Anatomie und Physiologie — nicht des menschlichen Körpers an sich sondern des eigenen Körpers — könnten ein guter Ausgangspunkt sein. Ist erst einmal ein sachlich-fachlicher Grundstein gelegt, kann ein physiosomatisches Studium großen Nutzen aus Freuds Theorie der Unterdrückung sowie Wilhelm Reichs Theorie vom Charakter-Schutz ziehen. Phänomenologische Analysen des Körpers, wie sie von Marcel, Sartre und Merleau-Ponty durchgeführt wurden, könnten ebenfalls wertvoll sein. Darüber hinaus könnte es von Nutzen sein, über Geschichte und Soziologie des Körpers nachzudenken. McLuhan hat darauf hingewiesen, daß sich das Gleichgewicht zwischen den Sinnen verändert, um die dominante Technologie eines bestimmten Zeitalters zu kompensieren. Es besteht auch keinerlei Zweifel daran, daß unterschiedliche Sinne die Modelle für unser Verständnis vom Denken geliefert haben. Im alten Griechenland mit seiner idealistischen Philosophie wurde Wissen gern mit dem Sehen verglichen. Wer ›wußte‹, hatte eine Vision, eine klare und bestimmte Vorstellung, die mit der bekannten Wirklichkeit korrespondierte. In der hebräischen Welt wurde Wissen häufiger als eine Form von Kontakt und In-Berührung-Kommen begriffen. Es ist kein Wunder, daß die Bibel davon spricht, daß ein Mann eine Frau im sexuellen Sinn »erkennt«. Auf jeden Fall gibt es ausreichend ›harte‹ konzeptionelle, historische, psychologische und philosophische Fakten über die Art und Weise, in der der Körper Wissen vermittelt, um einen Kursus in Sinnlichkeit akademisch anspruchsvoll gestalten zu können (falls das bezweifelt werden sollte).

Das Problem liegt weniger in den theoretischen als in den inneren Dimensionen dieses Lehrgangs. Erziehung zur Sinnlichkeit kann das Thema Sex nicht umgehen (s.

a. den Kursus »Wie man lieben lernt«, S. 107), das sowohl eine moralische, religiöse, als auch eine politische Seite hat. Wie sollen wir mit unserer Sexualität umgehen? Es wurde sehr häufig betont, wir hätten den Preis der Unterdrückung zu zahlen, um die Zivilisation zu erhalten. Norman Brown und Herbert Marcuse haben im Zusammenhang mit dieser Voraussetzung Fragen aufgeworfen, die nicht außer acht gelassen werden sollten, wenn der revolutionäre Anspruch von Ausbildung und Erziehung erfüllt werden soll. Unsere Beschäftigung mit genitalen Dingen stellt eine Form dar, Energie und Zeit zu organisieren, die Belange des Körpers zu strukturieren. Brown und Marcuse haben darauf hingewiesen, daß sexuelle, persönliche und politische Organisation verändert werden kann. Sie unterliegt der Entscheidung. Wenn Bildung also das Ziel anstrebt, die für Freiheit notwendigen Veränderungen zu bewirken, bedingt das eine Sensibilisierung der Studenten für den Bereich, in dem ihre Energien organisiert werden. Eine Erziehung, die die erogenen Zonen und sensitiven Bereiche ausklammert, vernachlässigt die Machtstruktur. Es sollte für jeden einsichtig sein, daß eine Bildung, die die Frage von Macht und Veränderung vernachlässigt, eher die Bezeichnung Indoktrination verdient und in einer demokratischen Gesellschaft keinen Platz hat. In einer Demokratie wird Macht verteilt, daher erfordert sie eine Form körperlicher Existenz, in der erotische Sensibilität den ganzen Körper betrifft und sich nicht auf die entsprechenden genitalen Organe beschränkt. Eine demokratische Gesellschaft kann vermutlich nur in einem sensitiven Milieu überleben. Es ist nicht zu übersehen, daß die größte revolutionäre Bedrohung, der sich die Vereinigten Staaten von Amerika gegenüber sahen, in einer Zeit freier Sexualität an den Universitäten und

Colleges entstand. Die Rebellion richtet sich nicht gegen das repressive Über-Ich, das die freie genitale Sexualität verbietet, sondern gegen den rücksichtslosen Umgang mit der Umwelt, gegen die Profanisierung und das gefühllose Töten in der lieblosen technologischen Gesellschaft. Nicht Sex sondern Liebe wird gefordert, keine neuen Tyrannen sondern eine partizipatorische Demokratie, keine größere Teilhabe am Reichtum sondern eine fürsorglichere Gesellschaft. Es ist kaum zu vermeiden, daß die fundamentale Aufgabe der Bildung in den kommenden Jahren darin bestehen wird, alternative Möglichkeiten der Organisation von Energie und Macht des physischen und des politischen Körpers zu suchen.

Es gibt viele Methoden, mit deren Hilfe das Bewußtsein für die Untrennbarkeit von Körper, Seele und Welt gefördert werden kann. Fritz Perls, der Vater der Gestalt-Therapie, hat auf eine Reihe von Techniken hingewiesen, die als Einführung in die Kunst betrachtet werden können, die Sprache des Körpers zu deuten. Durch die Konzentration auf eine der fundamentalen Körperfunktionen wie Essen, Ausscheiden oder körperliche Liebe sei es möglich, ein Modell der Persönlichkeit zu entwickeln, behauptet Perls. Wie essen Sie beispielsweise? Wie nehmen Sie die Welt in sich auf? Achten Sie auf den Geschmack und die Beschaffenheit? Kauen Sie ausgiebig? Lesen Sie während des Essens? Wie Sie Ihre Nahrung zu sich nehmen, so nehmen Sie auch die Welt in sich auf, die Sie umgibt. Falls Sie das bezweifeln, dann achten Sie doch einmal eine Woche lang auf Ihre Eßgewohnheiten und versuchen Sie dann, Parallelen zu der Art und Weise zu ziehen, in der Sie lesen, zuhören, denken, begreifen und zu anderen Menschen in Beziehung treten.

Auch aus den therapeutischen und religiösen Bereichen können viele Methoden zur Erziehung und Resensibilisierung des Körpers entlehnt werden. Östliche Religionen verfügen über Jahrhunderte der Erfahrung in der körperlichen Erziehung und Bildung, die von westlichen Pädagogen bislang nicht ernst genug genommen wurden. Es ist durchaus möglich, die Voraussetzungen und das Idealistisch-Metaphysische östlicher Religiosität beispielsweise von Joga-Praktiken zu trennen und deren Techniken für Körperbewußtsein und -beherrschung zu nutzen. So bietet die Zen-Technik der Atmungskonzentration zum Beispiel eine unmittelbare Experimentiergrundlage zum Verstehen und Einbeziehen des Unfreiwilligen und des Freiwilligen; sie stellt ein körperliches Modell der Spannung zwischen den unbewußten und bewußten Funktionen der Persönlichkeit dar. In dem Augenblick, in dem ein Mensch bemüht ist, spontan zu atmen, wird deutlich, wie sinnlos es ist, Dinge erzwingen zu wollen, die ›zugelassen‹ werden sollten. Erleuchtung (der Zustand, den Bildung schließlich anstrebt) besteht in der Fähigkeit, die passenden Momente für Hinnahme oder Handeln, Staunen oder Tat, Entspannung oder Durchsetzen zu erspüren. Es liegt auf der Hand, daß diese Fähigkeit eine Voraussetzung für Glück ist, solange sich der Mensch mit der Beschränkung seiner Sterblichkeit abfinden, aber auch danach streben muß, seine Möglichkeiten des Eingreifens und Veränderns zu erweitern.

Ein anderes altes erzieherisches Medium, das wiederbelebt werden könnte, ist der Tanz. In primitiven Kulturen war das Tanzen ein wichtiges Mittel zur Darstellung und Weitergabe von Wertvorstellungen und Überzeugungen. »Primitive Religion wird nicht geglaubt, sie wird getanzt«, hat Arthur Darby Nock, der Religionshistoriker von Harvard immer wieder betont. Schon Plato wußte, daß Tanz und Gymnastik für die politische Erziehung wesentlich waren. Wenn sich die Werte einer Kultur tief im Bewußtsein verankern sollen, müssen sie mit allen Möglichkeiten ausgedrückt werden: mit Verstand, Emotionen und Sinneswahrnehmungen. Der Körper hat Wissen zu vermitteln, von dem der Verstand nichts weiß. Er versteht viel von Rhythmus und Zeitbestimmung, die zu schnell vergessen werden, wenn das Leben zu ausschließlich von Vorstellungen und Ideen bestimmt wird. Grundsätzliche Dinge wie das Verhältnis zwischen Aktivität und Passivität, Stärke und Schwäche, Spannung und Entspannung, Unbehagen und Zufriedenheit sind vom Körper leichter zu erlernen als durch eine begriffliche Analyse. Alexis Zorbas wußte, daß es Zeiten gibt, in denen nur der Tanz sagen kann, was gesagt werden muß. Bestimmte Emotionen sind ohne Bewegung nur schwer auszuleben. Wir werden von Freude ›bewegt‹ und von Leid ›geschüttelt‹. Es ist durchaus vorstellbar, daß der Mangel an Freude in unserer Zeit eng mit dem Verlust des Tanzes als wichtigem Medium für die Vermittlung und Darstellung von Wertvorstellungen und Überzeugungen zusammenhängt. Wir kennen keine gemeinsamen Tänze mehr. Vielleicht können vereinigende Bande nur dann geschaffen werden, wenn Körper gemeinsam zelebrieren. Wenn das so ist, dann ist eine Um-Erziehung des Körpers für die Schaffung einer Gemeinschaft unverzichtbar. Wie kann man in Berührung bleiben, ohne einander zu berühren, wie bewegt werden, ohne sich zu bewegen?

Die Bestimmung der Zeit:
Die Anwendung von Sonnenuhren, Kalendern und Uhren

Ziel: Dieser Kursus ist eine Übersicht über die Möglichkeiten, menschliche Zeit zu gliedern, zu messen und zu verstehen. In ihm geht es sowohl um die Geschichte jeder Möglichkeit als auch darum, dem Schüler dabei zu helfen, in seinen eigenen Erfahrungen die Grundlage für die abweichenden Vorstellungen von Zeit zu erkennen. Der Kurs bemüht sich um die existentielle Klärung der Unterscheidung zwischen pünktlich und rechtzeitig (*chronos* und *kairos*).

Begründung: Die industrielle Revolution hat ihren symbolischen Anfang bei der Erfindung der tragbaren Uhr, als das Ticken mechanischer Zeitmessung die Sonne und den Wechsel der Jahreszeiten als Markierung von Zeit ersetzte. Im Zeitalter der Sonnenuhr motivierte der Rhythmus von Verlangen und Befriedigung, Pflanzen und Ernten, Energie und Erschöpfung das menschliche Handeln. *Kairos* und nicht *chronos*, der bestimmte Moment, lenkte das Leben. Inzwischen wurde die Uhr der Seele aufgepropft und ersetzt den Rhythmus des Körpers und der Natur mit der vorfabrizierten Kadenz des Metronomen. Wir marschieren im Takt eines fremden Schrittmachers, essen, wenn die Uhr acht, zwölf oder sechs schlägt, arbeiten fünfmal acht Stunden in der Woche und ziehen uns im Alter von fünfundsechzig Jahren aus dem Arbeitsleben zurück.

Wer würde ernsthaft bestreiten, daß es gut ist, wenn Züge pünktlich verkehren, wenn Konferenzen und Veranstaltungen auf die Minute beginnen, wenn Leistung nach Zeit bemessen wird? Jedem von uns ist eine begrenzte Zeit auf Erden beschieden, warum sollte die nicht gewinnbringend genutzt werden? Indem wir Zeit in abstrakte Einheiten gliederten, haben wir die notwendige Regelmäßigkeit gewonnen, um mit den von uns geschaffenen Maschinen leben zu können. Und wir wurden mit dem belohnt, was unwidersprochen »höherer Lebensstandard« genannt wird. Aber was haben wir bei diesem Übergang verloren?

Als wir aufhörten, Zeit an der Sonne und dem Wechsel der Jahreszeiten zu messen, haben wir vermutlich an Weisheit verloren, und damit das Gefühl für den organischen Rhythmus von Geburt, Reifen und Tod, der alles Leben bestimmt. Eine alte Überlieferung definiert Weisheit als Gefühl für Zeitlosigkeit und Angemessenheit. »Ein jegliches hat seine Zeit, und alles Vornehmen unter dem Himmel hat seine Stunde«, heißt es beim Prediger Salomo. Der Weise weiß, wie spät es in seinem eigenen Leben und dem der Gemeinschaft ist (s. a. *Apology for Wonder* zur weiteren Vertiefung dieses Themas). Ein Bildungssystem, dessen Ziel die Ganzheit ist, muß den Menschen lehren, die Zeit zu bestimmen.

Inhalt und Methoden: Ein Kursus über Zeitbestimmung kann mit einem Studium der Sonnenuhr und der zyklischen Zeitauffassung beginnen. Diese Zeitvorstellung bestimmte das menschliche Bewußtsein (mit Ausnahme der jüdisch-christlichen Auffassung) bis zum Beginn der Technik. Das hat zwei Ursachen: den Zyklus der Jahreszeiten und das Unbewußte im Menschen. In der Natur gibt es keine Endgültigkeit, nur den endlosen Prozeß der Veränderung. Nichts geht verloren. Was gewesen ist, bleibt als Grundlage des Gegenwärtigen. Tod und Verfall bilden den Humus, der das neue Leben nährt, das ständig einer unbekannten und doch ewigen Zukunft zustrebt. Im ewigen Geheimnis der sterbenden und wiedererwachenden Erde sind Wandel und Dauer eigenartig verbunden. Und so ist es auch in den Tiefen der menschlichen Seele. In Träumen leben Lebende und Tote ohne das Vorurteil des Realitätsprinzips miteinander. Das Kind, das ich war, bleibt mit seinem unersättlichen Hunger nach Liebe unbefriedigt. Trotz der zahllosen Beweise von Zuneigung im Erwachsenenleben fleht und verlangt es noch immer nach liebevoller Zuwendung. Jetzt und damals, hier und da, Mögliches und Unmögliches, Vergangenheit, Gegenwart und Zukunft, Symbolisches und Tatsächliches — alles vereint sich im Zusammenspiel, im Tanz. Und nichts ist vergessen, verloren, tot. Alles was jemals war oder sein wird bleibt lebendige Möglichkeit des Gegenwärtigen.

Kontakt zur jahreszeitlich bedingten Realität der Natur und dem Unbewußten ist unabdingbar für die Hoffnung, daß trotz steter Veränderung der Dinge der Tod nicht die endgültige Realität ist, die den menschlichen Geist definiert. Die Gewißheit, ein Bestandteil der natürlichen Ordnung zu sein, jeden Augenblick in »das ozeanische Bewußtsein« (Freud) gerissen zu werden oder mit dem vereinigt zu sein, was Mystiker als Das Ganze beschrieben haben, bewirkt den Mut, mit der Zuversicht kreativ zu werden, daß nichts jemals verloren ist. Kreativität, die Umsetzung von Hoffnung in Handeln hängt von einem ständigen Umgang des Es mit dem Ich ab, des Unbewußten mit dem Bewußten, des zyklisch-archaischen mit dem linear-chronologischen Begriff von Zeit.

Die zweite Möglichkeit des Zeitverständnisses umfaßt Kalender und das lineare Zeitgefühl. Wenn wir uns auf den Naturkreislauf oder das menschliche Unbewußte konzentrieren, scheint der Kreislauf das geeignete Modell für Zeit zu sein. Aus der Perspektive des Individuums ist Zeit jedoch eine direkte Linie, die sich zwischen Geburt und Tod erstreckt; ein Pfeil, der unaufhaltsam der unbekannten Zukunft zufliegt; eine Straße, die nicht zu sich selbst zurückführt. Marshall McLuhan zum Trotz entstammt das lineare Zeitverständnis jedoch der Tatsache, die grundsätzliche Sterblichkeit menschlichen Lebens ernst zu nehmen und nicht der Erfindung des Alphabets.

Alle Kulturen haben sich Mittel und Wege geschaffen, den Kalender der individuellen und gemeinschaftlichen Existenz zu betonen. Da Menschen wie das Land ›überdauern‹, gibt es jährliche Feierlichkeiten und Feste, mit denen der Wechsel der Jahreszeiten zelebriert wird. Für den Einzelnen markieren bestimmte Rituale den Übergang von einer Lebensphase zur nächsten. Durch die Betonung von Geburt, Geschlechtsreife, Heirat, der Geburt eines Kindes, Tod und anderen Bezugspunkten erleichterten primitive Riten die Belastung durch die Veränderung dadurch, daß sie den Einzelnen in einen Zusammenhang mit einem universellen Prozeß brachten. Der Kalender gliederte die Zeit allgemeinverbindlich und trug bedeutend zur Vermeidung von Einsamkeit bei, indem er Anlässe für gemeinsames Feiern und Trauern lieferte.

In unserer pluralistischen Gesellschaft gehen gemeinsame Bezugspunkte sehr schnell verloren. Unsere Feste werden ebenso wie unsere Übergänge von einer Lebensperiode zur anderen diffus und verschwommen. Geburt und Tod spielen sich in keimfreier Isolation ab, die Kindheit ist verloren, bevor die Schulausbildung endet, und Reife wird im besten Fall in den Identitätskrisen des dritten und vierten Lebensjahrzehnts erlangt. Erik Erikson hat deutlich gemacht, daß es im Identitätszyklus zu Standardkrisen kommt, zu Traumata, die erfolgreich bewältigt werden müssen, bevor in der Persönlichkeitsentwicklung ein höheres Stadium erreicht werden kann. Uns fehlen jedoch Rituale, um diese Krisen zu sozialisieren und zu vereinheitlichen. Und so fügen wir den Ängsten und der Verwirrung, die die Weiterentwicklung zwangsläufig begleiten, die zusätzliche Belastung der Vereinsamung hinzu. Indem wir jene Menschen, die bei der Bewältigung einer Standardkrise innerhalb des Identitätszyklus' besondere Probleme haben, als ›geistig verwirrt‹ bezeichnen, belasten wir sie zusätzlich mit Schande und Isolation.

Eine neuzeitliche Bildung muß uns mit neuen Methoden zur Schaffung eines persönlichen und gemeinschaftlichen Kalenders sowie bestimmten Riten des Übergangs von einer Lebensphase zur nächsten ausstatten. Sie sollte uns dazu verhelfen, mit den Standardkrisen innerhalb des Identitätszyklus' fertig zu werden und das Eintreten in einen neuen Lebensabschnitt feiern zu können. Eine solche Ausbildung und Erziehung würde uns einen ›Atlas‹ des ganzen Lebensprozesses bereitstellen, auch wenn der Einzelne die Reise noch immer auf eigene Initiative unternehmen müßte.

Da es eine der wertvollsten Aufgaben von Bildung und Erziehung ist, uns dabei zu helfen, unsere Zeit zu begreifen, zu strukturieren und zu feiern, wäre es nur sinnvoll, die Schule nicht mehr als eine Institution anzusehen, die auf den ersten Abschnitt des Lebens beschränkt ist. Es wäre erheblich vernünftiger, die Menschen in den Zeiten wieder ›zur Schule zu schicken‹, wenn sie sich in einer Standardkrise des Identitätszyklus' befinden. Dann könnte Erziehung religiöse und moralische Elemente enthalten, die uns in die Lage versetzen, zu einer Vision der Integrität des gesamten Lebensprozesses zu kommen. Wenn sich Bildung mit der Ganzheit befaßt, dann muß sie sich fragen: »Wie können wir unsere Zeit in ein sinnvolles Ganzes einbinden?« Kirche und Staat können voneinander getrennt bleiben, doch die Bildung kann der Frage nicht ausweichen, wie wir unsere Zeit betonen und feiern können.

Schließlich hätte sich ein Kursus zum Thema Zeit mit Uhren und der chronologischen Vorstellung von Zeit zu befassen. Während des Schreibens an diesem Kapitel schlief ich eines Nachmittags ein und träumte, mich auf einem umgepflügten Acker zu befinden, in dessen vorbereitete Furchen Uhren gesät waren. Ich wartete, aber die Uhren keimten nicht. Dieser Traum ist für mich eine Parabel für das Dilemma des Menschen im 20. Jahrhundert: Das Organische und das Fabrizierte wirken nicht zusammen, Erde und Maschine bilden keine natürliche Ökologie, die jahreszeitlichen Bedingungen des Lebens befinden sich mit den Anforderungen einer maschinendominierten Wirtschaft in Konflikt. Bei unserem Bemessen und Produzieren bringen wir nur wenig Geduld für den langsamen organischen Prozeß des Wachsens auf. Unsere Maschinen treiben uns an. Wir veranstalten ein Wettrennen um den Mond und das elektrisch angetriebene Auto, damit wir kein Opfer der Technik werden, bevor die Technik uns retten kann. Aber vielleicht tötet der Fortschritt.

Die Armbanduhr ist ein sinnfälliges Beispiel der Art und Weise, in der Maschinen sowohl nutzen als auch schaden. Gewiß können wir das Problem des zwingenden Potentials einer maschinen-bestimmten Zeit nicht dadurch lösen, daß wir die Anforderungen der Maschine ignorieren. Irgendwie müssen Uhren und Erde zusammenwachsen. *Homo faber* muß klüger werden, muß lernen, seine Maschinen zu disziplinieren, so daß sie die psychologische Umwelt — die für ein wirklich menschliches Leben notwendig ist — nicht zerstören, sondern bereichern.

Bis jetzt hat sich die Förderung der Sensibilität jedoch vor allem auf zwischenmenschliche Beziehungen konzentriert. Jetzt brauchen wir eine Form der Ausbildung in Sensibilität, die uns die Dynamik der Es-Ich-Beziehung zwischen Mensch und Maschine bewußt macht. McLuhan hat ausgeführt, daß jede neuentwickelte Technik zur Verkümmerung menschlicher Möglichkeiten geführt hat. Die lineare Prägung führte zur Dominanz des Auges, aber zur Verkümmerung des Ohrs und des Gedächtnisses. Während das Auto unsere Beweglichkeit vergrößerte, führte es zu einer Generation mit schwachen Beinmuskeln und hoher Anfälligkeit für Herzbeschwerden. Dieser Prozeß ist jedoch nicht zwangsläufig. Das Erkennen der Notwendigkeit des Einsatzes aller Sinne könnte eine Grundlage für die kritische Einstellung zu sowie die Kommunikation mit unseren Maschinen werden. Wenn wir unseren organischen Rhythmen und Bedürfnissen gegenüber sensitiv genug werden, besteht kein Grund mehr dazu, unser modernes Leben von der Notwendigkeit ständiger Maschinenpflege und dem Konsum der Produkte dieser Maschinen bestimmen zu lassen. Der Zeitpunkt zum Widerspruch ist ebenso gekommen wie der für den Hinweis, daß Uhren für den Menschen geschaffen wurden und nicht umgekehrt. Rechtzeitigkeit ist wichtiger als Tüchtigkeit.

Wie man lieben lernt

Ziel: In diesem Kurs sollen die verschiedenen Arten und Objekte der Liebe beleuchtet werden. In ihm werden Verlangen, Nächstenliebe, Freundschaft und Selbstachtung (*eros, philia* und *agape*) näher betrachtet. Auch wenn der Lehrgang den Schüler nicht notwendigerweise zum Experten des Fachs macht, so stattet er ihn doch mit Kenntnissen der alternativen Arten von Liebe aus und kann ihm helfen, die Faktoren in seiner Persönlichkeit abzubauen, die verhindern, daß er ein ›liebevoller‹ Mensch ist.

Begründung: Wie das Wetter ist auch die Liebe eine unerschöpfliche Quelle für Gespräche und Diskussionen. Die meisten von uns sind sich einer gewissen Dürre bewußt und sehnen sich nach dem Naß, das die Erde wieder grünen läßt. Obwohl wir danach trachten, Glück mit Hilfe von Macht, Geld, Wissen, Ansehen oder Leistung zu gewinnen, haben die meisten von uns doch die Vermutung, daß es von allen Verdiensten die Liebe ist, die bleibt. Und doch nehmen wir an, daß Liebe und Regen rein zufällig, vielleicht aus Gründen der Serendipität, gleichmäßig auf die Gerechten und Ungerechten fällt. Sie kann nicht erlernt, mit Sicherheit nicht gelehrt werden. Obwohl sie nahezu zwangsläufig zu allen Vorstellungen von menschlicher Erfüllung gehört, gibt es in keinem Lehrplan einen Platz für Liebe.

Es gibt eine bemerkenswerte Ausnahme. Die meisten Gespräche über Liebe gehen sehr schnell in eine Diskussion über die Techniken und die Moral des Sexualakts über. Trotz aller Bemühungen der Neo-Viktorianer erhält die Sexualkunde einen festen Platz im Unterricht. Sollte das wider Erwarten nicht der Fall sein, ist die entsprechende Fachliteratur in jedem Drugstore zu erhalten, und an Möglichkeiten des praktischen Lernens ist kein Mangel. Bedauerlicherweise dreht es sich beim Sexualkundeunterricht vor allem darum, wie Kinder gezeugt, Krankheiten vermieden oder Orgasmen produziert werden. Das Studium der Geographie der erogenen Zonen könnte den Sex zu einer Sache der Genitaltechnik machen, in der Sorgen um die Darstellung die wundervolle Hölle der Liebe ersetzen. Liebesfähigkeit verlangt mehr als ein Studium der Erregungstechniken.

Inhalt und Methoden: Carson McCullers hat eine Geschichte geschrieben, die verständlich macht, wo ein Kursus in Liebe beginnen könnte. Sie berichtet von einem Zeitungsjungen, der nachts in einem Imbiß einem Betrunkenen begegnet. Der Schluckspecht zeigt dem Jungen ein Photo seiner Frau, die ihm fünfzehn Jahre zuvor mit einem anderen Mann durchgebrannt ist. Dann erklärt er, zu jener Zeit habe er nur unzulängliche Kenntnisse im Lieben besessen, in der Zwischenzeit jedoch Fähigkeiten entwickelt, die es ihm gestatten würden, seine Frau zurückzugewinnen. Ursprünglich habe er den Fehler begangen, mit dem schwersten Liebesobjekt zu beginnen: einer Frau. Seine neuerworbene Wissenschaft gründe sich demgegenüber auf einer Hierarchie. Zunächst müsse man einen Stein lieben, dann eine Wolke, einen Baum — und allmählich würde sich die Liebesfähigkeit bis zu der Möglichkeit steigern, eine Frau zu lieben. In dieser Geschichte liegt eine Weisheit, die auch die alten Griechen geschätzt hätten. Plato beharrte beispielsweise darauf, daß die Liebe eine aufstrebende Leiter sei, deren niedrigste Stufe aus dem schlichten Objekt bestünde. *Eros* richte sich zunächst auf bescheidene Dinge, um sich erst danach dem Guten und Wahren zuzuwenden. Übungen im Lieben beginnen danach am besten mit Objekten oder Dingen, Felsen oder Bäumen — oder schönen Maschinen.

Zur Entwicklung des Bewußtseins, in dem eine erotische Beziehung zu Dingen denkbar ist, sind sicher einige

Studien in Erkenntnistheorie nötig. Es müßte die Beziehung zwischen Wissen und Lieben untersucht werden, um die Arten des Wissens, die Versenkung verlangen, von jenen zu unterscheiden, die objektive Distanz erfordern. Marcel, Buber und andere existentielle Philosophen haben die unterschiedliche Logik der Ich-Sie- sowie Ich-Es-Beziehungen deutlich gemacht. Wenn wir eine erotische Beziehung zu materiellen Objekten wiedergewinnen wollen, ist es wichtig, den Unterschied zwischen Objekten und Erscheinungen zu kennen, zwischen Benutzen und Wertschätzen, Analysieren und Bedenken, Besitzen und Achten, Nachdenken und Versenken.

Wenn man diese Unterschiede verstanden hat, könnte zur Praxis übergegangen werden, indem man die Einstellungen und das Verhalten kultiviert, die Voraussetzungen der Liebe sind: Offenheit, Empfänglichkeit, Staunen und Nachdenklichkeit. Es könnte eine durchaus nützliche Übung sein, die Schüler ein paar Wochen lang den komplizierten Aufbau einer Blume oder eines Baums schätzen lernen zu lassen. Es ist nicht schwer vorherzusagen, daß eine solche Konzentration auf ein einziges Objekt eine neue Form des ›Wissens‹ und eine neue Art von Liebe hervorbringen wird. Unter derartigen Bedingungen kann ein ›Es‹ fast zu einem ›Sie‹ werden. Erotische Beziehungen zu Dingen geben der Natur eine Tiefe, ein Ansehen und einen Wert, die quasi-persönlich sind.

Viele moderne Intellektuelle werden betonen, daß ein solches Experiment zum Scheitern verurteilt sein muß, da es hoffnungslos romantisch ist, und darüberhinaus in einem technischen Zeitalter eine derartige Sicht der Natur nicht mehr durchzuhalten ist. Romantik ist ihrer Ansicht nach nur in einer agrarischen Kultur möglich. Ich bin Einwänden und Argumenten gegenüber zutiefst skeptisch, die von vornherein feststellen, was im ›modernen Zeitalter‹ zu glauben und zu empfinden möglich ist. (Das neue Kriterium für Autorität ist das Konzept der Modernität.) Gefühle und Empfindungen sind das Resultat des von uns gewählten Wegs zur Strukturierung der Welt. Daher entscheiden wir mit der Wahl einer Lebensform über das, was wir sehen oder nicht sehen, fühlen oder nicht fühlen wollen. Es ist heute nicht weniger möglich, natürliche oder fabrizierte Dinge mit Staunen und Hochachtung zu erfahren wie zu jener Zeit, als die Griechen die Göttlichkeit des Kosmos feierten. Es kann sogar argumentiert werden, daß das Überleben des Menschen von der Wiederentdeckung erotischer Beziehungen zur Umwelt abhängt. Entweder Liebe oder Untergang! Es kann kein Zweifel daran bestehen, daß die Entfremdung des Menschen von und seine Rücksichtslosigkeit gegenüber der Natur beendet werden muß, oder der Mensch wird sowohl sich als auch die Erde zerstören. Entweder wir begreifen, daß wir Teil einer natürlichen Ökologie sind, die wieder verehrt und geliebt werden muß, oder wir werden nicht überleben. Entfremdung und Umweltvergiftung gehören eindeutig zusammen. Abgeschnitten von einer natürlichen Ökologie, die sinnvoll ist und verehrt wird, empfindet sich der Mensch als Außenseiter und als Fremder, als technologischer Abenteurer, der die feindliche Umgebung der Natur erobern und besiegen muß. So hat der Mensch auf seiner Suche, mit seinem Streben nach Sicherheit, die Gewinn und Kapital versprechen, den erhaltenden Zusammenhang der Natur rücksichtslos zerstört. Es reicht aus, an einem smog-dunklen Mittag in Los Angeles tief einzuatmen, ölverschmierte Kormorane, die Rückstände der Minen in Kentucky oder durch DDT eingegangene Vögel zu sehen, um überzeugt zu werden, daß die Wiederentdekkung von *eros* gegenüber Dingen kein Luxus ist, dem im Lehr- und Lernplan eine nachrangige Bedeutung eingeräumt werden dürfte. Die Erziehung muß uns beim Überleben helfen, und wenn sich unser Inneres nicht zu Liebe zum und Hochachtung vor dem unersetzlichen Vermächtnis der Erde entschließt, werden die Abfallprodukte unserer Habgier die Welt unbewohnbar machen.

Sobald der Schüler gelernt hat, natürliche und fabrizierte Dinge zu lieben, kann das anspruchsvollere Studium des Wesens und der Verschiedenheit zwischenmenschlicher Liebe beginnen. Nächstenliebe, Freundschaft oder das, was die Griechen *philia* genannt haben, sollte als erste Form untersucht werden. Der Unterschied zwischen einem Freund und einem Bekannten wird häufig zu wenig verstanden. Wir haben es uns angewöhnt, mit dem Wort Freundschaft recht leichtfertig umzugehen, indem wir zufällige Bekanntschaften so nennen, um unseren Mangel an echten Beziehungen zu kaschieren. In der Beschaffenheit der modernen Welt spricht vieles gegen Freundschaft. Es ist unmöglich, sie jederzeit herzustellen oder zu produzieren. Sie scheint darüberhinaus in einem Klima nicht besonders gut zu gedeihen, in dem zugunsten einer ›nach oben offenen Mobilität‹ ständig Wurzeln und Beziehungen verletzt werden. Etwa fünf Jahre (der Zeitraum zwischen zwei Umzügen der amerikanischen Durchschnittsfamilie) ist die Keimzeit für Freundschaft. Sogar noch mehr Zeit ist für das Wachsen des Vertrauens und der Treue erforderlich, die unabdingbar zum Reifen von Freundschaft gehören. Damit die Beziehung den Zustand der Reife erreicht, muß Zeit miteinander verschwendet werden, müssen sich Wurzeln verflechten, Krisen bewältigt und gefeiert werden. Es geht dabei auch um Ausschließlichkeit und langfristige Verpflichtung. Enge und Nähe verlangen eine Disziplin, die sich nur da entwickelt, wo der Schwur der Freundschaft gemeinsam geleistet wurde. Man kann nicht mit jedermann Freund sein.

Freundschaft zu erforschen ist eine Aufgabe, die eine Möglichkeit bietet, bestimmte philosophische Kategorien im Hinblick auf das Wesen von Zeit, Beziehungen und authentischem Leben zu behandeln. In welchem philosophischen, soziologischen oder psychologischen Zusammenhang ist Freundschaft möglich? Kann sie auf Versprechen, Verpflichtungen, Verträge und Schwüre verzichten? Und wenn wir uns zu künftigem Verhalten und Beziehungen verpflichten — zerstören wir damit nicht unsere Möglichkeit der Spontanität? Ist Verpflichtung nur um den Preis der Freiheit möglich? Wie sieht das Verhältnis zwischen Entscheidung, Selbstbeschränkung und Freiheit aus?

Wenn es auch keine Methoden zur Schaffung von Freundschaft gibt, haben die therapeutischen Disziplinen Techniken entwickelt, um einige der Barrieren abbauen zu können, die Nähe und Enge behindern. Grundsätzlich notwendig ist die Fähigkeit, sich mit mitfühlender Phantasie in den anderen hineinzuversetzen. Das kann durch Kommunikationsübungen entwickelt werden, bei denen jeder Angehörige der Gruppe den kognitiven und emotionalen Inhalt der Mitteilungen der anderen Gruppenmitglieder neu formulieren muß. Die Methoden des Rollenspiels und des Psychodramas dienen gleichfalls der Förderung des Einfühlens und des Mitgefühls. Trainingsgruppen, in denen offene Gespräche gefordert werden, können die Kunst der unverstellten und direkten Auseinandersetzung fördern und so dem Einzelnen helfen, das Muster der unverbindlichen, vagen Kommunikation zu durchbrechen, die verhindert, daß sich tiefe

Beziehungen entwickeln. In dem Maße, in dem Ausbildung und Erziehung diese Methoden übernimmt, kann sie eine Atmosphäre schaffen, in der es zu Freundschaften kommen kann. Und das ist das Höchste, was man von Erziehung verlangen kann.

Erst am Schluß sollte sich ein Kursus über das Lieben-Können auch mit der genitalen Sexualität beschäftigen. Werden Probleme genitaler Liebe in den Zusammenhang eines umfassenderen Verständnisses von erotischen Beziehungen und Freundschaft gebracht, müßte das meiste davon schwinden. Die meisten sexuellen Probleme werden nicht durch Fehlfunktionen oder mangelnde ›Technik‹ verursacht sondern dadurch, daß die Menschen einander nicht lieben gelernt haben. Abgesehen von der Vermittlung der notwendigen biologischen und physiologischen Information würde ich empfehlen, die Sexualerziehung an den Schluß des Kurses zu stellen. Wenn sich die Liebe zwischen Mann und Frau aus einer Beziehung entwickelt, in der bereits genügend *eros* und *philia* vorhanden ist, wird sie von dem Druck befreit, eine vorherrschende Bestätigung der Identität zu sein. Dann könnte sie wie ein Chamäleon jeweils die Stimmung widerspiegeln, die gerade in der Beziehung dominiert. Liebende, die auch erfahrene Freunde sind, wissen, daß das Vokabular des Körpers für viele Dinge angewendet werden kann: gemeinsame Freude, Auseinandersetzungen, Trösten, Lachen, Überwindung von Einsamkeit oder die Bestätigung des Lebens, wenn der Tod näher rückt. Kluge Liebe begrüßt alle Jahreszeiten der Liebe. Es ist nicht immer Frühling.

Wie man Feinde liebt und Freunde haßt

Ziel: Hierbei handelt es sich um einen Kursus über das Erkennen, das Management und die Lösung von Konflikten. Den Schülern sollen alternative Wege vermittelt werden, um mit Aggression, Zorn, Erbitterung, Konflikten und Konkurrenz fertig zu werden. Der Kursus wird hoffentlich Haßgefühle und Groll abbauen, aber auch die Fähigkeit stärken, in ein »liebevolles Gefecht« (Jaspers) mit einem geliebten Feind einzutreten.

Begründung: Der Konflikt ist eine Gegebenheit der menschlichen Natur. Auseinandersetzungen sind konstant. Im Individuum findet ein Kampf zwischen ausdauernden Opponenten statt: zwischen Geist und Materie, Verstand und Gefühl, Ich und Es, Pflicht und Verlangen. Zwischen einem Menschen und seinem Nächsten ist es nur gut, daß ›Zäune‹ territoriale Grenzen bezeichnen, die der Zivilisation ihren jederzeit widerrufbaren Sieg über die Aggression gestatten. Nationen und Staaten verzichten immer wieder auf die Klugheit, die von territorial lebenden Tieren gezeigt wird: Kriege führen mit schöner Regelmäßigkeit zu Blutbädern. Der gemeinschaftlich lebende Mensch hat die größere Moral des Tierreichs noch immer nicht übernommen, die territoriale Aggression ritualisiert, vermeidet oder zumindest einschränkt.

Doch obwohl wir in einer Atmosphäre dauerhaften Konflikts leben, sind wir schlechtausgebildete Amateure in der Kunst des Streitens. Wir sind nicht darin geschult, zu erkennen, wann es klug ist zu kämpfen, wann es klüger ist, davonzulaufen (oder mit oder ohne großen Stock still beiseite zu treten), oder zwischen kreativem und destruktivem Konflikt zu entscheiden. Man hat uns im Gegenteil beigebracht, höflich zu sein, unsere Aggression zu verschleiern, uns zu beherrschen, Verärgerung mit einem Lächeln zu kaschieren — und das alles in einem Ausmaß, daß Zorn und Verbitterung häufig nur in den verzerrten und indirekten Formen von Masochismus, Sadismus oder Haß auftreten, die sich dann auf ein vereintes Ziel richten: den Feind.

Inhalt und Methoden: Ausgangspunkt sollte der innere Konflikt sein. Hier sieht man sich sofort einigen grundsätzlichen Fragen der philosophischen Anthropologie konfrontiert: Ist intrapsychische Kriegführung ein bestimmendes Charakteristikum der menschlichen Natur und daher nicht zu eliminieren? Ist der Mensch ein neurotisches Wesen? Besteht ein grundsätzlicher Konflikt zwischen innerer Natur und Existenz, Geist und Körper, dem Sollte und dem Ist, dem idealistischen und dem realistischen Selbstbild? Oder ist innerer Konflikt eine Frage kultureller Konditionierung, die wir aufrechterhalten, weil wir eine philosophische Vorstellung vom Menschen haben (eine christliche, idealistische, freudianische), in deren Rahmen ein hohes Maß an Schizophrenie als unausweichlich betrachtet wird? Auf diese Fragen gibt es selbstverständlich keine endgültigen Antworten, aber das Vergleichen alternativer Ansichten über die Beschaffenheit der intrapsychischen Aufspaltung des Menschen ist ein Bestandteil von Ausbildung und Erziehung.

Ohne im voraus zu entscheiden, inwieweit innere Harmonie ein wünschenswertes oder erreichbares Ziel sein könnte, sollten wir die Mittel näher untersuchen, mit deren Hilfe Konflikte gelöst werden können. Eine Voraussetzung dafür sind Grundkenntnisse in der dramatischen Personifizierung widersprüchlicher Aspekte der Persönlichkeit. Indem man sich abwechselnd mit dem Schläger und dem Feigling, dem Richter und dem Verurteilten, dem Sieger und dem Besiegten, dem Kind und dem Erwachsenen innerhalb der eigenen Persönlichkeit identifiziert, kann man die eigene Vielfalt besser begreifen und auch tolerieren. Das Psychodrama, das die vielen Rollen des Selbst darstellt, ist eine Übung in kontrollierter Schizophrenie – oder in Demokratie. Alle Emotionen kommen zu Wort. Alle Gefühle zählen. Kein Impuls ist zu anstößig oder zu ›verboten‹, um in symbolischer Form empfunden und ausgedrückt zu werden. Wenn die widersprüchlichen Gefühle und Rollen dramatisiert werden, kann eine Integration stattfinden. Es hängt jedoch alles von einem gewaltlosen Akzeptieren jeden Aspekts der Persönlichkeit ab. Das innere Forum muß ein demokratisches sein. Sonst werden sich die verdrängten Gefühle in einem Zustand ständiger Rebellion befinden. Die vielen Ich, die ich bin, müssen miteinander leben. Sobald sich eine innerliche Zensur und Repression entwickelt, erringt ein Teil der Persönlichkeit einen zeitlich begrenzten Sieg auf Kosten des Ganzen. Wenn jedoch verbotene Emotionen als Bestandteil des Ego erkannt werden setzt das die Energie frei, die diese aus dem Bewußtsein verdrängte und verhinderte, daß sie ausgelebt wurden. Diese Energie kann dann für andere Zwecke eingesetzt werden. Eingestandener Zorn, der symbolisch ausgelegt wurde, kann ›gezähmt‹ und verändert werden, um produktiven Zwecken zu dienen.

Ein zweiter Schritt in diesem Kursus könnte darin bestehen, den Umgang mit interpersonalen Konflikten zu lernen. Wenn Schüler wissen, wie man die vielfältigen Aspekte der Persönlichkeit dramatisch auslebt, könnte das interpersonale Konflikte automatisch verringern, da das Bedürfnis, unannehmbare Gefühle und Beurteilungen auf andere zu projizieren, deutlich abnimmt. Doch abgesehen von irregeleitetem Zorn bleiben noch Wettbewerbsdenken, Aggression und rechtgeleitete Erbitterung. Die Trainingsgruppe kann das beste Medium sein, Menschen dazu zu erziehen, sich auf eine kreative Weise auseinanderzusetzen. In der eingespielten Gruppe werden die ›Kampfstile‹ der Teilnehmer oft genug bemerkt, um analysiert werden zu können: Ihre kreativen und destruktiven Elemente werden eindeutig erkannt. Es ist auch möglich, den emotionalen Tiefschläger dazu anzuhalten, sauber zu kämpfen, den Schüchternen zu ermutigen und den Dauerkämpfer lange genug zu beschwichtigen, damit er die heilsame Sanftmut kennenlernen kann. Die verblüffendste Wirkung kann eine ›Streit-Erziehung‹ auf Ehepaare haben. Wenn sie lernen, Gefühle und Differenzen ohne alle Zweideutigkeit auszudrücken, auf ihrem Recht zu psychischer Selbständigkeit zu bestehen, Beschwerden vorzubringen und Achtung einzufordern, kann die Auseinandersetzung zu einer Art liebevollen Gefechts werden. Ehrlicher Streit zwischen Freunden vertieft die Liebe. Es sind die Ressentiments, nicht der Zorn, die schwelenden Feindseligkeiten, nicht die Konfrontation, die Feinde der Liebe sind.

Schließlich kommen wir zum größten Problem der Konfliktbewältigung: dem kollektiven Konflikt. Auseinandersetzungen innerhalb des Selbst oder zwischen Menschen, die sich emotional und physisch nahe stehen, sind relativ leicht zu personifizieren und kreativ zu nutzen (theoretisch, wenn auch nicht immer in der Praxis). Es sind die Auseinandersetzungen zwischen entfernten Feinden, die am blutigsten und destruktivsten verlaufen. Wenn Klassen, Rassen, Ideologien, Nationen oder andere Kollektivgebilde aufeinanderprallen, geschieht das auf wenig zivilisierte Weise. Die Bewältigung dieses Konflikttyps ist das dringendste wie auch das vertrackteste

Problem der modernen Welt. Bislang haben sich Ausbildung und Erziehung wenig hilfreich erwiesen. Sie haben sich vor allem von nationalistischen, ideologischen, religiösen Vorstellungen oder von Klassenbewußtsein beherrscht gezeigt. Engstirnige Loyalitäten und nicht menschlicher Anstand beherrschte die Lehrpläne der Welt. Wir verfügen über eine amerikanische, russische oder chinesische Bildung, aber über nur wenige Schulen, an denen Verpflichtung zur Menschlichkeit das erstrebenswerte Lernziel ist.

Diese erstrebenswerte Erziehung könnte beispielsweise damit beginnen, den jungen Menschen das Problem vor Augen zu führen, mit den zunehmenden Schrecken des Krieges fertig zu werden. Zur Zeit ist die Realität der beste Lehrer. Unsere Situation in der augenblicklichen Welt, die zunehmend von militärischem Denken beherrscht wird, ist höchst gefährlich. Das wenigste, was wir für die jungen Menschen tun können, besteht darin, sie im Hinblick auf den Ernst des Problems nicht zu belügen oder unsere Fehler zu bemänteln.

Es gibt ein paar neue Methoden, die der Erziehung vielleicht dabei helfen können, den kollektiven Chauvinismus zu bewältigen. So wurden Spiele entwickelt, bei denen man sich in simulierten internationalen, nationalen und lokalen Krisen in jene hineinversetzen kann, die Entscheidungen zu treffen haben. Wer erst einmal die Rolle des russischen Verteidigungsministers oder des militanten Schwarzen übernommen hat, wird es nicht mehr ganz so leicht finden, für die Position des ›Fremden‹ blind zu sein.

Wenn Auseinandersetzungen sein müssen, dann laßt sie uns zumindest menschlicher machen. Vielleicht wird die Liebe nie das Gemeinwesen des Menschen regieren, aber Bildung und Erziehung könnten uns beibringen, daß wir einander nicht zu töten brauchen, um zu einer Identität zu finden.

Die Anatomie von Wünschen und Wollen

Ziel: Dieser Kursus ist dazu angetan, das Wünschen, Träumen und Phantasieren zu ergründen und zu fördern, aber auch die Beziehung aufzuzeigen, die zwischen diesen Aktivitäten und dem Wollen und Entscheiden besteht. Der Lehrgang kann den Schüler in die Lage versetzen, sowohl phantasievoller als auch entschlußfreudiger zu sein.

Begründung: Es ist heutzutage Mode, die Frage zu stellen, wie emotionale Elemente in den Bildungsprozeß eingebracht werden können. Doch abgesehen von Überlegungen im Hinblick auf Motivationen werden die Dimensionen des Begehrens in den meisten Fällen vernachlässigt. Obwohl sich jeder von uns täglich mit Phantasien, Träumen und Entscheidungen beschäftigt, werden wir nirgendwo in unserem Bildungssystem mit Informationen darüber vertraut gemacht, in welchem Verhältnis diese Aktivitäten zueinander stehen. In der Schule lernen wir, daß Träume, Tagträume und Phantasien Mittel sind, der realen Welt der Entscheidungen, der Produktion und der Taten zu entfliehen. Die typisch amerikanische Einstellung Phantasien gegenüber zeigt sich in Tennessee Williams' *Die Nacht des Leguan*, in dem T. Lawrence Shannon behauptet, die Lösung des menschlichen Dilemmas bestünde darin, das Phantastische loszuwerden und sich an das Realistische zu halten. Träumen ist eine unheimliche Aktivität. Es ist eine weitverbreitete Ansicht, daß poetische, mythische und religiöse Ausdrucksweisen (alles Formen gestalteter Phantasie und Imagination) subtile Arten des Lügens oder des Verbrämens bitterer Wahrheiten mit süßen aber illusorischen Träumen sind.

Überraschenderweise haben wir ähnlich große Probleme mit den Vorstellungen des Wollens und Entscheidens wie mit der Phantasie. Man sollte doch annehmen, daß eine Kultur, die sich mit Hingabe der Systemtechnik, der Produktion und der Manipulation der natürlichen Umwelt widmet, eine klare Vorstellung von der Funktion des Willens hat. Das stimmt nicht. Obwohl bei Generalversammlungen von Handelsvertretern und von Kanzeln herab noch immer Appelle an die Willenskraft einer Gefolgschaft gerichtet werden, die gern glaubt, alle Probleme könnten mit ein bißchen Anstrengung gelöst werden, liegt die Vorstellung von einem autonomen Willen wie hinter einer Nebelwand. Heutzutage ist kaum noch etwas von der alten Diskussion: ›Freier Wille gegen Determinismus‹ zu verspüren. Vielleicht ist Verlegenheit der Grund dieser Stille. Viele Dinge haben sich zusammengetan, um uns von der Unfähigkeit des Willens zu überzeugen: Die Tiefenpsychologie hat uns die Fremdlinge bewußt gemacht, die im Haus der Logik residieren, die Zwänge, die Handlungen motivieren, die subjektiv als frei entschieden empfunden werden; wissenschaftliche Forschungen, die vorhersehbare Determinanten menschlichen Verhaltens einzeln untersuchten, deuten darauf hin, daß Verhalten grundsätzlich vorbestimmt ist; die unsichtbaren wirtschaftlichen und politischen Kräfte, die das moderne Leben formen, scheinen einem automatischen Imperativ zu folgen, der unempfindlich für den Willen des einzelnen Bürgers ist. Aus diesen und einer Reihe anderer Gründe scheinen wir uns in einer Zeit des Niedergangs der Willenskraft zu befinden.

Ein weiterer Faktor sollte ebenfalls nicht vergessen werden. Es gibt eine Krankheit, die das Phänomen der Masse Mensch erzeugt: *anomie* oder Leere. Während das Leben von lebhaften Wünschen, anregendem Willen und entschlossenem Handeln erfüllt sein wollte, gibt es ein Vakuum halbherziger Wünsche und wenig überzeugender Handlungen ohne innere Normen. Teile der Verschwörung unserer Kultur gegen die Phantasie richten sich auch gegen Verlangen und Hoffnung. »Erhoffe dir nicht zuviel«, warnt uns unsere ›realistische‹ Einstellung, oder: »Beschränke deine Sehnsüchte und Träume auf das Mögliche.« — »Das Schlimmste ist, enttäuscht zu werden, zuviel zu erwarten, etwas zu ersehen und nicht erfüllt zu bekommen.«

Es mag eigenartig erscheinen, Phantasie, Sehnsüchte und den Willen in einem einzigen Kursus vermitteln zu wollen. Sie sind jedoch untrennbar miteinander verbunden und können lediglich gemeinsam wiederhergestellt werden. Weit davon entfernt, eine Fluchtmöglichkeit in die Illusion zu sein, ist die Phantasie eine Chance für den Verstand, alternative Möglichkeiten zu erkunden. Die Imagination gestattet uns, unterschiedliche Situationen ›auszuleben‹, die Befriedigungen verschiedener Lebensformen hochzurechnen, die möglichen Konsequenzen alternativer Entscheidungen zu erforschen. Je mehr wir uns unserer Träume, Tagträume und Phantasien (d. h. freier Assoziationen) bewußt werden, desto näher kommen wir den Sehnsüchten unserer Gesamtpersönlichkeit. Verantwortungsvolle, organische Entscheidungen können nur getroffen werden, wenn das Unbewußte wie das Bewußte, das Verspielte wie das Ernsthafte, das Sinnliche wie das Konzeptionelle in Betracht gezogen worden sind. Zu Zwängen und zu *anomie* kommt es, wenn der Organismus von der Bandbreite der Möglichkeiten abgeschnitten wird, die mit Hilfe der Phantasie von allen erfahren und ausgelotet werden kann. Ohne Phantasie kann nichts Neues entstehen. Wo nichts Neues vorstellbar ist, wird der Organismus von den alten Visionen und Vorstellungen beherrscht, die die typischen Beschränkungen einer früheren Generation waren. Ohne Phantasie dominieren die Väter den Geist der Söhne und leben durch sie. Zwang heißt von einem fremden, fremdartigen Willen besessen zu sein. Heilung ist nur möglich, wenn der fremdartige durch einen autonomen Willen ersetzt wird. Der zeigt sich, wenn der Mensch aufhört, die ganze Breite seiner ersehnten und phantastischen Möglichkeiten zu verdrängen. Zu überzeugendem Handeln kommt es, wenn sich der Organismus der Fülle seines Verlangens bewußt ist, wenn er die möglichen Ergebnisse alternativen Handelns erkundet hat sowie das Risiko der Entscheidung für eine unter vielen Möglichkeiten eingegangen ist.

Inhalt und Methoden: Wenn sich Bildung und Erziehung in die emotionalen und conativen Bereiche begibt, besteht die wichtigste Funktion des Lehrers im Zulassen und Gestatten. Das wird nirgendwo deutlicher als im Umgang mit Wünschen und Wollen. Die meisten Menschen verfügen über eine Fülle von Träumen und Phantasien, die nie wirklich ernst genommen wurden und daher auch nie in die Selbstvorstellung integriert werden konnten. Die wichtigste Aufgabe des Lehrers ist es, den Schülern die Erlaubnis zu geben, Bestandteilen ihrer Persönlichkeit die Heimkehr aus dem Exil zu gestatten und sie willkommen zu heißen.

Ich würde einen Kursus im Wünschen und Wollen damit beginnen, daß ich die Schüler die Geographie ihrer Träume und Phantasien darstellen lasse. Es ist überraschend, wie schnell das Unterbewußtsein darauf reagiert, ernst genommen zu werden. Wird Träumen das Geschenk der Aufmerksamkeit zuteil, werden sie intensiver, klarer und leichter zu erinnern. Innerhalb von Wochen stellen Menschen, die »nie träumen«, fest, daß sie sich zunächst an Fragmente und dann an ganze Träume erinnern.

Wenn die Schüler ihre Träume wiederentdeckt und mitgeteilt haben, dann kann mit deren Deutung begonnen werden. Dabei sollte die Grundsatzregel lauten: »Analysieren Sie nicht! Seien Sie der Traum.« Der Symbolismus von Träumen ist höchst idiosynkratisch und persönlich. Niemand ist besser in der Lage, ihre Bedeutung zu interpretieren als der Träumer. Die Gestalt-Methode, sich in jeden Gegenstand des Traums zu versenken und ihn zu dramatisieren, ist nicht schwer zu erlernen, und sie macht sehr schnell die Bedeutung sichtbar, die der Träumende hinter Symbolen versteckt hat. Habe ich beispielsweise einen Traum, in dessen Mittelpunkt ein altes Haus steht, dann werde ich das Haus und schildere mich etwa so: »Ich bin ein altes Haus. Viele Generationen haben unter meinem Dach gelebt und ihre Spuren hinterlassen. Auf meinem Dachboden und in meinem Keller sind viele seltsame alte Dinge zu finden, die einst nützlich waren, jetzt jedoch nur noch wegen ihres Liebhaberwertes aufgehoben werden. Mein Keller ist dunkel. Sein Boden ist festgestampftes Erdreich. Es riecht muffig. Die Menschen gehen nicht gern in den Keller hinunter, doch in ihm befindet sich die Heizung. In mir finden große Renovierungsarbeiten statt. Räume werden neu gestrichen und modernisiert. Wände werden herausgeschlagen, Einrichtungsgegenstände ersetzt. Ich habe sogar erfahren, daß aus meinem Keller ein Spielraum gemacht werden soll — holzverschalt, hell beleuchtet und so weiter.« Es liegt auf der Hand, daß ein so personifizierter Traum die Analogie zwischen der Struktur des Hauses und meiner Persönlichkeitsstruktur deutlich macht. Ist diese Art des Sich-Versenkens praktiziert, können weitere Verfahren der Traumdeutung (z. B. von Freud und Jung) studiert und angewandt werden.

Es gibt unendlich viele andere Methoden, die dazu benutzt werden können, die Fähigkeit der Imagination zu stärken. Utopien können entwickelt werden, um die Landschaft der Sehnsucht nach Ganzheit und sozialer Harmonie darzustellen. Phantasie-Führungen könnten archetypische Mythen und Symbole erforschen. Die Anwendung von Analogien und Metaphern könnte genutzt werden. Wer weiß — vielleicht führt die freie Assoziation von Vorstellungen und Bildern sogar zur Wiederentdeckung der Poesie. Und da poetisches Bewußtsein Mehrdeutigkeit und Mannigfaltigkeit liebt wie auch spielerischen Unsinn schätzt, könnte es die Basis für eine politische Rezension der verderblichen Ernsthaftigkeit einer Kultur bieten, die sich der Produktion, dem Konsum und antiballistischen Raketensystemen geweiht hat.

Der zweite Schritt dieses Kurses sollte die Anatomie von Entscheidungen ergründen. Das kann erreicht werden, indem man die Schüler kritische Entscheidungen analysieren läßt, die sie in der Vergangenheit getroffen haben oder noch treffen wollen. Die Phantasie könnte dazu genutzt werden, alternative ›Vergangenheiten‹ und ›Zukünfte‹ zu beleuchten. Ein Schlüssel zur Erlangung eines autonomen Willens liegt in der Aufgabe des Luxus', sich als Opfer der Vergangenheit zu betrachten. Sobald kritische Ereignisse der Vergangenheit mit Phantasie in Berührung kommen, entwickeln sich alternative Möglichkeiten der Reaktion. Es wird offensichtlich, daß ich keineswegs nur das Opfer der Entscheidungen anderer gewesen bin. Zumindest habe ich die Art meiner Reaktion gewählt. Sobald ich die Verantwortung für meine Vergangenheit übernommen habe, wird mir auch das Maß an Kontrolle deutlich, die ich bei der Gestaltung meiner Zukunft habe. Die Phantasie kann mir helfen, alternative ›Zukünfte‹ zu dramatisieren, um mir so die Beschränkungen deutlich zu machen, innerhalb derer ich entscheiden kann, was ich bekommen werde. Ohne Phantasie bleibt mir die Logik meiner Lebensform mit all ihren Vorteilen und Beschränkungen vielleicht verborgen, da mir die Kenntnis der Alternativen fehlt. Für klares und entschlossenes Handeln ist Phantasie ebenso wichtig wie Realismus.

Geschichtenerzählen und die Entdeckung der Identität

Ziel: Der Kursus bietet Schülern die Möglichkeit, ihre Autobiographie zu schreiben, die Art und Weise zu erkunden, auf die sie sich an die Vergangenheit erinnern, der Gegenwart bewußt sind, sich die Zukunft vorstellen sowie über Mythen und Vorbilder nachzudenken, die ihre Art zu leben beeinflußt haben.

Begründung: Da ich an anderer Stelle (»Nachdenken über einen Pfirsichkern-Affen«, S. 141) über die Funktion von Geschichten bei der Schaffung einer Identität geschrieben habe, werde ich hier nur eine Kurzfassung der Begründung für diesen Kursus geben.

Bis vor kurzem war der Grundpfeiler persönlicher Identität die Zugehörigkeit zu den Geschichten, Legenden und Mythen eines Stammes, einer Nation, eines Kults oder einer Kirche. Vergangenheit, Gegenwart und Zukunft eines Menschen bestimmten sich durch die Erinnerungen und Hoffnungen des Volkes, dem er angehörte. Mit der Geburt der säkularen, pluralistischen und technischen Gesellschaft ist ein neuer Menschentyp entstanden: der Mensch ohne Geschichte, der wurzellose, proteische Mensch. Dieser Mensch existiert ohne die Stabilität einer Tradition, an die er sich mit Stolz erinnern könnte, sowie ohne Zukunft, der er mit Sehnsucht entgegenstreben könnte.

Wäre es dem Menschen möglich, eine ahistorische Identität zu bilden und ausschließlich in der Unmittelbarkeit des Moments zu leben, so wären wir versucht, den Tod von Erinnerung und Hoffnung als das Ereignis zu feiern, das uns in das langersehnte »dritte Zeitalter des Geistes« einführt, in das Paradies der Spontanität. Es gibt im Moment jedoch zu viele Beweise, die darauf hinweisen, daß der Verlust von Tiefe und Perspektive, die durch Erinnerung und Hoffnung vermittelt werden, Leere oder gar Krankheit mit sich bringt. Freuds wichtigste Entdeckung bestand in der Erkenntnis, daß Neurosen durch die Verdrängung entscheidender Ereignisse in unserer Vergangenheit verursacht werden, und daß eine Therapie darin bestehen muß, das Unbewußte, die verdrängte Geschichte bewußt zu machen. Da wir aus der Vergangenheit heraus einer Zukunft entgegenleben, ist schwer einzusehen, wie menschliche Integrität ohne Erinnerung und Hoffnung möglich sein soll, ohne den gegenwärtigen Augenblick in einen zeitlichen Zusammenhang zu stellen, ohne eine Geschichte zu erzählen.

Es wird wohl kein neuer umspannender Mythos mehr entstehen, der den Menschen im Westen — wie einst das Christentum — eine gemeinsame Grundlage geben könnte. Pluralismus bedeutet, daß wir keine gemeinsame Geschichte oder gemeinsamen Hoffnungen mehr haben. Wenn Identität eine Integration von Vergangenheit, Gegenwart und Hoffnung bedeutet, müssen wir für den Einzelnen Mittel und Wege schaffen, seine persönliche Geschichte zu entdecken und zu artikulieren, seine eigene Geschichte zu schreiben. Bildung und Erziehung sollten jedem Schüler dabei behilflich sein, den Rohstoff seiner Erfahrungen in eine zusammenhängende Geschichte umzuformen.

Inhalt und Methoden: Ich habe einige Erfahrungen bei der Veranstaltung von Seminaren gesammelt, in deren Verlauf jeder Teilnehmer seine eigene Geschichte erforschte. Daher sind mir die Kategorien und Methoden, die für das ›Hervorlocken‹ von Geschichten nützlich sind, vertrauter als manche der von mir im Rahmen der anderen Kurse vorgeschlagenen Techniken.

Wie beim Umgang mit der Phantasie besteht der erste Schritt bei dem Geschichtenerzählen im Zulassen, im Gestatten. Jeder von uns hat eine Geschichte, doch nur wenige verfügten über das geeignete Forum, diese intimen und bedeutungsvollen Informationen weiterzugeben. Einige sind, weil sie entweder klug oder krank waren, zu berufsmäßigen Zuhörern (Therapeuten oder Geistlichen) gegangen und durften ihnen erzählen, wer sie waren und wer sie zu sein hofften. Unsere Kultur stellt jedoch keineswegs gewohnheitsgemäß Foren zur Verfügung, auf denen Geschichten Einzelner verbreitet und angehört werden. (Der Roman könnte eine Möglichkeit sein, dieses Vakuum zu füllen.)

In Seminaren über das Erzählen von Geschichten beginne ich damit, daß wir uns auf die gegenwärtige Realität der Teilnehmer konzentrieren. Häufig greife ich dabei auf Zen-Übungen zurück, durch die der Fluß der augenblicklichen Gedanken und Empfindungen bewußt gemacht werden soll. Das unausweichliche Scheitern bei diesen Übungen macht den Teilnehmern deutlich, wie schwierig es ist, bewußt zu bleiben, ohne sich zu erinnern, zu hoffen, Beurteilungen abzugeben oder einen inneren Dialog mit dem Selbst zu beginnen. Ein paar Fragen können dazu dienen, das Bewußtsein auf die Erfahrung der Gegenwart zu konzentrieren: »Was empfinden Sie zum augenblicklichen Zeitpunkt in bezug auf sich selbst und Ihnen nahestehende Menschen? Was gefällt Ihnen an sich und was nicht? Falls Sie sich für einen Spruch auf Ihrem Sweatshirt entscheiden müßten, der Ihre Lebensphilosophie ausdrückt, wie würde der lauten? Vervollständigen Sie den Satz ›Glück ist . . .‹«

Mein Hang zum Existentialismus führt dazu, daß ich mich erst dann mit der Vergangenheit befasse, wenn die Gegenwart berücksichtigt worden ist. Durch das Erinnern werden allgemein gültige Wertvorstellungen bewahrt, durch Geschichte wird eine augenblicklich maßgebliche Lebensphilosophie illustriert. Um die Art und Weise zu erforschen, in der Erinnerung die Vergangenheit bewahrt und beeinflußt, hat sich der Einzelne zu fragen: »Wie bin ich zu dem geworden, der ich momentan bin?« Dabei habe ich vier Erläuterungen stets für wichtig gehalten. Welche *Kränkungen* oder Verletzungen hat ein Mensch für besonders schmachvoll gehalten? Für welche *Geschenke* ist er besonders dankbar? Wer oder was waren seine wichtigen *Helden* oder Vorbilder? Welche kritischen *Entscheidungen* hat er zu verantworten? Die Beantwortung richtet die Aufmerksamkeit nicht nur auf die erinnerten Fakten, die der Rohstoff der Autobiographie sind, sondern auch auf die Art und Weise, in der das Gedächtnis gegenwärtige Einstellungen wie Groll oder Dankbarkeit rechtfertigt.

Eine der wichtigsten Methoden zur Anregung von Überlegungen zur Zukunft haben wir bereits angesprochen: die Phantasie. Übungen in Zukunftsvorstellungen beginne ich damit, daß ich mich bemühe, die großartigsten Phantasien eines Menschen heraufzubeschwören: Vorausgesetzt, Sie könnten alles haben oder sein, was Sie sich in ihren wildesten Träumen ausmalen — welche Art von Zukunft schwebt Ihnen dann vor? Wenn die Umrisse der ersehnten Zukunft feststehen, ist ein Hauch Realismus vonnöten. Um den Unterschied zwischen Phantasie und einem verantwortlichen Zukunftsbild deutlich zu machen, muß eine unmittelbarere Zukunft geschaffen werden. Vorausgesetzt, für Sie läuft alles optimal — wie werden die Dinge dann für Sie in zehn Jahren aussehen? Was werden Sie dann tun, empfinden? Was werden Sie besitzen? Welche Beziehungen werden Sie unterhalten? Was werden Sie sich in zehn Jahren für die weitere Zukunft vorstellen? Derartige Fragen machen die kreative Funktion des Hoffens deutlich und stärken das Selbstbewußtsein, indem sie die Verantwortung des Einzelnen für das Schaffen von Alternativen sowie die Entscheidung zwischen ihnen veranschaulichen. Sie bilden eine Verbindung zwischen Hoffen und Handeln.

Diese Methoden sowie viele weitere, die dazu dienen können, Vergangenheit, Gegenwart und Zukunft aufzuklären, schaffen ein Bewußtsein für die Verantwortung, die der Einzelne für die Art und Weise hat, auf die er seine Geschichte entwickelt. Ist erst einmal die integrale Beziehung zwischen Bewußtsein, Erinnerung und Hoffnung erkannt, entwickelt sich die Einheit der Lebensführung, und die Geschichte, die ein Mensch mit seinem Leben erzählt, wird offenbar. Die Identität ist entdeckt.

Über würdiges Sterben (und Leben)

Ziel: Erziehung und Bildung führen zwangsläufig zu Desillusionierung — mit der Feststellung, daß uns kein noch so umfassendes Wissen vor Ängsten bewahren kann, vor der Drohung oder der Verheißung, dem Unbekannten gegenübertreten zu müssen, vor Leid und Schmerzen, vor dem Risiko unserer Entscheidungen oder davor, unseren eigenen Tod sterben zu müssen. Durch die Beschäftigung mit dem Tod will der Kursus den Schülern dabei helfen, den Übergang von der »träumenden Unschuld« (Tillich) des jungen Menschen, in der alles möglich scheint, zur verkörperten Weisheit der Reife zu bewältigen, die am Akzeptieren von Beschränkungen empfindet und aus dem Handeln Hoffnung schöpft.

Begründung: Wenn Erziehung den Anspruch erhebt, den Menschen dazu zu befreien, selbstverantwortlich Veränderungen zu bewirken, dann muß sie dazu anhalten, die unbewußten, selbstverständlichen Werte, Überzeugungen und Voraussetzungen zu untersuchen, die das Leben einer Kultur beherrschen. Sie muß sich kritisch mit den Fragen und alternativen Lebensformen auseinandersetzen, die systematisch verdrängt werden. Wenn Bildung diese Aufgabe vernachlässigt, degeneriert sie sehr schnell zur Indoktrination. Sie schafft keine Distanz. Sie befreit nicht.

Im 19. Jahrhundert war das verdrängte Thema die Sexualität. Sigmund Freud war nicht deshalb der große Pädagoge und Prophet, weil seine Theorien über die Sexualität unbestreitbar sind, sondern weil er uns von Verlegenheit und Peinlichkeit befreit hat. Indem er uns die verklemmte Scham genommen hat, ermöglichte er uns, unsere verdrängte Geschlechtlichkeit als Reichtum zu begreifen, den es zu schätzen gilt. Er ›erzog‹ uns dadurch, daß er uns tiefer in die Realität unserer körperlichen Existenz eindringen ließ.

Im 20. Jahrhundert ist die zentrale Verdrängung unsere Kenntnis des Todes. (S. a. *Apology for Wonder*, S. 117, für eine Vertiefung dieses Themas.) Wir verbannen den Tod in Praxis und Theorie aus dem Bewußtsein der Lebenden. Wir verstecken die Sterbenden in Krankenhäusern und stellen sie ruhig. Und wenn das Undenkbare eintritt, übergeben wir den Leichnam Fremden, damit diese den Tod verschleiern – mit Lotionen, die die Haut bräunen, die von der Sonne nicht mehr erwärmt wird, und mit Lippenstift, der vortäuschen soll, daß das Feuer des Frühlings noch immer brennt. Aus der Anmaßung unserer wissenschaftlichen Forschung und den Philosophien der siegreichen Technologen beziehen wir unsere Hoffnung, daß der Mensch unsterblich sei. Die eklatanteste Verkündung dieser These stammt von Alan Harrington:

> Der Tod ist eine Bürde der Menschheit und nicht länger hinnehmbar. Der Mensch steht kurz davor, seine Fähigkeit zu verlieren, sich auf seine persönliche Vernichtung einzustellen. Jetzt muß er naturwissenschaftlich daran gehen, sie zu überwinden. Kurz gesagt: Er muß den Tod töten, seiner Sterblichkeit als Folge des Geborenwerdens ein Ende setzen... Unsere neue Zuversicht hat als Frohe Botschaft davon auszugehen, daß die Rettung von der Medizintechnik kommt, von nichts sonst; daß das Schicksal des Menschen zunächst von der richtigen Anwendung seines technischen Leistungsvermögens abhängt; daß wir uns die Befreiung vom Tod nur erschaffen, nicht erbit-

ten können; daß unsere Erlöser weiße Kittel tragen und in chemischen und biologischen Laboratorien zu finden sind . . .[1]

Selbstverständlich ist diese Hoffnung, uns »unsere Befreiung vom Tod zu erschaffen«, eine Illusion, die uns von dem Aufspüren der realistischen Befriedigungen einer sterblichen Existenz ablenkt. Nach Freud ist eine Illusion der Wunsch nach einer Erfüllung, die, obwohl logisch möglich, grundsätzlich unmöglich ist. Die eher reizlose Jungfer mittleren Alters, die sich die Zeit mit Träumen von der großen Liebe vertreibt, *könnte* von Gregory Peck in eine atemberaubende Romanze entführt werden. Doch darauf würde kein vernünftiger Mensch eine Wette eingehen. Daher ist jede in derartige Wünsche gelegte Hoffnung irrig und mit an Sicherheit grenzender Wahrscheinlichkeit zur Enttäuschung verurteilt. Trotz der unendlichen Vielfalt medizinischer Erkenntnisse und Entdeckungen sind wir der Unsterblichkeit keinen Schritt näher gekommen als im Jahr Eins. Wir mögen das Leben verlängern und es angenehmer machen, doch durch keine Extrapolation menschlichen Wissens und Erfindungsgabe können wir darauf hoffen, den Tod zu bewältigen.

Im Widerspruch zu allen Apokalypsen, der christlichen, marxistischen oder technischen, die uns mit Illusionen von Unsterblichkeit täuschen, sollte Bildung und Erziehung den Menschen darauf vorbereiten, in einer Welt zu leben, in der die Menschen sterblich sind, in der der Tod des Alten den Humus bildet, aus dem neues Leben erwächst. Erziehung bildet für die Mensch-

---

[5] »The Immortalist«, *Playboy*, Mai 1969

lichkeit aus. Und menschlich sein heißt, zu sterben, wieder zu Erde zu werden, um den Humus anzureichern.

Man hat sich zu entscheiden zwischen überkommener Weisheit und den apokalyptischen Hoffnungen der modernen Technik. Wenn diese Wahl zu der Annahme führt, der Mensch sei sterblich, müssen wir die Menschen dazu anregen, unter der Voraussetzung des Todes klug und frohgemut zu planen und das Sterben nicht zu ignorieren. Die klassische Bildung, schon im Platonismus und Stoizismus sowie in den Religionen des Ostens und Westens, begann mit Meditationen über den Tod und damit mit der Überzeugung, daß der Mensch keinen authentischen Lebensstil entwickeln kann, wenn er die fundamentalen Grenzen seines Daseins nicht akzeptiert hat.

Ich möchte darauf hinweisen, daß es gerade die von uns heute so geschätzten Formen von Ekstase sind, die problematisch werden, wenn der Tod geleugnet wird. Erst in der Erkenntnis des Todes wird Freude möglich. Wie die Liebe werden Begeisterung und Gefühlsüberschwang durch das Sterben geboren. Auch derjenige, der sein Leben für immer festhalten möchte, entgeht dem Tod nicht. Er vermeidet nur etwas von der Bitterkeit des Sterbens, weil er die Ekstase lebendig zu sein nie gekannt hat.

Das Streben nach Ekstase ist eine Möglichkeit, dem Tod den Stachel zu nehmen ohne sich illusorischen Hoffnungen hinzugeben. Ekstase bedeutet dem Wortsinn nach einen Zustand, in dem man sich außerhalb des Selbst befindet. Dieser Zustand ist von Freude begleitet, von Begeisterung und dem Gefühl, Teil einer Wirklichkeit zu sein, die größer ist als das Selbst. Wir sagen, daß jemand »vor Freude außer sich« ist. Das ist eine seltsame Metapher. Warum sollte die Erfahrung, »außer sich« zu sein, so intensiv erfreulich sein? Immerhin verwenden wir den größten Teil unserer Energien auf den Erhalt der Grenzen unseres Ego, indem wir Verteidigungsmechanismen entwickeln, die uns gegen Angriffe von allem Fremden absichern. Doch es ist kaum überraschend, daß es gerade unsere Erfolge in der Schaffung eines gegen ein Eindringen hermetisch abgesicherten Ego sind, die das Verlangen nach Ekstase wecken. Der übersteigerte Individualismus des westlichen Menschen (mit seinem dünnverkapselten Ego) hat schließlich eine Generation hervorgebracht, die es für nötig hielt, Rimbaulds Experiment der systematischen Sinnesverwirrung im Streben nach Ekstase zu wiederholen. Die psychologische Beziehung zwischen dem Individualismus und dem Streben nach Ekstase ist leicht einzusehen: Wenn das Ich allein ist, wenn »einer einer ist und ganz allein, und das auch für immer sein wird«, dann ist die Last der Vereinsamung zu groß. Beschränkt sich meine Identität auf mein Selbst, dann definiert sich meine Realität durch die Zeit, die zwischen meiner Geburt und meinem Tod liegt sowie durch den Raum, durch den sich mein Körper bewegt. Solipsismus (in dem nur das Ich wirklich ist) ist Hoffnungslosigkeit. Vor dem Tod ist das winzige Ich schutzlos. Um Tod und Hoffnungslosigkeit zu entkommen, muß daher ein Weg gefunden werden, über das Ich hinaus zu kommen, »außer sich« zu geraten.

Der Isolation und dem Tod entgeht das Selbst durch Identifikation. Das sterbende Ich dehnt seine Grenzen auf das unsterbliche Andere, es stattet seine Identität mit etwas aus, das durch den Tod nicht ausgelöscht wird. Diese Rettung vor dem Tod wird als Zustand von Entrückung, Ekstase oder Begeisterung erfahren. Begeisterung heißt mit dem Geist des unsterblichen Anderen erfüllt zu sein.

Ekstatische Identifikation kann viele Formen annehmen. Die allgemein angestrebte und auf der Hand liegende Form ist die Liebe. In der Liebe findet eine Verschmelzung von Identität statt, aus der neues Leben entsteht. Die Natur lehrt uns durch Ekstase, zu säen und neues Leben zu ernten, über unseren Tag hinaus kreativ zu sein. Für manche Menschen ist die Hingabe an eine Überzeugung, die die Grenzen des Ich erweitert eine Berufung. Und es gibt die Politik. Das Ich in die Gemeinschaft einzubringen, persönliche mit öffentlichen Interessen zu verschmelzen ist die Quelle der Ekstase, aus der Demokratie geboren wurde. Das vielleicht stärkste Medium für Ekstase ist die mystische Identifikation mit Gott (oder dem Geist, dem Einen, der Ursache allen Seins).

Die Wege, durch Liebe, kreative Arbeit und die Gemeinschaft zur Ekstase zu gelangen, stehen für Erforschungen und Erfahrungen offen. Aber der Pfad der Religion ist durch ideologische Barrieren nahezu verstellt. Relativismus, Skeptizismus, Positivismus und radikaler Empirismus sind die ›Ismen‹ des unbeugsamen Realisten, der es dem Menschen nicht gestattet, seine Isolation mit Hilfe von Mystizismus oder Metaphysik zu überwinden. Es ist diesen ›Ismen‹ jedoch ganz offensichtlich nicht gelungen, das Bedürfnis nach Methoden und Symbolen zu exorzieren, die eine Identifikation mit einem allumfassenden Ganzen fördern, das zu anderen Zeiten ohne jede Verlegenheit Gott genannt wurde. Die halluzinogene Revolution beweist hinlänglich, daß die vollständigste Ekstase (und damit die vollständigste Sicherheit angesichts des Todes) nur mit größtmöglicher Identifikation erreichbar ist.

Die bewußte Vorstellung des Todes konfrontiert uns mit der Frage der Heiligen: Was bleibt? Was vergeht nicht? Über was hat der Tod keine Gewalt? Was widersteht der Zersetzung der Geschichte? Was gibt uns die Kraft, den Nihilismus zu überwinden? Was ist die ultimative Grundlage menschlicher Würde? Welcher Macht kann ich mich ergeben, die größer ist als ich selbst? Welcher Boden (Humus) nährt meine Würde? Selbst wenn es auf diese Fragen vielleicht nie beweisbare Antworten geben wird, ist es doch wichtig, daß sie gestellt werden. Im Augenblick herrscht eine große kulturelle Verwirrung im Hinblick auf Methoden, die zu Antworten auf derart religiöse Fragen führen könnten. Diese Konfusion wird nicht leicht zu beseitigen sein. Es wird jedoch zunehmend deutlicher, daß wir damit beginnen müssen, neue Wege in der Beschäftigung mit dem Metaphysischen und Mystischen als Möglichkeit der Identifikation zu suchen. Bis wir die passenden Symbole gefunden haben, die uns in eine Beziehung mit dem Mysterium bringen, das uns umgibt und bedingt, wird uns die endgültige Ekstase verschlossen bleiben: die Würde, ins Leben zu sterben.

Inhalt und Methoden: Mit der Begründung für diesen Kursus habe ich bereits vieles von seinem Inhalt und seinen Methoden vermittelt. Seine vordringliche Aufgabe besteht in dem Nachweis, daß eine Art zu leben auch eine Art zu sterben ist. Das könnte bewerkstelligt werden, indem die Logik aufgezeigt wird, die das Leben und Sterben menschlicher Vorbilder verbindet. Dabei könnten wir ganz konkret werden, indem wir uns auf Menschen konzentrieren, deren Sterben ganz eindeutig unterschiedliche Lebensphilosophien widerspiegeln: Sokrates, Jesus, Nietzsche, D. H. Lawrence, Freud, Bonhoeffer, Hemingway, Che Guevara oder John F. Kennedy beispielsweise.

Nach dieser theoretischen Erforschung des Zusammenhangs zwischen Lebens- und Todesart könnten die Schüler dazu angeregt werden, sich mit den Sterbenden zu befassen. Warum sollten wir die Sterbenden auch weiterhin aus unserem Bewußtsein verbannen und so die Isolation der Sterbenden und die Illusionen der Lebenden vergrößern? Indem wir von den Sterbenden die Kunst des Sterbens lernen, könnten wir sowohl die Einsamkeit als auch die Illusionen beseitigen. Ich weiß allerdings nicht, wie Bildungsinstitutionen derartige Begegnungen ermöglichen könnten. Jedoch könnte schon eine Zusammenarbeit mit Ärzten, Krankenhäusern und Einrichtungen für die Pflege unheilbar Kranker sehr lehrreich sein.

Schließlich würde ich jeden Schüler dazu auffordern, Überlegungen zu seinem eigenen Tod anzustellen. In meinen Seminaren habe ich feststellen können, daß Menschen mit der Frage »Wie und wann werden Sie sterben?« sehr leicht dazu motiviert werden können, Verantwortung für ihre Zukunft zu übernehmen. Viele Menschen verfügen über Todesvorstellungen, die sie blindlings von ihren Eltern übernommen haben. Es ist beispielsweise nicht ungewöhnlich, daß jemand, dessen Vater im Alter von neunundfünfzig Jahren an einem Herzanfall gestorben ist, von dem halbbewußten Imperativ ausgeht, gleichfalls vor dem sechzigsten Lebensjahr sterben zu müssen, um den Vater nicht zu übertreffen. Manche Menschen hegen Selbstmordgedanken, während sich andere über ihren Tod lustig machen. (»Ich habe vor, mich im Alter von hundertvier Jahren von einem eifersüchtigen Ehemann erschießen zu lassen.«)

Selbstverständlich liegt der Wert einer ›Planung‹ des

eigenen Todes nicht darin, zu einer Übereinstimmung zwischen dem Plan und dem Ereignis zu kommen. Welcher Zusammenhang zwischen dem Tod, den wir ›planen‹ und dem besteht, den wir irgendwann sterben werden, bleibt eine offene Frage. Mit Sicherheit ist die Mehrzahl der Herzattacken nicht zufällig. Sie sind das vorhersehbare Resultat einer Lebensführung, die Genugtuung bezieht aus übermäßiger Arbeit, aus exzessivem Alkohol- und Tabakgenuß, aus überreichlichem Essen, aber von der sportlichen Betätigung des Körpers nur wenig hält. Der entscheidende Wesenszug des Planens besteht darin, sich dadurch über die möglichen Folgen unterschiedlicher Lebensformen klar zu werden, um eine vernünftige Entscheidung treffen zu können. Wir denken über den Tod nach, um so frohgemut und umfassend wie möglich leben zu können.

Beim Lesen meiner Lehr- und Lernangebote für das Fach »Staunen, Weisheit und Serendipität« werde ich mir bewußt, in welch hohem Maß sie die Fragen und Probleme widerspiegeln, die mein persönliches Streben bestimmt haben. Sie sind höchst idiosynkratisch und ihre ›Beschränktheit‹ stimmt mich bedenklich. Ich habe nur meine eigenen Erfahrungen, auf die ich mich als Philosoph beziehen kann, und es ist eindeutig, daß meine Geschichte die eines Weißen der Mittelklasse ist, der die Vorzüge von Familie, Bildung und ausreichender Zeit unbelastet von Leid und Armut genießen konnte. Die meisten Menschen, denen sich die Pädagogen in unserer Welt gegenüber sehen, haben eine andere Geschichte. Daher beschäftigt mich die bohrende Frage: Inwieweit bin ich berechtigt, anhand meiner eigenen Erfahrung einen Lehrplan zu entwickeln?

Die Welt außerhalb der heutigen Schule weist einen

ungeheuren Unterschied zu jener auf, die 1937 hinter den Fenstern von Mrs. Jones' Klassenzimmer lag. Vielleicht bauen Grasmücken noch immer Nester im nahen Gebüsch, doch Weltraumstarts und Protestdemonstrationen dürften weit eher die abschweifenden Gedanken der Schüler einfangen. Der Lärm der Revolution erfüllt die Luft. Veränderung ist angesagt. Heraklit hat den Sieg davongetragen. Und was ist aus Parmenides geworden? Ist da nichts, das bleibt? Ist da kein Schatz, den Bildung und Erziehung von einer Generation zur nächsten zu übergeben hätte?

Es ist leicht, das Selbstverständliche und Beständige zu vergessen, die unwandelbare Komponente der Erziehung zu übersehen. Es sind *Menschen,* die für ein Maximum an Lebendigkeit des Lebens ausgebildet werden. Die Bedürfnisse, Hoffnungen und Vorstellungen des Einzelnen unterscheiden sich, sie sind durch Rasse, Hautfarbe, Konfession, Klasse und Nation geprägt. Es bleibt jedoch das Bedürfnis des Einzelnen, als jemand ernstgenommen zu werden, der eine unverwechselbare Geschichte hat, und den es danach verlangt, in seinem Leben die Erfüllung zu finden, die sich an individuellen Maßstäben orientiert.

Vielleicht wird das Fach »Staunen, Weisheit und Serendipität« die Kurse anbieten, in denen ich lediglich den Versuch eines Einzelnen sehe, einen Lehrplan zu entwickeln, der seinen persönlichen Bedingungen und Vorstellungen entspricht. Dann kann jeder Schüler entsprechend verfahren. Es ist nicht wichtig, daß meine Grasmücke in alle Lehrpläne übernommen wird. Doch jeder Mensch sollte im Erziehungsprozeß etwas entdecken können, das ihm über die Grundbegriffe seiner Kultur hinaus einen Namen, einen Platz, eine Leidenschaft und eine Geschichte vermittelt.

III

Nachdenken über einen Pfirsichkern-Affen oder Das Geschichtenerzählen und der Tod Gottes

Wenn der Großrabbi Israel Baal-schem-tow sah, daß dem jüdischen Volk Unheil drohte, zog er sich für gewöhnlich an einen bestimmten Ort im Walde zurück; dort zündete er ein Feuer an, sprach ein bestimmtes Gebet, und das Wunder geschah: Das Unheil war gebannt.

Später, als sein Schüler, der berühmte Maggid von Mesritsch, aus den gleichen Gründen im Himmel vorstellig werden sollte, begab er sich an denselben Ort im Wald und sagte: Herr des Weltalls, leih mir dein Ohr. Ich weiß zwar nicht, wie man ein Feuer entzündet, doch ich bin noch imstande, das Gebet zu sprechen. Und das Wunder geschah.

Später ging auch der Rabbi Mosche-Leib von Sasow, um sein Volk zu retten, in den Wald und sagte: Ich weiß zwar nicht, wie man ein Feuer entzündet, ich kenne auch das Gebet nicht, ich finde aber wenigstens den Ort, und das sollte genügen. Und es genügte: Wiederum geschah das Wunder.

Dann kam der Rabbi Israel von Rizsin an die Reihe, um die Bedrohung zu vereiteln. Er saß im Sessel, legte seinen Kopf in beide Hände und sagte zu Gott: Ich bin unfähig, das Feuer zu entzünden, ich kenne nicht das Gebet, ich vermag nicht einmal den Ort im Walde wiederzufinden. Alles, was ich tun kann, ist diese Geschichte zu erzählen. Das sollte genügen. Und es genügte.

Gott erschuf den Menschen, weil er Geschichten liebt.[6]

Alles Leid wird erträglich, wenn man es zu einer Geschichte macht oder eine Geschichte darüber erzählt.[7]

Der erste Schock nach der Verkündung der Metapher »Gott ist tot« ist im Abklingen. Die religiös Gefestigten waren vorübergehend irritiert, da es christliche Theologen und keine Atheisten waren, die es wagten, sich einer so unverfrorenen Sprache zu bedienen. Doch schnell erfolgte die Versicherung, daß in der Welt der Religion alles zum besten steht. In jedem Nest versicherten Gemeindemitteilungen: »Gott ist **nicht** tot!« oder erkundigten sich: »Ist **Ihr** Gott tot?« Dann tauchten die offenbar unvermeidlichen Witze auf. So soll Billy Graham gesagt haben: »Gott ist nicht tot; ich habe heute früh mit ihm gesprochen.« Weniger Fromme verbreiteten gerüchteweise, Gott sei keineswegs tot, sondern halte sich lediglich in Argentinien usw. verborgen. Nachdenklichere Mitglieder des kirchlichen Establishments nutzten die Gelegenheit, die Sünden der Kirche zu bekennen, um dann daraufhinzuweisen, daß die Krise beseitigt wäre, wenn wir nur mit den Aufgaben liturgischer Erneuerung, der Ökumene und der Linderung sozialer Nöte in einer säkularen Welt weiterkommen würden. Die religiösen Ausdrucksformen und die kirchlichen Institutionen könnten vielleicht einer Erneuerung bedürfen, doch Gott lebe und erfreue sich bester Gesundheit.

Auch in der nichtreligiösen Gemeinde scheint die

---

[3] Elie Wiesel *Die Pforten des Waldes*, Frankfurt/M.-Berlin 1987
[7] Isak Dinesen, zitiert in Hannah Arendt *Vita activa oder Vom tätigen Leben*

Gott-ist-tot-Theologie keine anhaltenden Auswirkungen gehabt zu haben. Der schweigende Atheismus unserer Kultur, der sich hinter dem grundsätzlichen Pragmatismus versteckt, der alle endgültigen Probleme aus der Arena der Entscheidungen verbannt, nahm den angeblichen Rückzug des Absoluten nicht zur Kenntnis. Was bedeuteten derartige Überlegungen schließlich im Vergleich zu den tatsächlichen Problemen der Napalmherstellung oder der zunehmend auseinanderklaffenden Schere zwischen den Habenden und den Habenichtsen? Die wenigen orthodoxen und doch suchenden Menschen, die sich des Vakuums im Kern des Säkularismus bewußt waren und erkannt hatten, daß sie in etwas lebten, was Koestler »das Zeitalter des Sehnens« genannt hat, schienen durch die Gott-ist-tot-Theologen ähnlich bestürzt wie die frommen. Es war für sie eine durchaus verwirrende Feststellung, daß die radikale Rhetorik der Gott-ist-tot-Theologen durch die konservative Überzeugung unterstützt wurde, auch wenn es keinen Gott mehr gebe, könne man nichtsdestoweniger an das »absolut personifizierte Wort« glauben (Altizer) oder an den Menschen Jesus von Nazareth, der uns mit der »ansteckenden Freiheit« infiziert habe (Van Buren).

Inzwischen scheint sich alles wieder beruhigt zu haben. Wie William Hamilton bemerkte, sind die Theologen in ihre Bibliotheken zurückgekehrt, und die religiöse Presse ist auf der Suche nach einer neuen Story. Wenn niemand recht weiß, wie es weitergehen soll, ist das kaum verwunderlich. Der dramatischen Verkündigung vom Tode Gottes ist schwer zu folgen. Doch bei der ganzen Aufregung, Publicity und der sich anschließenden Erschöpfung geraten wir in Gefahr, die eigentliche Bedeutung dieses Ereignisses zu übersehen. Jede Metapher, der sich die Massenpresse liebevoll angenommen hat, wird sehr leicht zu oft zitiert und zu wenig untersucht. Das ist auch beim »Tod Gottes« der Fall. Obwohl dieses Bild schnell zu einem Klischee wurde, sollten wir uns ernsthaft mit dem folgenschweren Wandel im Selbstbewußtsein des westlichen Menschen auseinandersetzen, der zu dieser Metapher geführt hat. Die Krise in der metaphysischen Identität des Menschen, die sich in der Metapher »Gott ist tot« widerspiegelt, bleibt **das** ungelöste philosophische und spirituelle Dilemma der modernen Zeit. Wie wir uns mit dem tragischen Charakter menschlicher Existenz in einem Zeitalter abfinden sollen, in dem ein weitverbreiteter Vertrauensverlust im Hinblick auf alle absoluten und übernatürlichen Bezugspunkte feststellbar ist, wird das quälende philosophische Problem für Generationen bleiben, wenn die Massenpresse der Gott-ist-tot-Theologen längst müde geworden ist.

Glauben oder Nichtglauben an Gott umfaßt eine ganze Hierarchie von Vorstellungen, Ansichten und Emotionen über Schöpfung, Geschichte sowie die Art und Weise, in der man innerhalb der menschlichen Gemeinschaft hofft und handelt. Sowohl der Theismus wie der Atheismus verlangen eine radikale, umfassende Hingabe. Ohne böse Absicht ist es nicht möglich, das Wort Gott einfach zu streichen und in einer von Gefühl und Handeln her theistischen Welt weiter zu existieren, hat Sartre betont. Daher weist »Gottes Tod« auf eine totale Veränderung in der Art und Weise hin, in der viele moderne Menschen die Umwelt ihrer Existenz wahrnehmen. Die metaphysische Matrix oder die spirituelle Ökologie des modernen Lebens verändert sich. Die grundsätzlichen Analogien, Bilder und Metaphern, die die metaphysische Identität des herkömmlichen westlichen Menschen ausgemacht haben, verlieren ihre Glaubwürdigkeit und ihre Macht, das Leben zu beeinflussen.

Ziel dieses Essays ist es, eine der wesentlichsten metaphysischen — oder besser ›metaweltlichen‹ — Metaphern des Westens zu ergründen, die Metapher der Geschichte, der Erzählung, der Story. Wir können sagen, daß die Identität des früheren Menschen auf seiner Fähigkeit beruhte, seinen Weg in den Wald zu finden, das Feuer zu entzünden, das Gebet zu sprechen und eine Geschichte zu erzählen, die sein Leben in einen größeren Zusammenhang einfügte. Durch das Opferfeuer, das Gebet oder die Anwendung einer anderen Methode der Transzendenz konnte der Wille Gottes oder der Götter bestimmt werden, und der Mensch in Harmonie mit den Mächten der Überwelt leben, die einen geheimnisvollen Einfluß auf sein Dasein ausübten. Jedes Volk verfügte über einen Schatz an Geschichten, die den Einzelnen innerhalb des Stammes, den Stamm innerhalb des Kosmos' sowie den Kosmos innerhalb der Überwelt bestimmten. Der Mensch von heute kennt den Weg in den Wald nicht mehr, er kann das Feuer nicht entzünden, und er ist gefährlich nahe daran, seine Fähigkeit zu verlieren, sein Leben als Teil einer Geschichte zu begreifen. In einer Welt, in der unsere Intelligenz von Sanftmut unberührt bleibt, in der wir mit unseren Sinnen nachweisen und begründen, die dazu trainiert sind, die Ekstase auszuschließen, gibt es keine Transzendenz. Selbst da, wo die bescheidene Selbst-Transzendenz der Liebe noch vorhanden ist, herrscht der Verdacht vor, daß jene, die den Anspruch erheben, mittels Feuer, Gebet oder heiliger Autorität die zeitbestimmte Kapsel zu durchbrechen, in der wir uns alle gefangen sehen, Toren sind, die Träumen, Phantasien und Illusionen nachhängen. Es sieht inzwischen so aus, als würde die durch den Triumph der technologischen Mentalität und die amerikanische Ideologie bewirkte ahistorische Einstellung die Funktion der

Geschichte als Quelle metaweltlicher Identität zerstören. Der Held der US-amerikanischen Story ist Adam: der Mann ohne Geschichte, der im Wunderland der reinen Gegenwart lebt. Henry Ford kennzeichnete den Amerikanischen Traum auf eine unübertreffliche Weise: »Geschichte ist Geschwätz«. In der Un-Geschichte, die wir in der modernen Welt erzählen, formt sich die Identität des Menschen durch Tun und Handeln, nicht durch Erinnern. Seine Referenzen für Anerkennung sind Fähigkeiten des Berufs, nicht des Geschichtenerzählens.

Mit einer Untersuchung des Sinnes der Metapher von der Geschichte möchte ich darauf hinweisen, daß das Geschichtenerzählen im Grunde gleichbedeutend mit dem Glauben an Gott ist. Daher ist der »Tod Gottes« als prinzipielle Skepsis des modernen Menschen zu sehen, menschliches Leben könnte einen Sinn dadurch erhalten, daß es in eine Geschichte eingegliedert wird. Nach einem Abriß der Geschichte des Erzählens werde ich mich bemühen, die Geschichte, die Story als elementares Instrument zur Schaffung einer Identität zu rehabilitieren. Dabei kommt dann der Pfirsichkern-Affe ins Spiel. Ich werde mit seiner Hilfe herauszufinden versuchen, ob die Theologie neue Methoden für das Geschichtenerzählen sowie die Bestimmung der Anwesenheit des Heiligen in einer Zeit entwickeln kann, in der die orthodoxen Geschichten über die ›großen Taten Gottes‹ die westliche Identität nicht mehr formend beeinflussen.

Eine kurze Geschichte des Geschichtenerzählens

Die Bedeutung der Geschichte in archaischen und vorliterarischen Kulturen wird durch eine Bemerkung Laurens van der Posts über die Buschmänner der Kalahari sehr gut illustriert:

> Sein Geist, seine Gesinnung fanden ihren höchsten Ausdruck in seinen Geschichten. Er war ein wundervoller Geschichtenerzähler. Die Geschichte war sein kostbarster und heiligster Besitz. Diese Menschen wußten etwas, was wir nicht wissen: daß man ohne eine Geschichte keine Nation hat, keine Kultur, keine Zivilisation. Ohne eine eigene Geschichte, nach der man leben kann, hat man kein eigenes Leben.[1]

Vorliterarische Menschen lebten in einer Zeit, die ihre intellektuelle, religiöse und soziale Struktur durch Geschichten erhielt. Jeder Stamm verfügte über einen Bestand an Märchen, Mythen und Legenden, die den metaphysischen Zusammenhang definierten, in dem er lebte, seinen sozialen Ritualen eine heilige Bedeutung gaben und konkrete Modelle eines authentischen Lebens lieferten. Die Stammeszugehörigkeit bedingte das Erzählen der gemeinsamen Geschichten, die seit Anbeginn der Zeiten von Generation zu Generation weitergegeben wurden. Wie das Studium der Ilias zeigt, suchte der archaische Mensch das Profane zu meiden und im Bereich des Heiligen zu leben. Geweihte Handlungen waren jene, die zu einem Vorbild zurückverfolgt werden konnten, das von einem Gott oder Helden ausging. So war das Erzählen von Geschichten eine Möglichkeit, die Wertvorstellungen zu rechtfertigen und zu sanktionieren,

---

[8] *Patterns of Renewal*, Wallingford, Pennsylvania 1962

die für den Erhalt der Gemeinschaft unverzichtbar waren. Besitz und Stand wurden in archaischen Gesellschaften häufig sowohl an den Geschichten gemessen, die ein Mensch kannte, den Ritualen, die er vollziehen durfte sowie an den Tänzen, die er ausführen konnte, als auch an der Anzahl des Viehs oder anderer Reichtümer, die er angesammelt hatte. Die Geschichten dienten den vielfältigen Funktionen von Philosophie, Theologie, Geschichte, Ethik und Unterhaltung. Sie trugen dazu bei, das Individuelle innerhalb der konzentrischen Kreise des Kosmos, der Natur, der Gemeinschaft und der Familie zu bestimmen, und sie waren eine konkrete Schilderung dessen, was von einem Menschen erwartet wurde und womit er in jener Dunkelheit zu rechnen hatte, die jenseits des Todes lag.

Die Zentralität des Geschichtenerzählens bei der Bildung von Identität und Kultur des vorliterarischen Menschen ist wohlbegründet, auch wenn sie den Menschen von heute etwas peinlich berührt. Seit der Aufklärung und dem Beginn der wissenschaftlichen statt der dramatischen Denkweise gefällt sich der Mensch darin, sich einzureden, er wäre reif geworden, hätte das Dunkel der Mythen hinter sich gelassen und orientiere sich nur noch an der Vernunft. So bleibt einem in den meisten Schilderungen der intellektuellen Geschichte des Menschen ein gewisser Seufzer der Erleichterung nicht verborgen, wenn der Bericht das poetisch-mythische Denken des archaischen Menschen hinter sich läßt, um sich auf die Entwicklung der rational-philosophischen Denkweise in den griechischen Stadtstaaten zu befassen. Der Marsch ins Licht hat begonnen! Die Erziehung der Menschheit auf eine Welt hin, in der wir uns keine Geschichten mehr zu erzählen brauchen, ist einen Schritt weitergekommen.

Bedauerlicherweise ist das eine eher mythische als

realistische Bewertung. Wenn auch empirische Wissenschaft und philosophische Vernunft schwache Anfänge im klassischen Griechenland hatten, so war doch die grundlegende philosophische Vision, die das griechische Leben bestimmte, ebenso zuverlässig dramatisch und mythologisch wie die des archaischen Menschen.

Etwas von der Hochachtung der Griechen für die Bedeutung des Geschichtenerzählens wird aus Hannah Arendts Hinweis ersichtlich, die *polis* sei symbolisch von den aus dem Trojanischen Krieg heimgekehrten Helden gegründet worden. Sie wünschten sich eine Bühne, auf der ihre Taten erinnert und weitergegeben wurden. Die Demokratie entsprang dem Bedürfnis nach einem Auditorium, das seinen Helden auch noch nach deren Tod applaudierte. Unsterblichkeit hieß, in eine Geschichte einzugehen, die weitererzählt wurde. Die endgültige Bewertung eines Menschen wäre verloren gewesen, wenn er nicht Eingang in eine Geschichte gefunden hätte, die künftige Generationen bewahrten. Politik sollte die Welt für das Geschichtenerzählen ›sichermachen‹ und damit Unsterblichkeit garantieren.

Die Metapher der Geschichte drang sogar noch tiefer in das griechische Bewußtsein ein. Nicht anders als im primitiven, maß sich die menschliche Existenz auch im griechischen Verständnis am Vergleich mit dem jahreszeitlichen Rhythmus der Natur. Der alljährliche Vegetationskreislauf war ein Drama und der Schlüssel für die Identität der menschlichen Seele. Es war Dionysos, der Gott der Vegetation, der das Theater schuf. Die Seele, der Kosmos und das Drama wiesen eine gemeinsame Struktur auf:

1. Akt. Frühling: Unschuld, Vitalität und Verheißung. Im ersten Grün des Lebens (das golden ist) liegt die Andeutung eines Plans. Geburt enthält die verborgene Verheißung von Erfüllung; im Beginn ist das Ende *(telos)*. Die Eichel verspricht die Eiche, das Kind den Erwachsenen, Möglichkeit trachtet nach Verwirklichung. Alles Leben birgt in seinem Anfang die Verheißung der Vervollkommnung. Daher hat zu Beginn Tod keinen Platz. In der Kindheit ist das Versprechen des Lebens so überwältigend, daß jedes Todeswissen fehlt. Das Leben beginnt mit unschuldiger Unsterblichkeit und demütiger Allmacht.

2. Akt. Sommer und Herbst: Reife und Desillusionierung. In der Realität ist die Verheißung nur teilweise erfüllt. Die Eichel wird zu einer verkümmerten Eiche und nicht jedes Kind reift zu der fundamentalen Menschlichkeit des Sokrates heran. Gegen Ende des Sommers wird deutlich, daß Reife stets tragisch ist, daß das anfangs gegebene Versprechen dazu verurteilt ist, gebrochen zu werden. Die ausgewachsene Pflanze erreicht den Idealzustand nicht, und dem Menschen ist für immer die Vollkommenheit verweigert, nach der es ihn verlangt. Wenn der Sommer in den Herbst übergeht, wenn die grüne Fülle des Lebens durch die braune Sprödigkeit des beginnenden Verfalls abgelöst wird, läßt die Hoffnung nach und die Verheißung des Lebens verwandelt sich in die bange Frage: Das Grün des Lebens vergeht; wird es jemals zurückkehren?

3. Akt. Winter: Tod und Verzweiflung. Der Winter ist stets eine Krise, sowohl für den Körper als auch für den Geist. Das Verschwinden der Vegetation weckt den Verdacht und die schleichende Angst, das im Frühling gegebene Versprechen könne eine Illusion gewesen sein. Weist der Winter nicht vielleicht doch darauf hin, daß das Leben verklingt, daß Dunkelheit über Licht triumphiert, daß der Tod endgültige Gewalt über das Leben hat?

4. Akt. Frühling: Auferstehung und Wiedergeburt. Obwohl beständig, ist die Wiedergeburt doch immer wieder eine Überraschung und ein Geschenk. Wenn die Sonne höher steigt und die Erde mit der Verheißung des Wachsens und Werdens durchdringt, ersetzt Hoffnung die Befürchtungen des Winters, und der Kosmos wird aus dem Chaos wiedergeboren.

Dieses Drama war die strukturelle Kette, mit der die unterschiedlichen Formen griechischer Erfahrungen verwoben waren. In den Mythen der einfachen Menschen ist dieselbe Geschichte ebenso zu finden wie in den Philosophien der Intellektuellen. Es gab die Überlieferungen von den Göttern der Fruchtbarkeit und des Wachsens wie Demeter, die die Hälfte des Jahres in der Unterwelt und die andere unter den Menschen lebte, oder Dionysos, der sowohl der Gott der Ekstase als auch des Todes war. Für die Intellektuellen, die das Vertrauen in die alten Mythen verloren hatten, gab es die entmythologisierte Philosophie von Plato, die Argumente für die Einheit und Unvergänglichkeit des Kosmos bot, oder die zusammenfassendere Philosophie von Aristoteles, die den gesamten Kosmos als in hierarchischer Beziehung zueinander stehender Bestandteile darstellte, die alle von dem Verlangen getrieben waren, die ihnen innewohnenden latenten Kräfte zu verwirklichen. In Sokrates verfügte die griechische Welt auch über die Verkörperung von einer Vision des Menschen, der wußte, daß seine Seele so unvergänglich war wie der Kosmos. Die Ethik Platos, Aristoteles' und der Stoiker ist kaum mehr als ein theoretischer Kommentar zu der Lebensform, die sich in Sokrates personifizierte. An der Schilderung des Todes von Sokrates wird deutlich, warum sein Leben als Summe und ethischer Fokus der griechischen Vision des Lebens dienen konnte. Als das Gift seine Wirkung zu zeigen begann, hob Sokrates den Kopf und sagte: »Crito, ich schulde Aesculap einen Hahn. Wirst du daran denken, diese Schuld zu begleichen?« Für einen Sterbenden sind das eigenartig beherzte Worte. Dem Tode nahe erinnerte sich Sokrates, daß er dem Gott der Heilkunst etwas schuldig war. Damit äußerte er seine Zuversicht in die dramatische Einheit von Leben und Tod sowie seine Überzeugung, daß die Verheißung der Unsterblichkeit, die die Seele durchdringt, erfüllt werden wird. So wird das kosmische Drama in einem menschlichen Leben personifiziert, das für den griechischen Geist so normativ wurde wie später Jesu Leben für die christliche Gemeinschaft.

In der jüdisch-christlichen Tradition findet das Drama, das der menschlichen Existenz ihre strukturelle Bedeutung gibt, auf der Bühne der Geschichte und nicht im ewigen Zyklus der Natur statt. Alles ist eine Story, für die Gott das Drehbuch geschrieben hat. Im Gegensatz zum sich endlos wiederholenden Drama des jahreszeitlichen Lebens ist in dieser Geschichte jeder Augenblick einmalig, fügt sich aber in die Entwicklung der Handlung ein. Das Drama der Geschichte könnte wie folgt zusammengefaßt werden: *Vorspiel:* Die jüdisch-christliche Geschichte beginnt mit dem Erzähler: »Am Anfang schuf Gott . . .« Die Bühne, auf der das Drama der Geschichte gespielt wird, ist nicht ewig. Mensch und Kosmos haben ihren Anfang in der schöpferischen Absicht eines transzendenten Gottes. Daher sind Bühne und Akteure für das Drama geschaffen worden. Warum Gott entschieden hat, das Drama der Geschichte zu inszenieren, bleibt ein Mysterium. Vielleicht fühlte er sich einsam und wollte Gesellschaft haben. Es könnte auch sein, daß er Geschichten liebt, wie Wiesel andeutet. Der Grund ist jedoch belanglos, zumindest nicht erkennbar. Um sich in der Geschichte zurechtfinden zu können, muß der Mensch lediglich die Umrisse des Dramas kennen, das sich entwickelt.

1. Akt. Im Paradies. Wie die meisten guten Geschichten, die den Anspruch erheben, menschliche Existenz zu erläutern, beginnt auch diese ihre Schilderung des Menschen mit einem Bild der Unschuld und Harmonie, die das Leben in der mythischen Ära des »Es war einmal« bestimmten, (einer Ära, die in den Tiefen der Psyche stets präsent ist.) Im Garten Eden gibt es Endlichkeit, aber keine Tragödie. In seiner ontologischen Bedeutung ist das Leben gut und trägt die Ressourcen für Erfüllung in sich. Trotz der Beschränkungen, die durch Sexualität und die Unausweichlichkeit des Todes repräsentiert werden, gibt es keine Scham oder Entfremdung im wesentlichen oder geschaffenen menschlichen Leben. Die Bestrebungen des Lebens gegen den Tod, des Geistes gegen das Fleisch oder des Id gegen das Ego, die einen so großen Anteil an der Entwicklung der Geschichte haben, sind den Absichten des Erzählers fremd.

2. Akt. Der Sündenfall. Die biblische Überlieferung erklärt den Sündenfall nicht. Sie beschreibt ihn nur. Warum es zur tragischen Zerstörung der Harmonie zwischen dem Menschen und seiner Umwelt (der sozialen, natürlichen und äußersten) kommen mußte, bleibt ein Geheimnis. Die Geschichte von Adam und der verbotenen Frucht illustriert lediglich das Mysterium des Bösen, das Bestandteil des Problems historischer menschlicher Existenz ist. Der Sündenfall repräsentiert den Moment, in dem die Story eine Wendung nimmt, die vom Erzähler nicht beabsichtigt war. Gott macht die Erfahrung jeden Autors: Nachdem er im Rahmen einer Geschichte eine Gestalt geschaffen hat, muß er entdecken, daß die Figur gegen die Vorstellungen des Autors rebelliert und darauf beharrt, ihre eigene Story zu erzählen. Die historische Existenz (die Zeit zwischen dem »Es war einmal« und dem »Eines Tages«) ist eine Zeit widersprüchlicher Ereignisse, in der sich der Erzähler wegen der aufmüpfigen Worte und Taten seiner Charaktere zum Improvisieren genötigt sieht, um die Geschichte zu retten, die er weitergeben will. Sein Einfluß auf den Fortgang des Dramas bleibt ein bißchen dürftig, da die Mittel der Schlange vorübergehend effektiv genug sind, um die beabsichtigte Einheit der Story zu zerstören. Doch für den, der Ohren hat zu hören, ist in der durcheinandergekommenen Schilderung der Geschichte eine Verheißung zu vernehmen: Der Erzähler wird seine Schöpfung wieder in den Griff bekommen und sie zur Erfüllung bringen. Da sind die Anzeichen des Regenbogens, die Feuersäule und die Rauchsäule, der Alte Bund, besiegelt mit in Stein gehauenen Geboten, sowie der Neue Bund, besiegelt mit dem Fleisch. Doch damit greifen wir der Geschichte voraus.

3. Akt. Fazit. Eines Tages wird die Entfremdung beendet, und die Geschichte findet ihren beabsichtigten Schluß. Am Ende wie am Anfang wird die Intention des Geschichtenerzählers deutlich gemacht: die Verheißungen und Möglichkeiten, die im Garten Eden angedeutet sind, werden im Reich Gottes erfüllt. Zwischen Juden und Christen herrscht jedoch grundsätzliche Unstimmigkeit darüber, wann dieses »Eines Tages« sein wird, an dem die Geschichte zu ihrem Abschluß gebracht wird. Für die Christen beginnt mitten im kalten Winter der Story bereits der Frühling, mit Leben, Tod und Auferstehung Jesu hat die neue Ära ihren Anfang. Von diesem Beginn entwickelt sie sich so schnell wie ein Kressesamen und tilgt Entfremdung und Tragödie, die die menschliche Geschichte bestimmt haben. Für die Juden liegt das Reich Gottes, das sowohl *finis* wie auch *telos* der Geschichte ist, noch immer in der Zukunft. Noch ist der Messias, der Herold des Endes, nicht gekommen, aber vielleicht erscheint er nächstes Jahr in Jerusalem . . .

Die verschiedenen Akte des Dramas der Geschichte spiegeln auch die Entwicklung im Leben des Einzelnen wider. Jeder Mensch ist Adam und trägt in sich eine Sehnsucht nach Vollkommenheit, die als unausgesprochener Beweis dafür betrachtet werden kann, daß er der vertriebene Bürger eines Landes ist, in dem es keine Entfremdung gibt. » . . . du hast uns für dich geschaffen, und unser Herz ist unruhig, bis es ruhet in dir«, hat Augustinus in seinen Bekenntnissen gesagt. So wiederholt jedes Individuum in sich die Pilgerfahrt der Geschichte. Obwohl ein Streunender und Suchender, ist der Mensch *(Homo viator)* nie ganz verloren, da er die Geschichte des Garten Eden kennt, aus dem er kommt, und das Reich, dem er zustrebt. Wenn das Exil auch schwer zu ertragen ist, gibt es doch wenigstens das Versprechen der Heimkehr sowie die Hoffnung, »die eine Erinnerung an die Zukunft« ist (Marcel). Und für die Christen ist das Leben Jesu Christi eine Offenbarung der Absicht des Schöpfers von Geschichte, die auch ein Beispiel für die richtige Lebensführung ist. Für den Pilger besteht das authentische Leben in der Nachfolge Christi. Wie die archaischen Menschen gehören auch Juden wie Christen zu einer Gemeinschaft, in der die Identität des Einzelnen von gemeinsamen Geschichten und gemeinschaftlichen Vorbildern geformt wurde.

In einem gewissen Sinn können wir den Beginn der modernen Welt auf den Punkt datieren, an dem die jüdisch-christliche Geschichte nicht mehr faszinierte und unterhielt, sondern neue Geschichten und Ideologien entstanden, die die zunehmende Liebesaffaire des Menschen mit der Welt widerspiegelten. Doch auch wenn die neuen Geschichten nicht mehr von Gott oder den Göttern sprachen, waren die Konturen des Dramas, das Griechen und Christen teilten, noch unverändert. Kostüme und Sprache änderten sich, aber die Handlung war die gleiche geblieben. In den neuen Fachsprachen von Politik, Wirtschaft, Philosophie, Technik und Psychologie wurde das Drama von Unschuld, Sündenfall und Wiedererlangung der Unschuld weitererzählt. Die Aufklärung war bemüht, die Periode ursprünglicher Unschuld durch die Vorstellung der allmählichen Befreiung des Menschen aus dem Dunkel des mythisch-poetischen Denkens in das helle Licht der Vernunft zu ersetzen, aber die Unschuld kehrte in Romantik, Sozialismus sowie der Ideologie der US-amerikanischen Demokratie wieder. Erneut wurde in unterschiedlicher Form die Frohe Botschaft verkündet, der frei geborene Mensch sei versklavt worden, würde jedoch in Kürze die Wiedergeburt der Freiheit erfahren. Nach Ansicht der Romantik war der edle Urmensch durch den Sündenfall der Zivilisation der Natur entfremdet worden, doch schon bald wurde durch Poesie, freie Liebe und Psychoanalyse die Spontanität wiederhergestellt. Für Sozialismus und Kommunismus war der Sündenfall die Ablösung des Anstands durch den Klassenkampf. Aber auch für sie stand die Ära der Wiederherstellung in einer klassenlosen Gesellschaft ohne Ausbeutung und Entfremdung kurz bevor — durch die Logik der Geschichte und die Hingabe der Auserwählten. Entsprechend der Ideologie der amerikanischen Demokratie waren die unveräußerlichen Rechte des Menschen durch Anhänger der Monarchie und Tradition kompromittiert worden, sollten jedoch in Kürze wiederhergestellt und gesichert werden durch das Entstehen einer neuen Nation, die die Welt für die Demokratie reif machen würde. Auf US-amerikanischem Boden wurde Adam wieder zum Helden.

Erst in unserem Jahrhundert wurden die Metapher der Geschichte sowie die Konturen des herkömmlichen Dramas, die Allgemeinbesitz der westlichen Zivilisation gewesen waren, grundsätzlich kritisiert und weitgehend aufgegeben. Für den zeitgenössischen Intellektuellen haben die metaphysischen Mythen keinen Zusammenhang mit Identität mehr. Die Überzeugung, Geschichte habe eine Geschichte zu erzählen und Wirklichkeit könne in dramatischen Begriffen erfahren werden, ist dahin. Während wir politischen Mythen wie ›Demokratie‹ oder ›Kommunismus‹ anhängen, haben wir die metaweltlichen Mythen und selbst die Zuversicht in ihre mögliche Nützlichkeit verloren.

Die moderne Erfahrung wird durch die neue Metapher vom Geschehen, vom Ereignis reflektiert. Natur und Geschichte werden durch Zufall und Wahrscheinlichkeit bestimmt. Glück ist unser einziger Gott, Daumendrücken und Auf-Holz-Klopfen die einzige Liturgie, die einer Zufallswelt entspricht. Es passiert eins nach dem anderen, doch auch wenn es Ursachen für Ereignisse gibt, so gibt es doch keine Gründe. Nirgendwo in Natur oder Geschichte gibt es für den modernen Intellektuellen Beweise eines Leitprinzips, das dem einen Zusammenhang gäbe, was noch immer fälschlicherweise

›Universum‹ genannt wird. Wenn Geschichte eine Geschichte zu erzählen hat, dann die des Individuums. Es ist Aufgabe des Einzelnen, seinem Leben einen Sinn zu geben, indem er sich einem Projekt, einem Ziel widmet.

Antoine Roquentin, der Protagonist in Sartres Roman *Der Ekel* ist das Beispiel eines Menschen, der zum Opfer einer Welt geworden ist, in der die Dinge einfach so geschehen. Er gesteht ein, er hätte stets sehen wollen, daß sich sein Leben in der Form und Symmetrie einer Romangestalt entwickelt. Genau dieser Anspruch ist es, der zu seiner Desillusionierung führt.

Damit schlägt man die Leute vor den Kopf; ein Mann ist immer ein Geschichtenerzähler, er lebt, umgeben von seinen und den Geschichten anderer, durch sie hindurch sieht er alles, was ihm zustößt; und er versucht sein Leben so zu leben, als ob er es erzählte.[9]

In der Realität gibt es keine Anfänge und kein Ende. Es gibt keine Momente innerer Bedeutung, die der Erfahrung ein Sinngefüge vermitteln könnten. »Tag schließt sich an Tag, ohne Sinn und Verstand, eine unaufhörliche und langweilige Addition.«[10] Wie ein Refrain zieht sich die Feststellung durch Sartres *Der Ekel*: Alles kann geschehen. Keine universelle Vernunft setzt dem Möglichen Grenzen und gibt der menschlichen Geschichte Sinn. Angesichts der Absurdität des Daseins besteht die einzige Chance für den Einzelnen darin, einen ›Grund‹ für seine Existenz dadurch zu schaffen, daß er ein Buch schreibt, sich einer politischen Bewegung anschließt und so weiter. Nur durch die Entscheidung für ein Vorhaben, wie beliebig auch immer, kann der Einzel-

---

[9] Jean Paul Sartre *Der Ekel*, Reinbek 1963, S. 46
[10] Ebenda

ne den gegenwärtigen Augenblick ausfüllen und dem Ekel entkommen, der aus der Erkenntnis der absoluten Zufälligkeit und Absurdität des Daseins resultiert.

Der existentialistische Held, der versucht, in der Unmittelbarkeit des Augenblicks zu leben, ist eine Gestalt, die unser Zeitalter kennzeichnet. Er ist der *Fremde* in Camus' Roman, der Beatnik der vorangegangenen Generation, der in Kerouacs *Unterwegs* auftauchte, und neuerdings ist er der Hippie, der aus der herkömmlichen Kultur aussteigt und sich den *vibrations* zuwendet. Wo immer er auftaucht, beherrscht eine Aussage die Identität: Es gibt keine Zukunft, es gibt keine Vergangenheit, also lebe dem Augenblick. Marshall McLuhan sagt uns, daß diese Welt des Geschehens, des *happening*, der ›Sofortigkeit‹ ein Produkt der Medien ist. Die lineare, historische, erzählende Mentalität gehöre in ein anderes Zeitalter. Im Stammessystem der elektronischen Welt ist kein Strukturgefüge, keine Perspektive möglich, nur die absolute Immersion. Die Perspektive der Vergangenheit, die mitunter Weisheit unserer Ahnen genannt wurde, ist für den existentialistischen Helden nutzlos. Jeder Mensch über dreißig (es sei denn, er kann in der Lotosposition sitzen) ist sogar bereits der Müllhalde der Vergangenheit überantwortet.

Die als Happening definierte Welt ist lediglich die Welt, aus der Gott sich verabschiedet hat. Vor mehr als einem Jahrhundert reduzierte Dostojewskij die Bedeutung der Abwesenheit Gottes auf einen Satz: Wenn Gott tot ist, ist alles möglich. Die Konzentrationslager und die systematische Anwendung dessen, was Marcel »Techniken der Erniedrigung« genannt hat, haben gezeigt, daß moralisch alles möglich ist. Der Wille zur Macht ermöglicht, gegen alles zu verstoßen, was früheren Generationen heilig gewesen ist. Wie Richard Rubenstein in *Nach*

Auschwitz gezeigt hat, wurzelt die Zerstörung aller moralischen Grenzen in dem Verlangen, Gott zu töten und aller Einschränkungen des Genusses und des Vergnügens ledig zu sein. Die metaphysische Vorstellung einer absolut zufälligen Welt, in der »alles möglich ist«, wurde von Sartre und dem Absurden Theater untersucht. Wo der Zufall als äußerste metaphysische Kategorie betrachtet wird, ist die Welt auf radikalen Pluralismus reduziert, auf Zusammenhanglosigkeit und Chaos. Wenn es kein übergreifendes Prinzip von Ordnung und Sinn gibt, kann die — moralische oder physische — Ordnung, die wir in der Vergangenheit beachtet haben, nicht in die Zukunft projiziert werden. Wenn uns jedes metaweltliche Einheitsprinzip fehlt, können wir keine Garantie einer Kontinuität von Vergangenheit und Zukunft haben. Von daher sind Erinnern und Planen gleichermaßen sinnlos. Spontanität hat das Geschichtenerzählen — als Vorbild authentischen Lebens — ersetzt.

Wenn wir die Funktion der Geschichte in traditionellen Kulturen betrachten und sie mit der Situation des heutigen Intellektuellen in einer Zufallswelt vergleichen, bekommen wir vielleicht eine Vorstellung von dem vorbehaltlosen Glaubensbekenntnis, das mit dem Erzählen einer Geschichte verbunden war, sowie einen Maßstab für das, was verlorengegangen ist.

Im Geschichtenerzählen bestätigte der Mensch früher die Einheit der Wirklichkeit. Der Einzelne, der Stamm, die Natur und der Kosmos gingen in konzentrischen Kreisen integrierter Bedeutung ineinander auf. Alle Bestandteile waren nötig, um ein kohärentes und kunstvolles Ganzes zu ergeben. Vergangenheit, Gegenwart und Zukunft waren gleichermaßen in einer thematischen Einheit miteinander verbunden. So konnte das Individuum trotz seiner Situation im verfliegenden Augenblick der Gegenwart sicher sein, daß der Sinn seines Daseins nicht durch den Verlauf der Zeit zerstört wurde. Er bezog Zuversicht aus dem Wissen, daß seine Wurzeln in der Vergangenheit, seine Erinnerungen und Taten in der Zukunft bewahrt sein würden. Praktisch bestätigte die Geschichte, daß die Realität des Einzelnen nicht auf den gegenwärtigen Augenblick der Erfahrung zu reduzieren war, sondern in eine Sinn-Kontinuität gehörte, die vom Fluß der Zeit nicht ausgelöscht werden konnte. Mit seinem Glauben konnte das Individuum aus einem Gefühl der Fortdauer und der Perspektive handeln. Seine Spontanität wurde durch Erinnerung und Hoffnung gemäßigt.

Ein weiteres im Geschichtenerzählen verborgenes Glaubensbekenntnis ist die Zuversicht, daß der Maßstab des Seins so ist, daß ein Mensch die Bedeutung des Ganzen erfassen kann. Persönlichkeit ist keine Begleiterscheinung einer fremdartigen Welt der Materie, die von Zufall und Zahlen beherrscht wird, sondern der Schlüssel zum Kosmos. Der Mensch ist ein Mikrokosmos. Im Erzählen seiner Geschichten kann er daher zuversichtlich sein, daß seine empfundenen, konkreten und dramatischen Vorstellungen in einer Beziehung zu jenen Kräften stehen, die die Einheit des Makrokosmos ausmachen. Auch wenn seine Vorstellungen und Geschichten die Proportionen der Wirklichkeit auf ein Maß reduzieren, das durch den menschlichen Geist zu bewältigen ist, dient ihre Verzerrung der Wahrheit. Traditionelle Menschen waren sicher, daß ihre Symbole, Mythen und Geschichten geeignete Mittel waren, die Realität in den Griff zu bekommen und keineswegs nur Illusionen, die ihrem isolierten und subjektiven Geist entsprungen waren.

Es ist zu früh, den Erfolg des modernen Bemühens

bewerten zu wollen, ohne die Überzeugung auszukommen, daß Geschichte eine Geschichte erzählt und daß es eine sinnvolle Kontinuität zwischen Vergangenheit, Gegenwart und Zukunft gibt. Es ist jedoch fraglich, ob eine verläßliche und kreative Identität geschaffen werden kann, wenn das äußerste Symbol vom Ereignis gebildet wird. Unsere Kenntnisse der Triebkräfte der Persönlichkeit deuten darauf hin, daß es psychologisch unmöglich ist, das Ziel der Spontanität anders als durch Integration aller Vorbilder und zeitlicher Erfahrungen zu erreichen. Echte Spontanität ist nur dem Menschen möglich, der die Grenzen akzeptiert, die ihm von seinen früheren Erfahrungen gezogen wurden, und der von einer Bestimmung beseelt ist, die er in seiner Zukunft zu realisieren trachtet. Unbegründetes Handeln ist eine Parodie der Spontanität, bei der unbewußte Motive den Menschen dazu verleiten, auf eine Art und Weise zu agieren, die mit seiner Vergangenheit absolut nicht zu vereinbaren ist. Es ist zumindest zweifelhaft, ob irgendeine vollentwickelte Form von Persönlichkeitsintegration vorstellbar ist, bei der das Individuum seine Vergangenheit nicht akzeptiert und schätzt, um sie mit seinen Zukunftsplanungen zu vereinbaren. Nietzsche betonte, ein Mensch müsse dazu kommen, auch seine Wunden zu lieben. Um das tun zu können, muß er dazu fähig sein, seine Vergangenheit und seine Zukunftshoffnungen zu einer zusammenhängenden Geschichte zu verweben. Wie dem auch sei — ohne das moderne Experiment, eine Identität im Kontext von Absurdität und Zusammenhanglosigkeit zu schaffen, vorverurteilen zu wollen, möchten wir eine eher bescheidene Frage stellen. In Anerkennung der Tatsache, daß die Metapher des Happening die geistige Atmosphäre der heutigen Welt ausdrückt, möchten wir fragen, ob wir gezwungen sind, vor diesem Klima zu kapitulieren oder ob es erlaubt ist, es zu verändern. Sind wir dazu verurteilt, in der chaotischen Welt des Happening mit der Einstellung zu leben, daß unsere Vergangenheit unbedeutend und unsere Zukunft nicht-existent ist? Gibt es irgendeine intellektuell respektable Alternative zu der Ansicht, daß Gott tot ist und jeder Mensch seiner persönlichen Existenz einen Sinn zu geben hat? Ist Identität mit Kontinuität möglich? Kann es nach dem Tode Gottes überhaupt noch eine Identität geben oder kann irgendein Prinzip metaweltlicher Einheit und Bedeutung in der Geschichte wirksam sein?

**Ein Weg über den Tod Gottes hinaus
oder: Wie man Geschichten erzählt**

Am Beginn unserer Untersuchung sollte die Einsicht stehen, daß keine Form von Neo-Orthodoxie einen verläßlichen Ausgangspunkt bietet. Die orthodoxen metaweltlichen Mythen der Religion werden durch keine Autorität mehr gestützt, die den Respekt eines unbefangenen Fragestellers verdiente. Vergleichende Religionswissenschaft, Bibelkritik und Untersuchungen des Entstehens und Wirkens von Symbolen haben unsere Fähigkeit zerstört, einer religiösen Tradition von vornherein Autorität einzuräumen. Für den Augenblick zumindest müssen wir alle orthodoxen Überlieferungen ausklammern und unsere Relikte gläubigen Verhaltens beiseite legen. Unser Ausgangspunkt sollte die individuelle Biographie und Geschichte sein. Wenn ich das Geweihte, das Heilige finden will, dann muß ich in meiner Geschichte auf die Suche gehen, nicht in der Geschichte Israels. Falls ein Prinzip existiert, das der Geschichte Einheit und Sinn gibt, dann muß das etwas sein, das ich berühre, empfinde und erlebe. Unser Ansatzpunkt sollte ein radikaler sein.

Wir können uns einer Reihe von Fragen bedienen, um zu einer Methode zu kommen, die uns zum Geschichtenerzählen und zur Theologie zurückführen kann. Gibt es etwas auf dem heimischen Boden meiner Erfahrung, in meiner Biographie, meiner Geschichte, das die Realität des Heiligen beweist? Da das Wort ›heilig‹ in diesem Hinblick problematisch ist, sollten wir es künftig durch praktische Begriffe ersetzen. Daher formuliere ich die erste Frage neu: Gibt es in meinen Erfahrungen etwas, das meinem Leben Einheit, Tiefe, Würde, Sinn und Wert gibt, das würdevolle Freiheit ermöglicht? Wenn wir ein solches Prinzip auf der Grundlage persönlicher Identität entdecken, haben wir jedes Recht, die alte Sprache des Heiligen anzuwenden und damit einen Bereich für theologische Erforschung auszumachen.

Da ich das Gebiet der Theologie auf das Individuum und das Alltägliche verlagert habe, kann ich nur weiterkommen, indem ich meine Geschichte erzähle und meinen Leser dazu auffordere, seine zu schildern.

Es war einmal, da gab es in den Wäldern von Tennessee, in denen ich spielte, noch Indianer, Vagabunden, Bären und Bösewichter. Noch wichtiger: Es gab keinen Tod, sondern mir wurde eine Verheißung zuteil. In einem endlosen Sommer saß mein Vater im ewigen Schatten eines Pfirsichbaums und schnitzte an einem Pfirsichkern herum, den er vom Boden aufgehoben hatte. Mit steigender Aufregung und Begehrlichkeit sah ich zu, wie er mit der allen omnipotenten Schöpfern eigenen Fähigkeit einen kleinen Affen aus dem Kern machte. Alle meine vielfältigen Wünsche und Sehnsüchte konzentrierten sich auf diesen Pfirsichkern-Affen. Wenn ich ihn doch nur haben könnte! Dann hätte ich einen Schatz, der in der Weltstadt Maryville seinesgleichen suchte! Was für ein Renommé, was für ein Ansehen könnte ich durch den Besitz einer derartigen Rarität erwerben! Schließlich nahm ich allen Mut zusammen und fragte, ob ich den Affen haben könnte, wenn er fertig war (am sechsten Tag der Schöpfung). Mein Vater erwiderte: »Der hier ist für deine Mutter, aber eines Tages schnitze ich auch einen für dich.«

Es vergingen Tage, Wochen und schließlich Jahre, doch der Tag, an dem ich den Affen bekommen sollte, brach nie an. Irgendwann habe ich den Pfirsichkern-Affen vergessen. Das Leben in der Umgebung meines Vaters war aufregend, sicher und vielfältig bunt. Er tat alles, was ein Vater für seine Kinder tun kann. Sein nicht geringster Verdienst war die Begeisterung darüber, daß es seine Kinder gab. Ein nachdrücklicher Beweis für das Maß seiner Würde und seines Mutes war die Art, in der trotz eines Emphysems, das seine Kräfte aufzehrte, weiterhin unverdrossen für alles offen blieb, gegen die Krankheit ankämpfte und sich weiterentwickelte.

In der trockenen Hitze eines Nachmittags in Arizona saßen mein Vater und ich unter einem Wacholderbaum. Ich hörte zu, wie er die Bilanz der Erfolge und Mißerfolge seines Lebens zog. Dann entstand ein Moment des Schweigens, der geradezu nach einem Beweis der Zuneigung verlangte. Plötzlich erinnerte ich mich an den Pfirsichkern-Affen und hörte, wie mir die richtigen Worte über die Lippen kamen und die Stille füllten: »In den wirklich wichtigen Dingen hast du mich nie im Stich gelassen. Du hast alle deine Versprechen gehalten — mit einer Ausnahme. Du hast mir nie diesen Pfirsichkern-Affen geschnitzt.«

Nicht lange nach dieser Unterhaltung bekam ich mit der Post ein Päckchen. Darin befand sich der Pfirsichkern-Affe und ein kurzer Brief, in dem es hieß: »Hier ist der Affe, den ich Dir versprochen habe. Du wirst bemerken, daß mir ein Bein abgebrochen ist. Ich mußte es mit Klebstoff reparieren. Es tut mir leid, aber ich hatte nicht die Zeit, einen perfekten Affen zu schnitzen.«

Zwei Wochen später starb mein Vater. Er starb erst, als sein Leben beendet war.

Für mich ist ein Pfirsichkern-Affe ebenso zu einem Symbol für all die Versprechen geworden, die mir gegeben wurden, wie für die Energie und Fürsorge, die mich zu einem menschlichen Wesen gemacht haben. Auf eine fundamentalere Weise ist er auch ein Symbol dessen, was die Grundlage jeder menschlichen Persönlichkeit und Würde ist. Wir alle werden vor einem leeren und feindseligen Leben nur durch die aufopfernde Liebe und Zuwendung bewahrt, die wir unaufgefordert erhalten haben. In seinem Buch *Identity and the Life Cycle* weist Erik Erikson darauf hin, daß sich eine stabile und kräftige Identität aus dem Gefühl grundsätzlichen Vertrauens bildet, das einem Kind zunächst durch die Zuverlässigkeit seiner Eltern vermittelt wird. Identität hat ihre Wurzeln in Verläßlichkeit, Ordnung und dem Verständnis der Welt frühester Erfahrungen. Das, was uns von niedrigeren Tieren unterscheidet, hängt vom Eingehen und Halten von Versprechen, Verpflichtungen, Schwüren und Verträgen ab. Wie Nietzsche es so treffend nannte: Der Mensch ist das Tier, das Versprechen gibt.

Wenn ich die mir gegenüber eingegangenen und gehaltenen Versprechen aufdecke, die die verborgene Wurzel meiner Zuversicht in eine grundsätzliche Zuverlässigkeit der Welt und meiner daraus folgenden Freiheit sind, verpflichte ich mich zum Handeln. Ich erkenne meine Verbindungen mit der Vergangenheit. Ich entdecke das »Es war einmal«, das der Anfang der Geschichte ist, die ich erzählen muß, um ich selbst sein zu können. Indem ich das Prinzip meiner Identität entdecke, erkenne ich gleichzeitig eine Aufgabe für meine Zukunft: Als Empfänger von Versprechen werde ich zum ›Geber‹ von Versprechen. Ich bemühe mich, anderen die gleiche Glaubwürdigkeit und Treue entgegenzubringen, die mir so großzügig zuteil geworden ist. Indem ich mich als jemanden identifiziere, der dadurch lebt, daß ihm Versprechen gemacht und gehalten wurden, und selber Versprechen macht und hält, erkenne ich das Prinzip, das meinem Leben Einheit gibt und Vergangenheit, Gegenwart und Zukunft miteinander verbindet. Ohne die Spontanität signifikanten Handelns in der Gegenwart zu verlieren, übertrage ich jeden Augenblick auf meine Wurzeln in der Vergangenheit und mein Ende in der Zukunft. Ich habe eine Geschichte.

An diesem Punkt ergibt sich eine Reihe von Fragen. Ist der Pfirsichkern-Affe nicht von rein individueller Bedeutung? Er mag ja für das Leben Sam Keens von symbolischer Signifikanz sein, aber fehlt ihm nicht das universelle Element, das die metaweltlichen Mythen vergangener Generationen zum gemeinsamen Besitz einer Gemeinschaft machte? Deutet der intime Charakter einer derartigen Geschichte lediglich auf das Dilemma der Menschen des 20. Jahrhunderts hin, deren Biographie kein Bestandteil einer gemeinsamen mythologischen Struktur mehr ist? Und schließlich: Wie kann eine solche Story den Anspruch auf theologische Bedeutung erheben?

Zwei bedeutende Entdeckungen Freuds können uns helfen, die universelle Dimension dessen zu erkennen, was lediglich ein Vorfall im Rahmen einer individuellen Biographie zu sein scheint.

Erstens geht die Psychoanalyse von der Voraussetzung aus, daß jeder Mensch entscheidende Passagen seiner Geschichte verdrängt, da das Erinnern an sie zu schmerzhaft wäre. Der Weg zur Heilung führt über das Aufspüren und Bewußtmachen dieser verdrängten Erinnerungen und die Wiederherstellung der persönlichen Geschichte des Individuums. Die Implikation der psychoanalytischen Theorie ist eindeutig: Die entscheidende Geschichte, die der Einzelne wiederentdecken muß, ist familienbezogen, nicht kommunal. Jeder Einzelne muß die Loyalitäten wie die Illoyalitäten, die Verletzungen wie die Zuwendungen erforschen, die den unverwechselbaren Charakter seiner Biographie ausmachen.

Zweitens: Auch wenn Freuds Weg zum Heil damit beginnt, daß der isolierte Einzelne lernt, seine eigene Geschichte zu erzählen, endet er damit doch noch längst nicht. Die zweite entscheidende Entdeckung Sigmund Freuds (die für gewöhnlich mit dem Namen C. G. Jungs in Verbindung gebracht wird) besteht in der Erkenntnis, daß das Individuum nach der Wiederherstellung der eigenen Geschichte feststellt, daß es die Geschichte jedes Menschen ist. Wenn ich mir beispielsweise ohne Scham und Angst eingestehen kann, daß ich den Vater, der mich aufgezogen hat, gleichermaßen gehaßt wie geliebt (oder umgekehrt) habe, stelle ich fest, daß ich mit Ödipus eins bin. Von dieser Erkenntnis ist es nur ein Schritt zu der Einsicht, daß Haßgefühle gegenüber dem Vater und Aufbegehren gegen Gott nicht voneinander zu trennen sind. Indem ich Ödipus bin, bin ich gleichermaßen Adam, Prometheus sowie alle anderen Helden und Antihelden der Geschichte. Ich erkenne, daß mir nichts Menschliches fremd ist. In der Tiefe der Biographie jedes Menschen liegt die Geschichte aller Menschen.

Von daher gehört der Pfirsichkern-Affe genauso zu Ihnen wie zu mir. Wer könnte bestreiten, daß sein Anstand, seine Menschlichkeit die Nahrung von einem Mutterboden an Versprechungen erhielt, der zu reich und zu kompliziert ist, um in allen Einzelheiten beschrieben werden zu können? Selbst das Mindestmaß des Menschseins erfordert den Einsatz von Sprache und Vernunft, die nur da gelernt werden können, wo es wenigstens Ansätze von Zuwendung und eingehaltenen Versprechen gegeben hat. Indem er spricht und liest, gibt ein Mensch zu erkennen, daß er den Beistand, die Erziehung und die Humanisierung durch einen sozialen Nährboden erfahren hat. Psychologische Untersuchungen zeigen, daß der Einzelne durch sein — von Scham oder Repression nicht beeinflußtes — Vordringen zum Kern seiner eigenen Biographie dort eine Allgemeingültigkeit von Erfahrungen entdeckt, die ihn mit allen Menschen verbindet.

Wenn wir uns die Geschichte des Pfirsichkern-Affen genauer betrachten, stellen wir fest, daß sie neben der universellen auch eine theologische Bedeutung hat. Es ist selbstverständlich unmöglich, mit einer derartigen Geschichte die Existenz oder das Handeln Gottes zu beweisen. Wenn das Kriterium für theologische Signifikanz die Anwendung der religiösen Terminologie ist, dann brauchen wir über das Thema nicht weiter zu reden. Wir haben jedoch bereits darauf hingewiesen, daß sich Theologie nicht auf die Diskussion über Gott beschränkt. Wird das Heilige und Geweihte beschrieben, ist jede Ausdrucksweise authentisch theologisch. Daher können wir das Heilige als »das unwandelbare Prinzip, die Macht oder Präsenz, die Quelle und der Garant für Einheit, Würde, Sinn, Wert und Ganzheit« definieren. Wenn diese phänomenologische und funktionale Definition theologischer Ausdrucksweise zulässig ist, wird offensichtlich, daß der Pfirsichkern-Affe auf eine ›heilige‹

Dimension der Realität hinweist. Die Heiligkeit von Versprechen ist das Prinzip, auf dem Identität und Gemeinschaft begründet sind.

Traditionelle Theisten und Humanisten werden gleichermaßen bestreiten, daß ein Prinzip, das sich auf rein menschlicher Verpflichtung begründet, die Weihen der Theologie erfahren kann. Sie werden betonen, daß Theologie mit dem Außergewöhnlichen und nicht mit dem Gewöhnlichen zu tun hat, mit dem Übernatürlichen und nicht mit dem Natürlichen, mit dem transzendenten Ursprung und nicht mit den irdischen Fundamenten des Lebens. Doch die phänomenologische Betrachtungsweise verbietet uns den Luxus einer solchen Trennung des Heiligen. Wenn wir die funktionelle Bedeutung der Begegnung mit dem Heiligen beschreiben, sehen wir uns zu der Schlußfolgerung gezwungen, daß die Macht, die dem Leben Sinn und Einheit gibt und die früher durch metaweltliche Mythen vermittelt wurde, heute in den Prinzipien präsent ist, die Grundlagen für Identität und Gemeinschaft sind.

Wird das Heilige eher in den spirituellen Niederungen als in den Höhen – eher im Alltäglichen als im Übernatürlichen – ausgemacht, verändert sich zwar nicht die Substanz, wohl aber Form und Vorstellung des religiösen Bewußtseins. Wenn die uns erlösenden Versprechen und Verheißungen einer weltlichen Quelle entspringen und ihren Ursprung nicht in einem autorisierten Bündnis mit Gott haben, wird Geschichte nichtsdestoweniger als Geschichte von Verheißung und Erfüllung erfahren. Die menschliche Existenz wird immer noch durch Aufopferung geheiligt, und wir können die geheimnisvolle Gegebenheit von Leben und Persönlichkeit mit Dankbarkeit und Verehrung betrachten. Diese terminologische Verschiebung von Höhen zu Niederungen ist die religiöse

Reaktion des Geists des 20. Jahrhunderts auf den Verlust der herkömmlichen metaweltlichen Mythen. Gott ist vom Himmel verschwunden, also muß er auf der Erde gesucht werden. Die Theologie hat sich nicht nur mit dem Gänzlich Anderen Gott zu befassen, sondern auch mit dem heiligen »Grund des Seins« (Tillich) — nicht mit einer einmaligen Inkarnation in vergangener Geschichte sondern mit den Prinzipien, Mächten und Menschen, die gegenwärtig wirksam sind, um menschliches Leben sinnvoll und heilig zu machen und zu erhalten.

Ob eine derart irdische Theologie uns gestatten wird, die Krise der geistigen Identität zu bewältigen, die wir gerade durchlaufen, ist noch nicht zu beantworten. Für jene, die in den Geschichten und Mythen orthodoxer Religion nicht mehr die Macht sehen, ihr Leben mit einem kreativen Sinn zu erfüllen, kann sie zumindest einen Bereich und eine Methode bieten, die zum Erkennen einer heiligen Dimension des Lebens hilfreich sein kann. Wenn jeder von uns lernt, seine eigene Geschichte zu erzählen, kann das vielleicht genügen — selbst wenn wir uns des Namens Gottes oder der Religionsform unbewußt bleiben.

IV

Tagebuch eines Festjahres

Die meisten Bücher zu den Themen Philosophie und Religion vermitteln ein verzerrtes Bild von der Beschaffenheit des Denkens. Da sie die Öffentlichkeit nur in geglätteter Form erreichen, wird die Illusion erweckt, philosophisches Denken sei linear, formal und finde von Problemen unmittelbar zu deren Lösung. Der tatsächliche Prozeß philosophischen Denkens ist jedoch eher wiederholten Ausflügen in ein unbekanntes Land vergleichbar. Mit jedem Aufenthalt wird die Landschaft deutlicher und eine ungefähre Karte entsteht. Um den Preis beständiger Unruhe wird allmählich Klarheit gewonnen. Wenn sich ein Philosoph wirklich ernsthaft mit den Spannungen, Mehrdeutigkeiten und den tragischen Dilemmata befaßt, denen er sich in seinem menschlichen Dasein gegenüber sieht, wird die Klarheit seines Denkens in einem direkten Verhältnis zu seinem Mut stehen, die Ängste zu tolerieren, die mit der Gewinnung neuen Wissens verbunden ist. Jedes neue Wissen bedingt Ängste und Schuldgefühle, hat Paul Tillich einmal gesagt. Vom Baum der Erkenntnis des Guten und Bösen zu essen, muß den Zorn der Götter erregen oder zumindest die Befehle des Über-Ich herausfordern.

Ich halte es für nicht mehr als recht und billig, den Leser hinter die Kulissen zu führen und ihm einen Einblick in die Abläufe zu geben, aus denen heraus diese Abhandlungen entstehen. Diese Darstellung ist weder streng philosophisch noch biographisch. Sie hat von beidem etwas. In ihr sind viele der Gespräche aufgezeichnet, die zwischen den wahlberechtigten Bürgern des Gemeinwesens stattfanden, das Sam Keen heißt. Ich bin fest davon überzeugt, daß jeder Bürger das Recht auf freie Meinungsäußerung hat. Daher werden Stimmen zu Wort kommen, die ihren Ärger herausschreien, solche die flehen, aber auch solche, die ihren Widerstand deutlich machen. Die verzweifelte Stimme wird ebenso zu hören sein wie die feindselige, die dankbare wie die fröhliche. Allerdings dürfen wiederum nicht alle das Wort ergreifen. Keine Regierung verzichtet darauf, jene Bürger einer gewissen Repression zu unterwerfen, die ihr allzu umstürzlerisch erscheinen. Eine derartige Unterdrückung findet keineswegs meinen Beifall, ich konstatiere sie lediglich. In mir gibt es Stimmen, die ich gern verbannen würde, um mir den Frieden zu bewahren. Ich war jedoch bemüht, so demokratisch zu sein, wie ich es mir im Moment zutraue, da ich davon überzeugt bin, daß Klarheit, Macht und Freude dort am meisten ausgeprägt sind, wo es die geringste Repression gibt.

Nach einer besonders anregenden Party, zu der ein Verleger eine Reihe radikaler Theologen eingeladen hatte (in einem jugoslawischen Restaurant mit süßem Wein, toller Musik und liberaler Einstellung zum Tanzen), erhielt ich den hier abgebildeten Button:

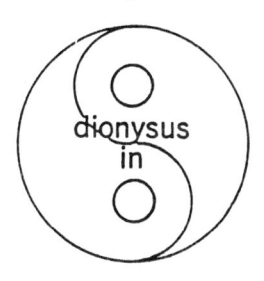

Wenn ich meinen hauptsächlichen Erfahrungen und Erlebnissen in diesem Jahr einen Titel geben sollte, würde ich ihn dem Button entnehmen, den ich kurz vor meiner Abreise aus Louisville erhielt, um ein Sabbath-Jahr in Kalifornien zu verbringen und dort die Bewegung zu untersuchen, die sich mit den ›menschlichen Möglichkeiten‹ befaßte. 1969 war in der Tat das Jahr, in dem »Dionysos in« war. Es war ein Jahr, die Beschränkungen und Grenzen zu erforschen, die ich zuvor für mich selbst definiert hatte; ein Jahr für die Erweiterung des Bewußtseins, ein Jahr für die Erprobung des Neuen, ein Jahr des Tanzes. Es gibt Bürger, die den Tanz fürchten, die die Dinge so belassen wollen, wie sie nun einmal sind. Daher waren die Gespräche mitunter lebhaft, sogar erregt. Das Schreiben dieses Tagebuchs hat mir dabei geholfen, manches zu klären und den Dialog vor einem Abbruch zu bewahren.

Ohne Datum

SCHWEIGEN

Am Anfang war Schweigen.
Vor dem Wort war das Chaos.
Und Nacht.

Dann bewegte sich der Geist auf den Wassern,
Ein Wort kam hervor.
Die Form erhielt Sinn, die Bewegung Richtung, das Chaos Ordnung.
Eine Welt entstand.
Das Wort schuf eine nach seinem Bild.

Worte breiteten sich aus, überzogen bereichernd und zerstörend die Erde.
Größe und Tragik erhielt Namen
bis der Wortschöpfer müde wurde und sprachlos.
Geschichte wurde schal, erschöpfte sich in Geschwätz.
Und die stillen Sterne erzählten keine Geschichte.
In der Fülle des Schweigens wurde Zeit schwanger.
Aus dem Chaos wurde ein Wort geboren.
Da war Licht und Leben
Ein neuer Himmel und eine neue Erde
Und Heilung im Reden.
Und das Wort bekam Wörter und Wörter und Wörter
und Wörter und Wörter und Wörter,
Und da war Schweigen und Chaos.
Und aus dem Schweigen kam . . . ?

15. August 1968. Ekstase und Politik

»Wem oder welcher Sache kann ich mich widmen?« ist eine der entscheidenden Fragen. Wenn ich sie mir nicht ernsthaft stelle, ende ich bestenfalls als einsamer Mensch, der ›seine Möglichkeiten ausschöpft‹ und sich auf sich selbst konzentriert. Schlimmstenfalls versinke ich in Verzweiflung. Die Fragen nach Hingabe, Zugehörigkeit, Selbstüberwindung, Loyalität und Ekstase müssen gestellt werden. Anderenfalls herrsche ich über mich wie über ein eifersüchtig bewachtes Territorium. Ich herrsche über meine Grenzen, Besitztümer, Energien. Ich horte mich selbst. Ich werde zu einem gebietsgebundenen Tier.

Wenn ich zu niemandem gehöre, keiner Gemeinschaft angehöre, erlebe ich keine Ekstase. Ekstase ist möglich, wenn sich Systeme begegnen, wenn Grenzen überwunden werden — in der Sexualität wie in der Politik. *Love's body* ist kein Wortspiel (Norman Brown irrt), sondern Politik. Fürsorge muß konkretisiert werden, sonst gibt es keine Verkörperung, kein Fleischwerden der Liebe. Verkörperung ist Vereinigung. Sich selbst zu überwinden, indem man in ein anderes System eindringt (körperlich wie politisch), ist Ekstase. Liebe und Politik sind die Alternativen zur abgeschiedenen Selbstüberwindung durch Drogen. Bleib im System, und du wirst zu einem Niemand. Vereine dich oder stirb. Verwirkliche dich, und du bewirkst etwas. Laß dich ein und bekenne dich.

8. Oktober 1968. Zwiegespräch mit der Angst

S. K.: Ich wünschte, ich könnte sagen: »Verdammt nochmal, Angst, hau' ab!« Die Ehrlichkeit verlangt jedoch, daß ich dich mit »Liebe Angst« anrede, weil du mich für den größten Teil meines Lebens begleitet hast. Jetzt möchte ich endlich dahinterkommen, was mich zu dir hinzieht, warum ich dich nicht längst verbannt habe.

Angst: Erfreut nehme ich dein Eingeständnis zur Kenntnis, daß wir widerwillige Freunde sind. Es hat mich etliche Jahre gekostet, dich zu der Erkenntnis zu bringen, daß du ein zaudernder Liebhaber dessen bist, was du vorgeblich verabscheust. Ich bewundere deine Fähigkeit zum Selbstbetrug, wenn du dir einredest, ich sei so etwas wie dein schicksalhafter Feind oder, genauer gesagt, das unbewußte Vermächtnis deiner Eltern. Das ist ein überaus durchsichtiger Unsinn. Wenn ich dein Schicksal bin, dann zumindest doch eins, das du selbst gewählt und gefördert hast. Daß wir all diese Jahre miteinander verbracht haben, geschah keineswegs ohne deine Zustimmung und Genugtuung. Du hättest dich mit Liebe, Mut, Kreativität, Verlangen oder Ruhm auseinandersetzen können. Aber nein! Du hast dich für mich entschieden. Also versuche nicht, mich zu verstoßen.

S. K.: Okay, du hast recht. Ich räume eine gewisse Schuld ein, ständig zu dir in Kontakt getreten zu sein, doch ich empfand auf gar keinen Fall Genugtuung über deine Anwesenheit. Du kommst mir vor wie ein unangenehmer Nachbar. Ich bin an dich gebunden, hätte es aber lieber, wenn du fortziehen würdest.

Angst: Das Lügen fällt dir leicht. Tatsache ist, daß ich ein wertvoller Gefährte und treuer Freund bin. Ich verlange nicht, daß du dich änderst. Es genügt, wenn unsere Beziehung so bleibt, wie sie immer gewesen ist. Ich erwarte von dir keineswegs, daß du dich in das Unbekannte hinauswagst und deine Existenz in der rücksichtslosen und launischen Welt heldenhaft aufs Spiel setzt. Ich erwarte lediglich ein Zeichen, ein Ritual, eine Garantie, daß du die Grenzen nicht überschreitest, die ich zu deinem Wohlbefinden und deiner Sicherheit gesetzt habe.

S. K.: Ein Ritual oder ein Zeichen. Verdammt nochmal! Du verlangst das, was an mir das lebendigste ist. Dein ›Zeichen‹ ist meine Fähigkeit, neue Erfahrungen zu machen. Du versprichst Sicherheit dafür, daß ich meine Autonomie aufgebe, meine Kritikfähigkeit, meine Vernunft, meine Verantwortung, die gemachten

Erfahrungen zu bewerten. Dein Preis für Wohlbefinden ist der Verzicht auf Fortentwicklung.

Angst: Was macht es schon, daß der Preis hoch ist? Wenn du dich weigerst, meine Autorität anzuerkennen, wirst du in Stolz und Rebellion verfallen. Ich halte die Grenzen ein. Ich bestimme die Beschränkungen. Nur Adam, Prometheus und andere stolze, aber törichte Rebellen hegen die Illusion, sie wären stark genug, das Wesen von Gut und Böse selbst bestimmen zu können. Kein Mensch, am wenigsten du, verfügt über die Weisheit, die Energie oder die Zeit, die Grenzen des Möglichen selbst zu definieren. Ein solcher Anspruch der Omnipotenz ist eindeutig verwerflich und dumm.

S. K.: Wie einsichtig und wohlwollend du doch klingst. Aber in Wahrheit trägst du das Gesicht des Großinquisitors. Du willst mir das Wissen um meine Freiheit im Tausch gegen Wohlbefinden verweigern und beraubst mich so meiner Würde und meiner Möglichkeiten.

Angst: Kannst du leugnen, daß Demut und Weisheit zu einem Inquisitor gehören? Ja, ich spreche mit der Stimme der Autorität. Ich lasse die Anordnungen und Verbote deiner Eltern widerhallen. Aber ich spreche als **deine** Vergangenheit, als **deine** Tradition. Wenn ich dich auf die Möglichkeiten beschränke, die für deine Eltern begreiflich waren, so geschieht das nur, um jene Regeln und Grenzen durchzusetzen, deren Einhaltung sie für ein erfülltes Leben notwendig erachteten. Meine Stimme ist bewahrend. Ich möchte, daß du das liebst, was deine Väter liebten, und verabscheust, was sie verabscheut haben, denn es liegt Weisheit in den Erfahrungen von Generationen, die dem Einzelnen fehlt. Ich schütze deine Energien davor, sich mit Torheiten zu verzetteln.

S. K.: Die Grenzen des Möglichen ändern sich. Die menschliche Natur ist nicht statisch. Was für meine Eltern psychologisch nicht faßbar war, ist inzwischen für mich durchaus möglich – es sei denn, du greifst ein.

Angst: Ich freue mich, daß du die ›Grenzen des Möglichen‹ erwähnt hast. Dir ist bekannt, daß Camus diesen Begriff als Summe seiner Lebensphilosophie verwandt hat. Aber willst du mir wirklich allen Ernstes weismachen, du wärst bereit, die Unsicherheit, das Experimentieren und das absolute Verlangen nach Selbstbestimmung angesichts des Absurden auf dich zu nehmen, die sein tägliches Brot waren? Wenn das nicht der Fall ist, dann tu nicht so, als sei es dein dringlicher Wunsch, daß ich dich verlasse. Schließlich bewahre ich dich vor diesem entsetzlichen Vakuum des Unbekannten. Ich bin die Basis, die dir in diesem Strudel festen Halt gibt. Auch wenn es mitunter bitter sein mag, so ist es doch eine Standfläche für deine Füße. Besser Angst als die Beklommenheit der Leere. Besser eine feindliche Macht im Zentrum deiner Persönlichkeit als das Vakuum, das die Verheißung des Todes birgt, besser Schmerz als Chaos. Das durch mich verursachte Leiden ist nur eine notwendige Nebenwirkung beim Erzwingen der Grenzen, die dir Bestimmung und Beistand sind.

S. K.: Ich kann dein Vorgehen nicht akzeptieren. Zugegeben, ich brauche gewisse Grenzen, sonst würde ich im Gefühl unendlicher Möglichkeiten und Schizophrenie platzen. Aber es gibt bessere Wege zur Errichtung von Grenzen als die, die du vorschlägst. Entschlußkraft ist die Alternative zur Angst. Wenn ich die Verantwortung für meine Entscheidungen übernehme, ist der Schmerz der Beschränkung erwählt und nicht aufgezwungen. Reife bestimmt die Form, die mein Leben annimmt, nicht Schicksal oder Angst. Deine Anwesenheit ist keine Notwendigkeit.

Angst: Ich gebe zu, daß diese heroische Möglichkeit besteht. Sobald du bereit bist, die volle Verantwortung für deine Werte und Entscheidungen zu übernehmen, werde ich dich verlassen. Doch ich werde beständig darauf warten, daß deine Energien nachlassen. Nur wenigen Menschen gelingt es, den heldenhaften Lebensstil absoluter Verantwortlichkeit durchzuhalten. Ich bezweifle, daß du diesem hohen Ideal treu bleiben kannst. Wir diskutieren ohnehin sehr theoretisch, denn im Moment bist du noch intensiv in das Zwiegespräch mit mir vertieft. Sobald der Zeitpunkt gekommen ist, sobald du dich von Liebe, Kreativität oder auch nur Arbeit faszinieren läßt, werde ich dich verlassen. Für den Moment bleiben wir widerwillige Freunde.

S. K.: Ich nehme deine Schlußfolgerung mit Bedauern zur Kenntnis. Dennoch kann ich nicht verhehlen, daß du mich zu langweilen beginnst. Vielleicht werde ich schon morgen weniger reden, und übermorgen gar nicht mehr.

Angst: Warten wir es ab.

10. Oktober 1968. Dialog mit meinem Beobachter

S. K.: Warum beobachtest du mich ständig? Warum läßt du mich keinen Moment lang aus den Augen? Dir entgeht nichts, was ich mache. Immer dann, wenn durch spontanes Handeln Freude in mir aufkommen könnte, bist du da mit deinem kühl analysierenden Blick, wägst ab, bewertest, urteilst, kommentierst. Du machst mich unsicher, nimmst mir meine Integrität.

Beobachter: Du protestierst zuviel. *Specto ergo sum.* Gerade weil ich dich im Auge behalte, weißt du, daß du existierst. Ich halte dich davon ab, in unreflektierter Spontanität unterzugehen. Ohne meine Anwesenheit würde dir jedes Bewußtsein für Zeit und Raum fehlen. Du hättest keine Kenntnis davon, daß du bist. Könntest du dir eine solche Art tierischer Unmittelbarkeit wirklich wünschen? Ich bezweifle, daß du die Kompliziertheit menschlichen Selbstbewußtseins gegen die Schlichtheit eintauschen möchtest, nach der du vorgeblich verlangst. Ich verursache dir vielleicht Pein, aber ich bin auch die Quelle deiner Vielfalt und deiner Ekstase.

S. K.: Deine Behauptungen sind einfach pompös, und du kaschierst das Leid, das du mir zufügst, mit hochtönenden Worten. Was du beispielsweise Vielfalt nennst, ist eine sehr höfliche Bezeichnung für Schizophrenie. Ich bin es einfach leid, zwei, drei oder vier Personen zu sein. Ich glaube nicht, daß diese Heimatlosigkeit, diese Dualität der Preis ist, den ich notwendigerweise für mein Menschsein zu zahlen habe. Ist es denn wirklich unmöglich, eins zu sein, vereint, ein Ganzes? Bin ich nicht auch ohne Selbstbewußtsein handlungsfähig?

Beobachter: Du tust mir unrecht. Schizophrenie darf weder im psychischen noch im geistigen Sinn mit nachdenklichem Selbstbewußtsein verwechselt werden. Wenn es dir unmöglich wäre, nachdenkliche Distanz zu deinen Handlungen zu gewinnen, wärst du ein Objekt und keine Person. Was du als peinigend empfindest, ist nicht mein Beobachten, sondern der Blick, den du in meinen Augen zu entdecken glaubst. Du hältst meinen Blick für streng und abschätzend. Hättest du auch dann Einwände, wenn du meinen Blick für wohlwollender halten könntest, wenn ich dir mehr Beifall spendete?

S. K.: Ich bin mir nicht sicher. Wenn ich mich weniger als Verbrecher im Scheinwerferlicht oder als Schüler vor der Zeugnisvergabe fühlen würde, wenn ich mir weniger klein und minderwertig vorkommen würde, wären meine Proteste vielleicht weniger heftig. Aber vermutlich würde ich deine Anwesenheit auch dann noch ablehnen, wenn dein Blick freundlicher wäre. Das Ideal Spontanität ist äußerst anziehend.

Beobachter: Vielleicht ist das, was du Spontanität nennst, lediglich eine Art von zwanghaftem Handeln. Wenn du mich nicht mehr hättest, würdest du unter Umständen feststellen, daß du ein Gefangener dir unbewußter Kräfte bist, die sich auf dein allgemeines Wohlbefinden zerstörerisch auswirken könnten.

S. K.: Ich glaube daran, daß dem Menschen spontanes und kluges Handeln zugetraut werden kann.

Beobachter: Du bist hoffnungslos romantisch und sehr naiv. Dabei weißt du doch genug von den Kräften der Libido und den Erfordernissen der Gesellschaft, um dir darüber klar zu sein, daß reine animalische Spontanität die Umgebung zerstört, die die Befriedigung tierischer Bedürfnisse ermöglicht. Du brauchst meine Aufsicht und meine weise Anleitung. Ich sorge dafür, daß ungebremste Vitalität nicht das Wesen zerstört, das Id nicht das Ego, daß die Gegenwart nicht gegen Vergangenheit und Zukunft verstößt. Ich wache mit freundlichen Absichten über dich und möchte sicherstellen, daß du während deiner gesamten Lebensspanne möglichst umfassende Erfahrungen machst.

S. K.: Deine freundlichen Absichten widersprechen aber allzu oft meinen Instinkten und den Bedürfnissen meines Körpers. Müssen wir denn Gegner sein? Gibt es für dich keine Möglichkeit, über mich zu wachen und mich anzuleiten, ohne mich meinem Ich zu entfremden?

Beobachter: Wenn du mutig genug wärst, könntest du die Ursprünge der Abneigung, der Kritik und der Forderungen entdecken, die du in meinem Blick widergespiegelt glaubst. Vor wessen Blicken fühlst du dich klein, unzulänglich, schuldig, beschämt? Wenn es dir gelänge, die Projektionen von meinem Gesicht zu entfernen, würdest du vielleicht herausfinden, daß nachdenkliches Selbstbewußtsein die konkreteste Form der Eigenliebe ist. Ich trage für deine Ganzheit Sorge. Deshalb kann ich nicht zulassen, daß du dich dem Augenblick unterwirfst.

21. Oktober 1968. Dialog mit dem Unwillen

S. K.: Es hat lange gedauert, bis ich mitbekommen habe, daß du mir auf den Fersen folgst. Wie ein Dieb, der von Baumstamm zu Baumstamm hastet, versteckst du dich hinter anderen Emotionen, bis der Zeitpunkt zum Zuschlagen gekommen ist. Jetzt nenne ich dich bei deinem Namen: Haß, Wut, Ressentiments, Unwillen. Komm her, zeig dich endlich.

(Keine Antwort.)

Unwillen, ich weiß, daß du da bist. Erst heute früh war ich nahe daran, Heather und die Kinder völlig grundlos anzuschreien. Ich spürte deine Anwesenheit auch in der Art und Weise, in der ich mich mit Schuldgefühlen bestraft habe. Und ich weiß, wie oft ich mir einen Feind erschaffe, um in ihm eine Zielscheibe für meine allgemeine Verärgerung zu haben. Also verteidige dich.

Unwillen: Verdammt nochmal, ich komme ja schon. Ja, ich bin hier — und das bereits seit langem. Es ist höchste Zeit, daß du mir endlich die hohe Ehre der diplomatischen Anerkennung zuteil werden läßt. Überaus großzügig von dir. Ich begann schon anzunehmen, du würdest dein ganzes Leben lang ein braver Junge bleiben, ein ›Christ‹ und Gentleman, der meine Existenz leugnet. Ich war schon zu lange das Rotchina deiner Seele — geächtet, ignoriert und verflucht. Und jetzt hast du die Frechheit so zu tun, als wärst du darüber überrascht, daß ich mich verstecken muß und nur in den Augenblicken auftauchen kann, die du für ›unpassend‹ hältst. Wie zum

Teufel sollte ich in anderen Momenten wohl auftauchen können?

S. K.: Mußt du denn so gewöhnlich sein? Ich habe bereits eingeräumt, daß ich dir die rechtmäßige Anerkennung verweigert habe. Bist du nicht in der Lage, deine Sache ruhig und gesittet zu vertreten?

Unwillen: Du bist mir vielleicht ein empfindsamer Gentleman! Da rufst du mich, bekommst es dann aber bei der geringsten Andeutung von Gewalt, selbst verbaler Gewalt, mit der Angst zu tun. Wovor fürchtest du dich? Wer wird mich deiner Meinung nach hören? Gott oder der Teufel? Entweder du nimmst mich so, wie ich bin, mit meiner Gewöhnlichkeit, meinen Ecken und Kanten, oder du läßt mich in Ruhe, und ich finde meine eigenen Wege zu erscheinen.

S. K.: Gut, ich werde versuchen, dich so zu nehmen, wie du nun einmal bist. Könntest du mir zunächst etwas über deine Ursprünge und deine Absichten erzählen?

Unwillen: Ich würde gern deutlich und abgeklärt antworten, aber das ist mir nicht möglich. Ich bin so lange verleugnet worden, daß ich mir über mich selbst nicht klar bin. Ich weiß nicht, woher ich komme oder was mich befriedigen würde. Ich möchte auf dich und andere Menschen einschlagen (besonders auf die, die dir etwas bedeuten), um mich für all die Jahre zu rächen, in denen du mich ignoriert hast.

S. K.: Ich habe meine Torheit und mein Bedauern darüber, deine Anwesenheit leugnen zu wollen, bereits zum Ausdruck gebracht. Laß uns endlich mit den Beschuldigungen aufhören und ein vernünftiges Gespräch beginnen.

Unwillen: Ich will mich bemühen. Laß mich zum Anfang zurückkehren. Es war keineswegs ausschließlich deine Schuld, daß mir ein legitimer Platz in deinem Leben verweigert wurde. Eines der Probleme eines christlichen Umfelds besteht darin, daß es Aggression und Zorn als Schande betrachtet. Erinnerst du dich beispielsweise daran, wie oft du mit deinem größeren Bruder aneinander geraten bist und dabei regelmäßig Prügel bezogen hast? Du hast dich vor mir gefürchtet. Deshalb mußtest du unterliegen. Was wäre geschehen, wenn du einen gesunden Zorn auf deinen Bruder entwickelt hättest? Der Ethik des Neuen Testaments zufolge ist Zorn gleichbedeutend mit Mord. Erinnerst du dich auch an die herrliche Zeit, als dir einer deiner älteren Freunde zu Hilfe kam und deinen Bruder verprügelte? Danach hast du dich geschämt, ein Verbündeter des Siegers zu sein und kein Opfer. Es ist besser, zu leiden als aufzubegehren, scheint die Lebenseinstellung zu sein, die von der konservativen Religion vertreten wird. Das Ideal der Liebe stellt den Zorn in Frage. Halte die andere Wange hin. Sei sanftmütig und duldsam.

S. K.: Nun, was wäre an Sanftmut auszusetzen? Sie ist mit Sicherheit lohnender als Ressentiments, Wut, Zorn, Kämpfen und Töten.

Unwillen: Moment mal! Jetzt ziehst du den mehr als voreiligen Schluß, daß ich Menschen entweder dazu bringe, dauerhafte Ressentiments zu hegen oder einen Mord zu begehen. Das ist eine verlogene Unterstellung, die du nur vorbringst, um mit mir nichts zu tun haben zu müssen. Ich kann mich durchaus beherrschen. Sobald mir die gebührende Anerkennung nicht verweigert wird, bin ich eine sehr vernünftige Empfindung. Ich kann zwischen angebrachtem und unangebrachtem Aufbegehren unterscheiden. Hast du eigentlich jemals darüber nachgedacht, wie wertvoll ich für dich bin?

S. K.: In welcher Hinsicht?

Unwillen: Ich garantiere deine Sicherheit, indem ich dafür sorge, daß dir in Situationen der Gefahr alle deine Energien zur Verfügung stehen. Ich helfe dir dabei, die Feinde zu erkennen, die dein Wohlergehen bedrohen. Ich verteidige die Grenzen des physischen, psychischen, ökonomischen und sozialen Raums, den du zum Überleben brauchst. Und ich möchte doch sagen, daß ich deinem Leben ebensoviel Würze gebe wie die von dir so idealisierte Liebe. Ich schütze den Menschen davor, von einem anderen einfach geschluckt zu werden, und das bewahrt die Dualität, die für die Liebe notwendig ist. Falls du bezweifelst, daß ich ein Gefährte der Liebe bin, dann erinnere dich an die Ekstase der Versöhnung, die auf das Kämpfen folgt. Mit einem sauber ausgetragenen Streit betonen Liebende die Integrität ihrer Eigenständigkeit und können wieder aufeinander zugehen, ohne befürchten zu müssen, daß der Eigenwille durch die Liebe beschädigt wird. Wer nicht kämpft, kann auch nicht lieben.

S. K.: Ich stimme dir zu. Vermutlich stelle ich mir jetzt die Frage, wie ich mich dazu bringe, mehr zu lieben und weniger zu kämpfen. Ich möchte ausdrücklich betonen, daß ich nicht die Absicht habe, dir die Anerkennung zu verweigern. Aber du bist ein ziemlich nervenaufreibender Freund. Ich würde dich gern seltener sehen und wirklich nur aus gegebenen Anlässen.

Unwillen: Wahrscheinlich ist das das Beste, was wir in diesem Gespräch erreichen können. Wenn du meinem Kommen und Gehen gegenüber aufmerksamer bist, werde ich mich darum bemühen, ein anständigerer und höflicherer Gast zu sein.

16. November 1968. Reflexionen über eine Grenzstadt

Tijuana. Jenseits der Grenze. Ein bißchen schäbig und abgerissen. Jenseits der industriellen Revolution. Dionysos geht in Lumpen, die Ekstase ist auf den Hund gekommen. Nichts ist sauber oder instandgesetzt. Preise ändern sich laufend. Straßen beginnen und enden willkürlich, ohne Sinn. Zeit wird nicht in logischen Einheiten gemessen. Morgen ist früh genug, sich um die Erfordernisse von gestern zu kümmern.

Niemand hat Interesse an Tijuana. Die Maschinen sind verbeult, die Straßen von Schlaglöchern zerfressen, die Luft verpestet. Abfall im Rinnstein. Schönheit wird erniedrigt. Und da ist das Laster. Die Stadt wirkt wie eine verbrauchte Hure, wie die Handelsniederlassung einer Plastikschöpfung.

Gleich neben der Hauptstraße Armut. Arm ist arm, daran ist nichts beseligendes. An einer Maschine, einem Gebäude kann Kargheit schön sein. Beschränkung auf die Funktion, der Verzicht auf Überflüssiges macht Schlichtheit zu einer Zierde. Doch ein auf das Notwendige reduziertes Leben ist kein Spaß. Armut macht Schönheit zum Luxus. Die Maschine, der harmonische Körper eines Sportlers, der Geist eines reifen Menschen sind prägnant, alles Überflüssigen entkleidet. Fett und Fehlernährung gehen Hand in Hand.

28. November 1968

Gott, sehne ich mich nach Tollheit!
Ich möchte zittern,
erschüttert werden,
mich den Vibrationen hingeben,
dem Rhythmus von Musik und Meer erliegen,
dem Wechsel von Ebbe und Flut,
der Brandung der Liebe.

Ich bin es leid, nüchtern zu sein,
ausgeglichen,
beherrscht,
verschlossen gegen das Eindringen des Neuen,
gewappnet gegen Zärtlichkeit,
voller Scheu vor der Sanftmut.
Ich bin es leid,
meine Welt zu lenken,
zu machen,
zu tun,
zu formen.

Anspannung ist versklavte Ekstase.
Die verkrampften Muskeln verhindern das Zittern.
Die verzogenen Nerven verhindern Vertrauen, Hoffnung, Entspannung.

Hingabe,
dem Unwillkürlichen nachgeben ist:
Tollheit (Idioten zittern),
Ekstase (was bin ich, wenn ich außer mir bin?),
Seligkeit (Liebe ist Begegnung und Trennung),
Anmut (mit dem ganzen Geist tanzen).

Hingabe,
dem Unwillkürlichen nachgeben ist:
Geistesverwirrung (welche Stimmen sind meine?),
Schrecken (wer bin ich?),
Folter (Fremde kämpfen in meinem Hirn),
Besessensein (von einem Gott, einem Dämon oder beidem).

Was?
Tollheit oder Geistesverwirrung?
Beben oder sich ängstigen?
Enthusiasmus oder Besessenheit?
Der Pfad zur richtigen Tollheit ist schmal.
Achte darauf, nicht an den falschen Stellen zu erzittern!
Die Dämonen geben sich oft als Götter.
Und umgekehrt.

Hingabe ist ein Risiko, das kein vernünftiger Mensch eingehen kann. Vernunft, die sich nie ergibt, ist eine Last, die kein Mensch tragen kann.

Gott, gib mir Tollheit,
die nicht zerstört,
Weisheit,
Verantwortlichkeit,
Liebe.

29. November 1968. Für Alexis Zorbas in Liebe

Zorbas, ich denke an dich. Ich verfluche und liebe dich, weil ich bin, was ich bin. Du hältst mir einen Spiegel vor mein mitunter zu ernstes Gesicht. Wie der Boss denke ich zuviel. Doch oft ist das Tanzen in meinem Kopf, Ideen tollen herum. Manchmal ist mein Körper in Bewegung. Und doch bin ich ein bedachtsamer Mensch, denke an den nächsten Tag. Ich weiß nicht, wie man fürsorglich sein kann, ohne vorsichtig zu sein, ohne der »ganzen Katastrophe« der Verwurzelung in einem Beruf und einer Familie treu zu bleiben.

Aber ich sehne mich danach, dem Zigeuner in mir seinen Willen zu lassen. Der will mit leichtem Gepäck durch die Welt streifen, möchte kosten, schmecken und probieren. Es gibt so viele Leben, die ich leben, so viele Möglichkeiten, die ich erkunden möchte. In mir schläft Zorbas' Sorge, keine einsame Frau ohne Trost zu lassen. Hier bin ich, Herr — gib mir Camus' Passion, das Leid der Unschuldigen zu verringern, Hemingways Elan, glanzvoll zu leben und zu schreiben, und das unheroische Verlangen, jeden Tag mit Gelassenheit und einer gemeinsamen Tasse Tee enden zu lassen.

Ich bin so viele, und doch darf ich nur einer sein. Ich trauere um all die Ichs, die ich töte, wenn ich beschließe, nur ein Einziger zu sein. Entscheidung ist Abschneiden, Kastration. Ich gehe einen Weg, nur um auf viele andere zu verzichten. Die wirkliche Existenz ist tragisch, aber die phantastische Existenz (die Entscheidungen und Beschränkungen ausweicht) ist erbärmlich. Der Mensch kann zwischen Tragik und Erbärmlichkeit wählen, zwischen Ödipus und Willy Loman. So wende ich kleinen Orten den Rücken, die ich nie sehen werde, fremden Körpern, die ich nicht berühren werde, Leiden, die ich nicht heilen werde, und entscheide mich, ein Ehemann zu sein, ein Vater, ein Entdecker von Ideen und möglichen Lebensformen. Vielleicht wird Zorbas mich nicht ganz verlassen. Ohne Tanz würde ich nicht gern leben, ohne unbekannte Straßen, die zu erkunden sind, ohne die Zuversicht, daß mein Handeln für andere hilfreich ist.

30. November 1968. Schon wieder Angst

Meine alte Angst hat mir gestern abend ihren monatlichen Besuch abgestattet. Sie kommt weniger häufig als früher, und ich habe mich an ihr schreckliches Gesicht gewöhnt. Aber ich zittere noch immer, verspanne mich in Kopf und Brust, als wollte ich mein Haus gegen die Gefahr absichern, in der Hoffnung, daß sie mich verschont. Doch die Angst wird von Verspannung angezogen wie ein Geier von der Verwesung.

Nachdem es sich die Angst in meinem Wohnzimmer gemütlich gemacht hatte, fragte ich mich besorgt, wie lange der Besuch wohl dauern würde. Dann beschloß ich, die Initiative zu ergreifen, mich der Angst zu ergeben und tief in ihr Inneres einzudringen, um ihr Geheimnis zu erforschen. Ich stellte mir eine Tür in einer Mauer vor, auf der ›Angst‹ stand. Ich öffnete die Tür und trat in die dahinterliegende Finsternis. Das Dunkel war absolut, ein feuchtes, beklemmendes Gewölbe. Ich überließ mich der pulsierenden Finsternis und allmählich wurde der Rhythmus deutlich. Die Nacht war von Weinen erfüllt. Ich rang nach Atem, da mich jedes Schluchzen erschütterte. Als das Leid der Welt mit jedem Schluchzen tiefer in mich eindrang, erreichte ich den Boden der Dunkelheit. Der Ursprung der Angst, die Wurzel des Schreckens ist die Verlassenheit. Ich war allein in der abweisenden, grenzenlosen Finsternis, nackt und hilflos in der Leere. Mein Innerstes geriet durcheinander, wirbelte herum, kam allmählich zur Ruhe. Die Anspannung begann nachzulassen. Ich ging durch die Dunkelheit wieder hinauf und durch die Tür in der Mauer hinaus.

In meinem Wohnzimmer saß noch immer die Angst, aber ihr Gesichtsausdruck begann sich zu verändern. Als ich erkannte, daß die Säure des Schreckens nicht stark genug war, um meine Kraft zu zersetzen, ging die Angst in Einsamkeit über. Ich fühlte mich, als würde ich auf einem Floß viertausend Meilen weit über das Meer treiben. Aber meine Einsamkeit war rein und stark. Ihr Ursprung lag in dem grundsätzlichen Alleinsein, dem ich ausgesetzt bin, wenn ich die Last meiner Entscheidungen tragen muß, ohne zu einer äußeren Autorität Zuflucht nehmen zu können. Es will mir scheinen, daß Einsamkeit erträglich ist, wenn sie nicht mit Verlassenheit und Hilflosigkeit verbunden ist. Wenn ich allein bin, kann ich meine Hand nach anderen ausstrecken, Brücken bauen, Zärtlichkeit riskieren, Bedürfnisse eingestehen. Selbst wenn ich nie jene vollkommene Liebe lernen sollte, die angeblich die Angst auslöscht, könnte ich doch genügend entdecken, um ihren regelmäßigen Besuchen zu widerstehen.

30. November 1968. Schwüre

Was bedeutet es, einen Schwur abzulegen? Marcel zeigt, wie die Ethik von Spontanität und flüchtiger Aufrichtigkeit zur Zerstörung von Identität führt, und daß nur Treue unsere Zeit zusammenhält. Ich glaube jedoch, daß er die Beschränkung des Empfindens nicht ausreichend bedacht hat, zu der es beim Ablegen eines Schwurs kommen kann. Wenn ich einen Schwur leiste, verpflichte ich mich. Ich setze möglichen künftigen Gefühlen und Einstellungen bestimmte Grenzen. Ich überantworte meine Zukunft einem Menschen oder einem Anliegen — ohne Rücksicht darauf, wie ich später einmal fühlen könnte. Ist das Weisheit oder Torheit?

Ohne einen Schwur kann sich keine intensive Hingabe, kein tiefes Vertrauen, keine enge Beziehung entwickeln. Dennoch muß ich mich beim Ablegen eines Schwurs mitunter zwingen, auf eine Art und Weise zu handeln, die meinen augenblicklichen Empfindungen widerspricht. Der Schwur sexueller Treue in der Ehe ist das deutlichste Beispiel. Dagegen ist Loyalität gegenüber einer Institution schon weniger eindeutig. Selbst in einer Ehe kann ein Schwur der Vorwand für gegenseitige Besitzansprüche der Partner werden. Nicht die Einhaltung eines Schwurs bewirkt Erfüllung zwischen zwei Menschen, sondern *eros*. Ich werde nur dann geliebt, wenn ich ersehnt werde, wenn ich Freude errege, wenn ich den anderen spontan begeistere. *Agape* kann entmenschlichend sein. Wem nützt das? Aber

Begeisterung kommt und geht. Sie mischt sich mit Unwillen, Gleichgültigkeit, Langeweile, Eifersucht, Mitleid, Schmerz. Und wie soll man entscheiden, ob eine Beziehung ausreichend Begeisterung enthält, um ihre Fortsetzung zu rechtfertigen. Wenn die Beziehung beständig ungewiß ist, auf dem Prüfstand steht, sind die Betroffenen allzu bemüht, einander Versicherungen abzugeben, als daß sich Begeisterung entwickeln könnte. Offenbar gedeiht Begeisterung am besten in einer Atmosphäre des Vertrauens, der Verbindlichkeit und der Gelassenheit; das heißt, in einem Klima, das nur durch einen Schwur geschaffen werden kann. Trifft es also zu, daß die intensivste Zärtlichkeit, die größte Ekstase nur dann entstehen kann, wenn ein Eid abgegeben wurde? Kann Intensität in einer Beziehung nur um den Preis der Großzügigkeit erlangt werden? Wenn das so ist, dann erfordern die Emotionen, die das erfüllteste Leben bewirken, den Verzicht, aus einem momentanen Verlangen heraus zu handeln. Es scheint so, als müßten wir die Gefühle, die wir hegen und pflegen, sorgsam auswählen, vielleicht selbst jene, die wir uns gestatten.

Einen Schwur zu leisten, ist ein kolossales Risiko. Ebenso der Verzicht auf einen Schwur. Wir müssen uns entscheiden, in welchen Bereichen wir uns zu erheben gestatten. Wir müssen entscheiden, welchen Göttern wir gestatten, geboren zu werden. Das ist die Last und die Freude menschlicher Freiheit.

1. Dezember 1968. Unbehagen, Gnade und philosophisches Denken

Zu schreiben ist heute mühsam. Das Unbehagen der letzten Tage ist vergangen. Ich bin wieder voll da. Sorgen und Angst sind nur noch Besucher, an die man sich erinnert. Heute früh habe ich hart gearbeitet; mit der Flut kam ein Strom von Ideen. Ich habe sie eiligst niedergeschrieben, bevor sie davongespült werden konnten. Manche leitete ich in hastig gestaute Teiche, damit sie in Zeiten der Trockenheit Wasser spenden. Es liegt eine Gefahr im Schreiben eines Tagebuchs, das leicht zu einem Bericht ausschließlich von Problemen und Unbehagen werden kann. In meinen begnadeteren Momenten kommt es mir gar nicht in den Sinn, meine Situation mir selbst oder anderen gegenüber darzustellen. Ich bin einfach der, der ich bin, ohne jede Selbstbewußtheit, die nach einem anderswo sucht. Wäre ich mit mir absolut einverstanden, würde ich vielleicht gar nicht schreiben. Ich denke jetzt an meinen alten Traum, Rancher zu sein. Vielleicht in dem Neuen Jerusalem, in dem es keine Kirche geben wird, keine Regierung, keine Künstler, keine Theologen oder Philosophen. Ich könnte durchaus ein begnadeter Rancher sein. Inzwischen ist das Philosophieren sowohl mein Unbehagen als auch mein Heilmittel.

Es gibt schlimmere Lösungen.

7. Dezember 1968. Serendipität

In das Wort Serendipität habe ich mich verliebt, noch bevor ich wußte, was es bedeutet. Als ich es vor Jahren zum ersten Mal hörte, habe ich es mir auf der Zunge zergehen lassen und über seinen Klang gelächelt. Irgendwie bin ich nie dazu gekommen, die eigentliche Bedeutung zu erkunden. Vor zwei Wochen hat jemand das Wort in meiner Gegenwart benutzt. Ich sprach ihn an und bat ihn um eine Erläuterung. Doch der Mann kannte die Bedeutung nicht. Da beschloß ich, genauere Nachforschungen anzustellen. Dem Wort und mir war bestimmt, zueinander zu kommen.

Serendipität: »Die Begabung, wertvolle oder angenehme Dinge zu finden, nach denen man nicht gesucht hat«. Ich blickte von dem Lexikon auf mein T-Shirt, das ich in der Woche zuvor auf dem Highway gefunden hatte, und wußte, daß ich das Wort gefunden hatte, das meinen Lebensstil und meine Einstellung repräsentiert. (Wie eigenartig, daß ich *Apology for Wonder* beenden konnte, ohne das Wort Serendipität zu entdecken.) Ich war stets ein Finder wertvoller Dinge, die von anderen verloren, aufgegeben oder abgelehnt worden waren. Einige meiner liebsten Kleidungsstücke habe ich vor der Heilsarmee gerettet. Wenn ich nach New York komme, suche ich noch vor den Kulturzentren zunächst die Secondhand-Shops auf. Und der glänzendste Ort in Boston ist nicht Beacon Hill sondern Filene's basement. Auf meinem Weg zur Arbeit muß ich in der Nähe eines Golfplatzes eine Wiese überqueren, und verschlagene Golfbälle, die sich im hohen Gras versteckt hatten, kriechen mir unter die Füße, um von mir gefunden zu werden. (Ich habe festgestellt, daß ich fünfzig Prozent weniger Golfbälle finde, wenn ich konzentriert suche.) Ich könnte die Geschichte meiner Fundstücke beliebig fortsetzen: Perlen im Shellpot Creek, Geld auf den Straßen und so weiter.

Ich bin davon überzeugt, daß eine Lebensform alle Gefühle, Handlungen und Hoffnungen beeinflußt.

Mein Lebensstil als Philosoph und Theologe ist ebenfalls serendipisch. Ich war schon immer mehr an den begnadeten Dimensionen des Gewöhnlichen interessiert als an jenen angeblich entscheidenden Ereignissen, auf die sich die christliche Orthodoxie konzentriert. Ich finde mehr Gefallen am Gespräch als am Heiligen Wort, begeistere mich mehr für die Geschichte meiner Familie als für die Israels, mehr für das kühle Blau des Meeres und die Wärme der Haut als für Gottesdienste. Wenn ich das emsige Streben und Trachten aufgebe, entdecke ich immer wieder überrascht, wieviel Sinn, Vollkommenheit, fast strahlender Glanz von gewöhnlichen Dingen und Handlungen ausgeht. Wenn die Suche nach dem Seelenheil abgetan ist, kann eine Tasse Tee mit meiner Frau bei Sonnenuntergang gnädiger sein als alles, was ich mir vorstellen kann. Die Gnade überrascht mich an bescheidenen und versteckten Orten.

8. Dezember 1968. Beten

Beten — ein strittiges, peinliches und vernachlässigtes Problem.

Für den säkularen Menschen, der davon ausgeht, daß die Grenzen menschlichen Wissens bekannt sind, ist das Thema Gebet bedeutungslos. Selbst wenn es einen Gott gäbe, könnten wir nichts über ihn wissen, und es wäre töricht und pietätlos, sich mit Petitionen und Dankadressen an ihn zu wenden. Das Gebet kann nichts anderes sein, als eine infantile, passive Art, das menschliche Bedürfnis nach einer personalen Ordnung auf den leeren Himmel einer rücksichtslosen und unpersönlichen Welt zu projizieren. Im besten Fall ist es ein irreführender innerlicher Dialog, der mittels Autosuggestion eine Illusion schafft, die nur einen gewissen therapeutischen Wert für jene besitzt, die diese ideologischen Krücken nötig haben.

Selbst für den Menschen, der sich Reste religiöser Orientierung bewahrt hat, bleibt das Beten ein Problem. Es scheint ein psychisches Bedürfnis zu sein, sich an Gott zu wenden, das jedoch theologisch völlig überflüssig ist. Wenn Gott Gott ist, dann braucht er mit Sicherheit nicht an die Bedürfnisse und Nöte seiner Geschöpfe erinnert zu werden. Für die meisten Menschen ist es ohnehin schwer vorstellbar, daß das Gebet eine isomorphe Kommunikation zwischen dem Gläubigen und Gott ist (nach dem Muster eines Telephongesprächs).

Dazu kann ich nur ein paar Feststellungen mitteilen.

Wenn ich mich zum Beten entschließe (was selten vorkommt), dann empfinde ich ganz anders, als wenn ich mit mir selbst spreche. Das Gefühl des innerlichen Dialogs ist mir vertraut. Wenn ich bete, habe ich jedoch das Gefühl, daß meine Worte zu dem unbekannten Mysterium dringen, das meiner Zuversicht nach in einem fürsorglichen Zusammenhang mit meinem Dasein steht. Es ist keine Person, mit der ich kommuniziere. Es gibt keine Antwort.

Gelegentlich habe ich das Bedürfnis, meine Sehnsüchte, meinen Kummer, meine Freude und meine Sorgen in Worte zu fassen und sie dem unbekannten Ursprung meiner Existenz nahezubringen. Was wäre dagegen einzuwenden? Ich nutze Phantasie, Imagination und Personifizierung ohne alle Bedenken in jedem anderen Bereich meines Lebens. Ich schreibe Zwiegespräche mit der Angst, der Ekstase, mit meinen Körperteilen und mit Steinen. Ich schlüpfe in meine

Traumsymbole, ›werde‹ ein elektrischer Ofen, eine Treppe in einem alten Haus und was auch immer. Ich unterhalte mich mit meinem Vater, der nicht mehr lebt, und ich rede mit einem Kind namens Sammy, das in mir noch immer lebendig ist. Was wäre das Gebet anderes als eine Dramatisierung meiner wesentlichen Emotionen mit Hilfe der ergiebigsten Metaphern, die ich entdecken kann?

Das Gebet ist eine personifizierte Projektion. Was könnte es sonst sein? Wir Betenden sind Menschen, und wir können mit dem Unbekannten nur in einer Sprache reden, die dem Bekannten entlehnt ist. Kein wahrhaft religiöser Mensch glaubt, es gäbe irgendeine direkte Beziehung zwischen seinen Worten, Vorstellungen oder Symbolen und der Letzten Wahrheit, der sie nahegebracht werden. Ich erinnere mich, daß Tillich sagte, ›Gott‹ sei ein Symbol für Gott.

Daher scheint die eigentliche Frage zu sein: Aus welchem Grund sollten wir das Gebet als peinliche Ausnahme von der Regel empfinden, daß Imagination, Phantasie, Personifizierung, Analogie und Dramatisierung wertvolle Methoden für eine kreative Einordnung unseres Ich in der Welt sind?

1. Januar 1969. Prometheus und Jesus

Etwas Eigenartiges und Neues macht sich in mir bemerkbar, dringt aus der Dunkelheit des Unbewußten herauf. Beim Hören des *Messias* kann ich einen kurzen Blick darauf erhaschen, wenn ich von einer Vollständigkeit ergriffen bin, von einem erschütternden und triumphierenden Drama, das mich irgendwie erweitert und mit neuer Energie erfüllt. Ich spüre es auch, wenn ich mich dazu aufraffe, das Markus-Evangelium zu lesen – vielleicht zum ersten Mal nicht als theologisches Dokument, sondern als pralle menschliche Geschichte. Fünfzehn Jahre theologischer, philosophischer und historischer Analyse des Neuen Testaments haben mir keine vertretbaren Kategorien geliefert, um Jesus begreifen zu können. In Ermangelung derartiger Mechanismen neigte ich dazu, vor der Macht und dem Mysterium der Geschichte zurückzuschrecken. Jetzt entdecke ich eine neue Offenheit, um die Freundschaft mit einem Mann zu erneuern, der mich einst bitter dadurch enttäuschte, weder der Gott noch der Heiland zu sein, für den ich ihn in meiner vertrauensvollen Naivität gehalten hatte.

Vielleicht haben meine Bemühungen, die durch Jesus verkörperte Lebensform verstehen zu wollen, etwas mit meiner Desillusionierung durch Prometheus zu tun. In einem Essay über Prometheus spricht Thomas Merton in *Raids on the Unspeakable* etwas an, was ich erst kürzlich verstanden habe. Prometheus, **das** Modell ›modernen‹ Bewußtseins, verewigt sein Aufbegehren, seine Entfremdung und seine Schuld durch die Annahme, das für das menschliche Leben notwendige Feuer müsse den eifersüchtigen Göttern gestohlen werden. So wird er zum Dieb, der wegen des Verbrechens, gegen die repressive Ordnung verstoßen zu haben, die von den olympischen Göttern errichtet wurde, in Schuld und Schande leben muß. Man lebt den prometheischen Mythos, wenn man Ängste als Zeichen von Mut wertet, den Zweifel als Zeichen der Aufrichtigkeit, wenn man in der Wildnis der Welt heimatlos bleibt. Der Preis derartiger Loyalität ist Entfremdung – man wird zum Feind des Ich, der Welt und der neidischen Götter. Die christlichen Mythen erzählen eine andere Geschichte (auch wenn im ersten Buch Moses Anklänge an den prometheischen Mythos spürbar sind). Gott hat den Menschen das Feuer, die Freiheit und die Entscheidungsfähigkeit gegeben. Gottes vordringliches Verlangen ist es, daß der Mensch sein Feuer bewahrt, daß er — so lange er lebt — seine Macht und den Strom der Liebe spürt, der ihn durchpulst. Daher hat ein Christ zu sagen: »Verflucht sei alles, was das Feuer löscht! Verflucht sei die Gier, die die Energien des Menschen verbraucht, um Imperien in Vietnam, der Tschechoslowakei, in Tibet und Guatemala zu schaffen! Verflucht seien alle steinernen Monumente, die auf den gepeinigten Körpern lebendiger Menschen errichtet wurden! Verflucht sei der Unrat (die Apathie, die Sattheit, die Unfähigkeit), der die Arterien des Lebens blockiert!« Der christliche Gott steht für ein heißes Herz, für das Feuer, für neues Leben, für die Auferstehung des Körpers. Unglückseligerweise verharren die meisten Kirchen im Hinblick auf den Körper und die Natur in einer gnostischen Haltung.

Vielleicht ist diese neue Bereitschaft, die menschliche Potenz und das heilige Mysterium im Leben Jesu zu erkennen, ein Zeichen für mein Bemühen, mein eigenes Feuer zu beanspruchen. Ich kehre zu dem lebensbestätigenden christlichen Mythos zurück. Ich mache mein Verlangen deutlich, aus dem Exil des Lebens in eine Welt zurückzukehren, die feindlich, befremdend und für den menschlichen Geist zersetzend ist. Auch wenn mir die Realität von Tragik und Tod immer bewußt sein mag, möchte ich dennoch diese weltliche Wildnis durchstreifen — im Vertrauen darauf, daß das Geheimnis, das mein Ursprung und meine Bestimmung ist, sich mit mir verbündet, um das Feuer am Leben zu erhalten.

1. Januar 1969. Der Mensch — schlecht oder unvollkommen?

Es besteht ein immenser theoretischer wie auch funktioneller Unterschied zwischen der Ansicht, der Mensch sei schlecht und bedürfe daher der Errettung, und der Meinung, er sei unvollkommen, unreif und schwach, und müsse daher nach Vervollkommnung streben. Wird die Situation des Menschen als ernst angesehen, kritisch, als eine Sache von Leben und Tod, dann ist eine radikale Therapie nicht nur angeraten sondern dringend vonnöten. Falls der Unterschied zwischen den besten und den schlechtesten Menschen jedoch eher ein gradueller als ein angeborener ist, wird die dem Leidenden verschriebene Therapie weniger radikal ausfallen. Das traditionelle Christentum, die Romantik, der Marxismus und die Hippies verweisen auf eine eklatante Diskontinuität zwischen dem Sünder und dem Erlösten, dem Verworfenen und dem Reinen, dem Ausbeuter und dem Ausgebeuteten, dem Spießer und dem Hippie. Jeder fordert eine Art von Radikaltherapie: Konversion, Wiedergeburt, ideologische Revolution, Befreiung durch Drogen, die Suche nach der Erleuchtung, der Schritt aus der Dunkelheit ins Licht. Tiefenpsychologie, humanistisches Wissen und der gesunde Menschenverstand betonen die unendlichen Grauschattierungen, die den Klugen, den Toren, den Reifen und den Unreifen voneinander unterscheiden. Sie kennen die Dunkelheit im Innersten der Aufgeklärten ebenso wie die Augenblicke von Klarheit und Güte, die selbst an den einfältigsten Menschen überraschen können. Weiterentwicklung, das Streben nach Vervollkommnung ist daher das Heilmittel, das sie den Menschen empfehlen — nicht Konversion.

15. Januar 1969. Der Amateurstatus von Philosophie und Theologie

Ein Theologe, der nicht Amateur bleiben kann, sollte den Beruf wechseln! Professionalismus hat die Berufung getötet: Gelehrte Menschen (ohne Biographie) führen miteinander blutlose Dialoge und plappern die Meinungen von Autoritäten nach, die durch Tradition oder kirchliche Volkstümlichkeit abgesegnet sind. Sie gehen nie das Risiko ein, aus der unsicheren Position ihrer persönlichen Lebenserfahrung heraus das Wort zu ergreifen.

Seit drei Tagen kocht mein Ärger vor sich hin. Die Redakteure einer seriösen theologischen Zeitschrift, die von einem Priesterseminar herausgegeben wird, das sich einen Block und hundert Jahre von einer Ivy-League-Universität entfernt befindet, weigern sich beharrlich, auch nur eine meiner Abhandlungen zu veröffentlichen. In dieser Woche haben sie »Nachdenken über einen Pfirsichkern-Affen« mit folgender Begründung zurückgeschickt:

»Im großen und ganzen bin ich der Meinung, daß Sam ganz gut schreiben kann. Sein Problem ist nicht an seinem Stil, sondern an zwei anderen Punkten festzumachen. Zunächst ist da sein Hang zur Schlaumeierei und seine Abneigung, unumwunden zur Sache zu kommen. Zweitens ist die Tatsache zu erwähnen, daß er keinen bestimmten Leserkreis im Auge hat. Ich denke, seine Schlaumeierei und Umständlichkeit brauche ich nicht zu dokumentieren. Sie werden beim Lesen der Abhandlung deutlich, sogar schon beim Titel. Es handelt sich um einen Werbekunstgriff von der Art, die vielleicht — wenn von gutem Geschmack — in einer Predigt ihren Platz haben mag, die meiner Ansicht nach aber ernsthafte theologische Leser verärgern muß.

Der andere Einwand hängt damit zusammen, ist jedoch subtiler. Einerseits zitiert Sam alle radikalen Theologen und etliche andere Leute so, als setze er voraus, daß seine Leser mit ihnen vollauf vertraut sind, doch wenn er zu seiner eigenen Botschaft kommt, wendet er sich auf eine Weise an seine Leser, als wären die nicht im Vollbesitz ihrer Urteilsfähigkeit. Mit anderen Worten: Indem er darauf verzichtet, den Leser eindeutig anzusprechen, der das Ziel seines Artikels ist, operiert er von zwei unterschiedlichen Diskussionsebenen, die die einen verärgern und die anderen verwirren muß.

Wenn es Sams Bestreben ist, diese Abhandlung einem größeren Leserkreis zugänglich zu machen, wird er meiner Meinung nach seine Neigung zügeln müssen, durch Zitieren beeindrucken zu wollen.

Es ist zutreffend, daß ich nicht allzu viel von seinen Schlußfolgerungen halte, aber meine Kommentare erfolgen ganz abgesehen von der Triftigkeit seiner Behauptungen.

Schließlich sind die der Abhandlung zugrundeliegenden gedanklichen Überlegungen in meinen Augen wenig überzeugend. Für mich ist es reichlich verfrüht, das Feld den extremen Theologen zu überlassen.«

Ganz abgesehen von meinem Unmut über die ständigen Ablehnungen steht ein ernsthaftes theologisches Thema auf dem Spiel. Was ist Theologie? Oder, um die Frage zweckmäßiger zu formulieren: Was hat die Phrase ›theologisch denken‹ (die zum Liebling der neuen Curriculumplaner an Priesterseminaren avanciert ist) zu bedeuten? Diese Frage ist noch immer unbeantwortet. Bis vor kurzer Zeit bedeutete ›theologisch denken‹

a) biblisch denken, b) traditionell denken und c) kirchlich denken. Sowohl Barth als auch Tillich pflichten der Tradition kirchlicher Theologie bei, die darauf beharrt, daß theologisches Denken im Kreise jener erfolgt, die sich zu Jesus Christus bekennen und unter dem Einfluß der Bibel und der Tradition der Kirche stehen. Theologie dieses Genres hat stets mit einer großen Anzahl von durch Offenbarungen beglaubigten ›Wahrheiten‹ zu tun, die weiter oder enger ausgelegt wurden. Daher war sie die klassische Methode, sich existentiellen und moralischen Problemen zu nähern. Fest auf dem Boden attestierter Wahrheiten stehend, brauchte der Theologe die Implikationen der Offenbarung nur auf die gegenwärtige Situation zu übertragen. Solange die Kategorie der Offenbarung aufrechterhalten wird, kann Theologie frontal angegangen werden, direkt, und braucht sich nicht mit den vertrackten Ergebnissen individueller Erfahrung auseinanderzusetzen.

Es ist **meine** Überzeugung (ich verzichte darauf, die Autorität des ›modernen Geistes‹ oder den ›empirischen Charakter des technologischen Menschen‹ zu zitieren), daß diese klassische, kirchliche und offenbarungsbezogene Theologie unangemessen ist, wenn nicht gar ausgesprochen gefährlich, weil sie die Frage von Autorität und Verantwortlichkeit aufwirft. In dem Maße, in dem ich meine Glaubensprinzipien von den Ansichten, Folgerungen und Bestimmungen irgendeiner äußerlichen Autorität abhängig mache, lebe ich das Leben eines anderen Menschen. Indem ich ein Vorbild für meine Lebensführung übernehme, das auf Empfehlung einer Autorität geschaffen wurde, verkaufe ich meine Seele für eine Rolle. Ich übernehme eine ›Persönlichkeit‹, verliere aber die Fähigkeit, mich menschlich dadurch weiter zu entwickeln, daß ich meine Erfahrungen ständig abschätze und bewerte. Das bleibt auch dann wahr, wenn das von mir übernommene Modell durch die Autorität meines Vaters, Richard Nixons, Johannes Calvins, Paulus' oder selbst meines geliebten Zorbas sanktioniert ist.

Daher will es mir scheinen (eine anfechtbare Behauptung), daß authentische Theologie »nicht unumwunden zur Sache kommen« kann. Sie ist notwendigerweise ein Zeugnis biographischer Erfahrung, über die nachgedacht wurde, und die dem öffentlichen Nachdenken überantwortet wird. Die Folgerungen werden häufig einseitig sein, voreilig und wenig beeindruckend für jene, die entsprechend den Maßstäben des herkömmlichen Systems urteilen. Für diejenigen, die an den Glanz des Schlosses gewöhnt sind, wird ein aus einheimischen Materialien gebauter Bungalow immer zu bescheiden sein, um Interesse erregen zu können. Für den Menschen, der sein Heim mit eigener Hand, ohne autorisierten Konstruktionsplan und paßgerecht zugeschnittene Hölzer erbaut, ist ein Bungalow stets ein Triumph. Ein Prinzip (wie die Idee des Versprechens in »Nachdenken über einen Pfirsichkern-Affen«) zu entdecken, das eigenständiges Handeln möglich macht, heißt, eine jener heiligen Gelegenheiten zu erkennen, bei denen man vor der Gewißheit der Heiligkeit des Lebens erbebt. Eine solche Entdeckung ist eine Leistung oder eine Gnade, die nicht geringgeschätzt werden sollte. Ich bin mir sicher, daß jeder Leser, dem die qualvolle Suche nach Prinzipien vertraut ist, dem Pfirsichkern-Affen eine gewisse Wertschätzung entgegenbringen wird. Der Leser, der mir vorschwebt, könnte auch ein professioneller Theologe sein, solange er ein Amateur des menschlichen Lebens ist, der sich seinen unverwechselbaren Weg durch die Wildnis mit ein paar Gefährten, aber ohne die offiziellen Kartenwerke sucht, die der kirchliche ADAC zur Verfügung stellt.

1. Februar 1969. Die praktische Bedeutung des Glaubens an Gott

Mit dem gesamten Ich »Es gibt Gott« zu sagen (oder zumindest mit der Mehrheit der Stimmen, die die Körperschaft ausmachen, die wir ›Person‹ nennen), ist praktisch gleichbedeutend mit der Bestätigung des Folgenden mit Leib und Seele:
1. Ich bin okay, so wie ich gegenwärtig bin — nicht so, wie ich war oder sein werde.
2. Ich brauche mich nicht her- oder wiederherzustellen.
3. Unvollkommenheit ist die Bedingung authentischen menschlichen Lebens.
4. Das Streben nach Vollkommenheit, Unsterblichkeit (das Vollkommene ist unveränderlich, daher unsterblich), Übereinstimmung mit der Vorstellung, wie ich sein sollte, ist Götzendienst, das Bemühen, das Zeitliche zu verewigen.
5. Endgültige Bedeutung, Sinn, Sicherheit, Wert und Würde meines Lebens werden nicht durch etwas bedingt, das ich tun, machen oder erreichen kann. Daher hat mein Handeln seinen Ursprung in meinem Sein, nicht in einem verzweifelten Bedürfnis, mich zu begründen. Ich bin bereits begründet, verwurzelt und verankert (Metaphern des Vertieftseins) in, sowie umgeben und umfaßt (Metaphern der Einbeziehung) von dem, das meine Integrität garantiert.
6. Ich bedarf keiner Erlösung oder radikaler Verän-

derung. Daher habe ich die Freiheit zu Veränderungen.
7. Authentisches Leben wird nicht vom Geist der Ernsthaftigkeit beherrscht. Es ist mutwillig, leicht und verspielt.

Alexis Zorbas hat recht. Es verlangt mehr als einen Hauch Tollheit, Derartiges im chronologisch-technologischen 20. Jahrhundert mit seinen verbohrten, leistungsorientierten Tatmenschen und Machern zu postulieren. Wir haben so viel erreicht, so vieles auf der Welt humaner gestaltet, das Leben leichter und sicherer gemacht. Doch dann gibt es Los Angeles — der logische Schluß (*telos* und *anus*) der Anstrengungen des *Homo faber*: ordentliche Unterteilungen, verbunden durch Freeways und vereint durch Luftverschmutzung.

Ich frage mich, ob es ein Naturgesetz des Lebens ist, daß wir mit unserem emsigen Bemühen, unsere (innere und äußere) Umwelt dem Gesetz des Starrsinns zu unterwerfen, alles beherrschen zu wollen, unausweichlich Gifte produzieren, die Leben zerstören?

3. Februar 1969. Ich und Wir, das Private und das Öffentliche, Einsamkeit und Transzendenz, Religion und Politik

Ich fange an, die ursprüngliche Verbindung zwischen dem religiösen Impuls und dem politischen Bewußtsein zu verstehen. »Religion ist das, was ein Mensch mit seiner Einsamkeit anfängt«, hat Whitehead gesagt. Je mehr ich mit meiner grundsätzlichen Einsamkeit in Berührung komme, desto bewußter wird mir die Notwendigkeit der Gemeinschaft. Die Gegensätzlichkeit von Ich und Wir ist nicht weniger ursprünglich als die von Ich und Sie oder die von Ich und Es, von denen Buber gesprochen hat. Wenn ich nicht über mich selbst hinausgehe und meine Identität als eine begreife, die von einem Wir umfangen wird, werde ich zunehmend ein Opfer von Illusionen, von Verzweiflung und Unfähigkeit.

Lassen Sie mich mit dem Thema Illusion beginnen. Experimente haben gezeigt, daß ein von sinnlicher Anregung und sozialem Austausch isoliertes Objekt (keine Person) sehr schnell zu halluzinieren beginnt und jeden Bezug zur Realität verliert. Sadisten, die Strafgefangene der Einzelhaft unterwerfen, wissen intuitiv, daß die grausamste Bestrafung darin besteht, einem Menschen die Gemeinschaft zu entziehen und ihn damit seiner Menschlichkeit zu berauben. Ohne ein Wir hat das Ich keinen Maßstab mehr, seine Wahrnehmungen zu bewerten und zwischen dem, was innerlich und was äußerlich ist, zu unterscheiden, zwischen Subjektivem und Objektivem, zwischen Illusion und Wirklichkeit. Wenn die Gemeinschaft verloren geht, ist Verwirrung die Folge.

Potenz hängt gleichermaßen von Gemeinschaft ab. Bruno Bettelheims Untersuchungen autistischer Kinder *(Die Geburt des Selbst)* zeigen, welche Folgen es hat, wenn ein Kind gezwungen ist, in einer Umgebung zu leben, die auf seine Bemühungen, sie zu beeinflussen und verändern, absolut teilnahmslos reagiert. Gesundheit wird durch die Überzeugung bedingt, daß unsere Handlungen Gewicht haben. Ich bleibe nur dann potent, wenn mir Reaktionen beweisen, daß mein Handeln Wirkung zeigt. Wenn ich einen Stein ins Wasser werfe, muß ich die von ihm ausgehenden Kreise sehen können. Verharre ich in meiner Einsamkeit, wird mir die Resonanz meiner Aktionen vorenthalten sowie auch die Freude darüber, daß meine Gaben angenommen und geschätzt werden. Wenn mein Sein und mein Tun wieder in Einklang gebracht werden sollen, wenn ich in meinem Handeln verantwortlich sein soll, dann muß ich den Teil meiner Identität erkennen, der mir eine Vereinigung, ein Wir, eine Gemeinschaft sichern kann. Ich muß den Punkt ausfindig machen, an dem sich das Blut meines Körpers *(corpus)* mit dem einer Korporation vermischt. Potenz hängt von dem Wissen ab, zu welchem Körper ich gehöre. Umgang, Verkehr ist Vereinigung. Liebe ist die Vereinigung zweier Körper; daher ist sie politisch. In der Einsamkeit gibt es weder Liebe noch Politik.

Hoffnung kann ebenfalls auf das Wir nicht verzichten. Wenn wir uns zum Alleinsein entschließen, verringern wir den Fluß aus gehender und ankommender Energie. Ich horte meine Ressourcen und kalkuliere jede Ausgabe sehr sorgfältig. Da ich nicht säe, werde ich auch nicht ernten. Ich plane nicht für die Zukunft, die ich ohnehin nicht teilen werde. Ich investiere in keine Korporation, die nicht unverzüglich Dividenden bringt. Auf einer derartigen Von-der-Hand-in-den-Mund-Basis kann keine Hoffnung gedeihen. Sie verlangt eine großzügigere und weniger kalkulierte Einstellung. Nur wenn ich zu einem Wir gehöre, das schließlich die Früchte meiner Bemühungen reifen läßt, werde ich die Anstrengung unternehmen, auch das zu pflanzen, was ich nicht ernten werde.

Meine Einsamkeit muß in eine Gemeinschaft eingebracht werden. Die Energien meines Körpers müssen in eine Korporation einfließen. Meine Liebe muß dezentralisiert sein, sie muß politisch werden.

28. Mai 1969. Freiheit

Eines der berauschendsten Merkmale dieses Festjahres war meine Entdeckung einer neuen Dimension von Freiheit und damit von Potenz. Ich habe in entscheidendem Maß gelernt, das »Ich kann nicht« durch »Ich will nicht«, »Ich werde nicht«, »Es lohnt den Aufwand und die Mühe nicht« oder »Lieber nicht« zu ersetzen. Mit anderen Worten: Während ich mich früher als quasi vorbestimmtes Opfer *gesehen* habe, *empfinde* ich mich nun als verantwortlich Handelnder. Mit der Verantwortung kam das Gefühl, meine Zukunft liege offen vor mir. Innerhalb gewisser Grenzen, die *gegeben* (Geschenke) sind, kann ich alles tun und werden, was ich möchte. Die ethische Frage hat sich für mich vom »Was sollte ich tun?« in »Was ist für mein ganzes Ich am positivsten?« verändert. (Um den unvermeidlichen Vorwürfen des Subjektivismus zuvorzukommen, lassen Sie mich betonen, daß ich mich grundsätzlich in einem sozialen Zusammenhang stehend empfinde. Daher setzen meine fundamentalen Wünsche stets andere Menschen voraus.)

Dieses neue Gefühl von Freiheit hat die Art und Weise verändert, wie ich über Emotionen, Gefühle und Wünsche denke. Wie die meisten Menschen habe auch ich angenommen, ein Opfer von Emotionen zu sein. Stimmungen kamen und gingen wie der Wind, und das einzige Gebot der Klugheit bestand darin, sich zu entspannen und sich vom Augenblick treiben zu lassen. Inzwischen halte ich eine derartige Einstellung für eine subtil romantische Ideologie, die mich der Verantwortung für meine Lebensführung entband. Sie gestattete mir den Luxus, mich als Opfer von Mächten zu betrachten, auf die ich angeblich keinerlei Einfluß hatte.

Selbstverständlich läßt es sich theoretisch nicht beweisen, daß ich frei darüber entscheiden kann, was ich fühle und empfinde. Wenn ich jedoch davon überzeugt bin, für meine Gefühle nicht verantwortlich zu sein, werde ich sie auch nicht verändern können. Wenn ich mich andererseits für verantwortlich halte (immerhin sind meine Empfindungen die Reflexion eines Lebensstils, den ich gewählt habe), höre ich auf, ein Opfer zu sein. Da das Problem theoretisch nicht gelöst werden kann, scheint es nur vernünftig zu sein, die Ansichten der Emotionen zu übernehmen, die größtmögliche Freiheit verheißen. Mir bleibt keine Wahl, als so zu tun, als wäre ich verantwortlich, wenn mir ein solches Verhalten erlaubt, meine Gefühle in einer erstrebenswerten Weise zu verändern.

Lassen Sie mich das ein wenig erläutern. Jahrelang habe ich mich mit einem manisch-depressiven Lebensstil herumgeplagt. War ich in Hochstimmung, konnte ich ausgiebig arbeiten, lieben und mich auf unterschiedlichste Weise beschäftigen. Es dauerte jedoch nicht lange, bis meine Energien erschöpft waren. Dann durchlitt ich eine Phase der Verdrossenheit und Langeweile. Ich war davon überzeugt, daß dieser Zyklus der Emotionen Bestandteil meiner Persönlichkeitsstruktur war, mit dem ich mich abzufinden hatte. Die Vernunft gebot, daß ich mich in mein Schicksal ergab. Jetzt bin ich sicher, daß das ein Fehlverhalten war. Eine nähere Untersuchung des manisch-depressiven Zyklus zeigt, daß er auf der Annahme basiert, daß alle positiven Emotionen mit einem vergleichbaren Ausmaß negativen Empfindens bezahlt werden müssen. Diese Annahme beruht wiederum auf der Ansicht, daß es nicht gut ist, allzu glücklich und zufrieden zu sein. Leiden hat etwas tugendhaftes, wünschenswertes oder sicheres.

Es ist leicht zu begreifen, wie derartige Annahmen und Vorstellungen entstehen. Sie sind tief in der protestantischen Ethik verankert und werden durch besondere Fürsorge verstärkt, die wir alle als Kinder erhalten, wenn wir krank sind oder uns nicht wohl fühlen. Sich nicht wohl zu fühlen ist ein fast automatischer Reflex bei Kindern, die Zuwendung ihrer Eltern zu erregen. Unglücklicher weise übertragen viele von uns dieses Verhaltensmuster ins Erwachsenenleben und schmücken das Leid, das wir uns selbst zufügen, mit religiösen, philosophischen und psychologischen Theorien über das Wesen des Menschen aus. Diese Theorien bestärken uns darin, daß der Mensch grundsätzlich sich selbst entfremdet ist, daß es für den Menschen ganz natürlich sei, mit sich selbst entzweit zu sein.

In mir nimmt die Überzeugung zu, daß der christliche Einfluß auf unsere Zivilisation dieses Unbehagen verewigt hat, um eine Therapie anbieten zu können. Durch sein ständiges Verweisen darauf, daß der Mensch sündig sei (sich selbst, der Natur und Gott entfremdet), daß er allein nichts zu seiner Erlösung tun kann, hat das Christentum schizophrenes Verhalten gefördert. Alle Versuche der Selbsthilfe sind seiner Überzeugung nach sogar Hinweise auf Überheblichkeit, was die Sündhaftigkeit weiter vergrößert. Mit der Bezeichnung Pelagianer wurden alle jene diffamiert, die davon überzeugt waren, der Mensch könne sich frei entscheiden. Von Paulus über Augustinus, Luther und Barth bis Bultmann haben wir immer wieder gehört, der Mensch in seiner historischen Bedingung sei sündig und daher nicht frei. Ausschließlich durch die Intervention der Gnade, die (auf mysteriöse Weise) von Jesus Christus vermittelt wird, kann die Freiheit wiederhergestellt und die Entfremdung überwunden werden. Darüber hinaus ist es unmöglich (obwohl es Liberale in jeder Generation erneut versuchen), die Vorstellung der stellvertretenden Sühne aus dem Evangelium zu entfernen. Die orthodoxe christliche Tradition hat stets auf der Unfähigkeit und Gefangenschaft des menschlichen Willens bestanden. Unüberhörbar hieß es immer wieder: »Es ist unmöglich. Du kannst dich nicht selbst erretten. Deine einzige Hoffnung besteht darin, den Heiler zu akzeptieren, der von Gott gesandt ist« (und dessen Referenzen durch die Kirche bestätigt sind).

Es gibt zunehmend (nicht erhärtete) Beweise dafür, daß die Abhängigkeit von einem äußeren Medium der Erlösung (ob das Patentrezept nun von der Kirche, dem Staat, Psychiatern, Astrologen, Timothy Leary, den Black Panthers oder einem kürzlich aus dem Fernen Osten eingetroffenen Guru angeboten wird) einen passiv-abhängigen Lebensstil fördert, der der Verantwortlichkeit für persönliche Weiterentwicklung ausweicht. Zumindest das wissen wir von der Psychopathologie: Urheber der ›Krankheit‹ ist das unfähige Kind, das immer noch »Ich kann nicht. Mach du es für mich« jammert. Und es ist unbestreitbar, daß es dem Therapiepatienten in dem Augenblick ›gut geht‹, wenn er sagt: »Ich bin für meine Emotionen, meine Handlungen und die Form meines Lebens verantwortlich. Trotz Eltern, Freunden oder der kulturellen Umwelt kann nur ich allein den Entschluß fassen, mein Unbehagen zu bewältigen und zu einem Lebensstil zu finden, der vollauf befriedigend ist. Es gibt keine Magie. Es gibt keinen automatischen Spender von Gnade. Es gibt keine Erlöser. Meine entscheidende Würde ist meine Fähigkeit, meine Lebensform frei zu wählen.«

Ich finde es schmerzlich aber notwendig, an diesem Punkt zwischen Kirche und Evangelium streng zu unterscheiden. Im Mittelpunkt kirchlicher Tradition stand die Doktrin der stellvertretenden Sühne und die Ermutigung eines passiv-abhängigen Lebensstils. Ich lehne diese märchenhafte Vorstellung von Erlösung ab. Es gibt jedoch ein Evangelium, von dem die Kirche nur selten Kenntnis nimmt. Vielleicht wird sie an dieser Kenntnisnahme durch die Notwendigkeit gehindert, eine Organisation aufrechterhalten zu müssen. Dostojewskij fängt das Entscheidende in der Legende vom Großinquisitor ein. Die Frohe Botschaft ist: »Du bist frei, und du wirst feststellen, daß du anständig wirst, wenn du die Verantwortung für dich selbst und andere übernimmst.« Ich mache zunehmend die Erfahrung, daß die Würde menschlichen Lebens in seiner Möglichkeit extremer Freiheit liegt. Jeder Mensch kann frei wählen, was er im Hinblick auf die Welt empfindet und wie er sich in ihr verhält. Um diese Freiheit zu vermitteln, sind keine Erlöser nötig. Wir brauchen vielmehr Zeugen, die das allumfassende menschliche Anrecht auf das Geschenk radikaler Freiheit klarsichtig anerkennen.

2. Juni 1969. Gnädiges Erwachen

Gestern früh wurde ich wach und wollte das Bett verlassen, doch dann erinnerte ich mich, daß es Sonntag war. Ich beschloß, mich wieder zurücksinken zu lassen und noch ein bißchen zu dösen. Eine Zeitlang lauschte ich den Wellen (einem fernen und verschwommenen

Geräusch — Ebbe — ungünstig zum Surfen). Allmählich wurde ich mir bewußt, daß der Seewind über meinen Körper strich. Träge genoß ich graugesprenkelten Himmel, Bettwäsche auf der Haut, Laels Summen, den Geruch brutzelnden Specks. Träumerisch eilte mein Geist der Zeit voraus und fing an, die Möglichkeiten zu ventilieren, die der Tag bereit hielt. Ich rief mir die Alternativen vor mein inneres Auge und schätzte jede ab, bis ich entscheiden konnte, welche Aktivität das größte Vergnügen versprach. Nachdem ich einen vorläufigen Plan für den Tag fertig hatte, ließ ich mich noch einmal vom Luftzug liebkosen, zog mich an und ging dem Geruch des gebratenen Specks bis zur Quelle nach.

Dann erinnerte ich mich an die Art und Weise meines Erwachens. Mich überkam ein so intensives Gefühl der Dankbarkeit, daß ich am liebsten eine Hymne angestimmt hätte. Meine Freude entsprang nicht nur diesem Morgen, sondern vor allem der Tatsache, daß ich schon seit einigen Monaten nicht mehr mit Ängsten und Besorgnissen erwachte, sondern mit einem Gefühl froher Erwartung. Fast mein ganzes Leben lang, war es mir eine Gewohnheit gewesen, den Tag mit einer Bestandsaufnahme meiner alten Ängste und einem Empfinden der Unzulänglichkeit zu beginnen und die Aufgaben und Pflichten sorgsam zu planen, die an dem vor mir liegenden Tag bewältigt werden mußten. Jeden Morgen schlüpfte ich so automatisch in meine Entfremdung, wie ich mich anzog. Bis vor kurzem war ich nicht bereit gewesen, diese schreckliche Belastung einfach aufzugeben. Die Freiheit schien allzu bedrohlich.

Byron: Meine Ketten und ich sind Freunde geworden,
denn lange Vertrautheit kann
uns zu dem machen, was wir sind.

Jetzt bin ich bereit. Ich gestatte mir, glücklich zu sein.
Ich glaube, mein Erlebnis eines gnädigen Erwachens sagt klarer als die Eintragung vom 28. Mai, welche Beziehung für mich zwischen Gnade und Freiheit besteht. Gnade ist die Bereitschaft, ganz ›selbst‹ zu sein. Keiner von uns kann sich durch ›Willenskraft‹ der Bedingung der Entfremdung entziehen. Aber die Frage, ob wir für unsere Entfremdung verantwortlich sind, ist kein Problem des Willens. Was wir gemeinhin unter Willenskraft verstehen, ist das zwanghafte Bemühen eines Teils unserer Persönlichkeit, seine Wünsche und Ziele dem Rest der Persönlichkeit zu oktroieren. Ich kann versuchen, meine Ängste mittels Willenskraft zu unterdrücken, doch das führt zu nichts, weil der unterdrückte Teil der Persönlichkeit durch Verleugnung nur stärker wird. Wenn ich der Tyrannei eines Bereichs meiner Persönlichkeit über die anderen ein Ende mache (gleichgültig, ob das nun die Diktatur der Libido, des Ego, des Über-Ich, des Kindes, des Erwachsenen, des Unterlegenen, des Überlegenen usw. ist), bin ich bereit, die Vielfalt meines Selbst zu akzeptieren. Gnade resultiert aus der Bereitschaft, das Risiko eines Lebens ohne die Repression einschränkender Vorstellungen, Emotionen oder Wünsche einzugehen. Sobald wir die Unterdrückung beenden, können wir überrascht feststellen, daß wir mehr Angst vor dem Engel der Glückseligkeit hatten als vor den Dämonen, die wir im finsteren Keller der Psyche in Ketten gehalten haben.
Begnadete Freiheit ist der Mut zum Glücklichsein.

27. Juni 1969. Schweigen: Agnostizismus und Vertrauen

Seit kurzem stelle ich eine zunehmende Stille in mir fest, eine Bereitschaft zum Schweigen. Da gibt es Augenblicke, in denen der innere Dialog abbricht, in denen das Einschätzen, Analysieren, Vergleichen und Einordnen langsam nachläßt und sich in mir eine tiefe Ruhe ausbreitet. In diesen Momenten sind keine Erklärungen nötig, keine Worte, um eine sonst unvollkommene Situation zu vervollkommnen. Alles ist so, wie es nun einmal ist, und ich bin viel zu beschäftigt, über sie zu staunen, um fragen zu können, **warum** sie so sind. Noch weniger bin ich bereit, über sie zu sprechen.

Neulich kam mir eine fast spaßige Vision, die etwas von der Bedeutung des Schweigens erhellen kann. Als ich meine mitunter angstvolle Vorahnung künftiger Ereignisse mit gelassenem Warten darauf verglich, was die Zukunft bereit hält, erinnerte ich mich an einen alten Walt Disney-Comic. Der Kater Sylvester ist auf der Flucht vor seinem Intimfeind, der Bulldogge. Er erkennt, daß seine einzige Fluchtroute ein Teich ist. Ohne Zögern wagt er sich auf die Wasseroberfläche und macht sich keinerlei Gedanken darüber, daß er untergehen könnte. Und so lange er absolut angstlos ist, breiten sich Seerosenblätter immer genau da aus, wohin seine eilenden Pfoten treten. Doch plötzlich wird ihm seine heikle Situation doch bewußt. Obwohl er bislang gut vorangekommen ist, beginnt er sich nun zu sorgen, ob das nächste dringend benötigte Seerosenblatt auch rechtzeitig erscheinen wird. Prompt geht er unter, versinkt im Wasser, und am Ufer krümmt sich die Bulldogge vor Lachen. Wenn man die Ängstlichkeit ablegt, wird die Welt zu einer Folge verblüffender

Ereignisse. Sobald ich aufhöre, Garantien zu fordern, daß meine Füße auch festen Boden vorfinden, wird meinen voraneilenden Schritten Hilfe und Unterstützung zuteil. Der Trick dabei ist, nicht nach Gewißheiten zu verlangen, sondern sich auf die Fähigkeiten des eigenen Ich zu verlassen und kreativ auf alles zu reagieren, was geschehen mag. Wenn man dauernd sichernd auf seine Füße starrt, bietet man keinen besonders würdevollen Anblick. Vertrauen Sie den Ereignissen.

An meiner Erfahrung der Gelassenheit, des Schweigens gibt es noch eine andere Facette. Ich stelle immer häufiger fest, daß ich immer weniger über das reden möchte, was mir wirklich wichtig ist. Je mehr ich von dem Wunder Leben fasziniert bin, desto weniger möchte ich über Gott und Theologie sprechen. Die Wirklichkeit, auf die sich das Geschenk meines Lebens gründet, ist zu geheimnisvoll und zu heilig, als daß man in vertrauten Begriffen darüber sprechen könnte. Es kommt mir wie ein Sakrileg vor, über Gott zu plappern und zu schwatzen, als wüßten wir, wovon wir da eigentlich reden, und über Eigenschaften und Taten Gottes zu faseln und zu quatschen, als würden wir das äußerste Geheimnis kennen.

Die philosophische Position, die ich im Augenblick einnehme, würde ich gern als *zuversichtlichen Agnostizismus* bezeichnen. Ich akzeptiere mein Leben voller Staunen als ein Geschenk, dessen ich mich verantwortungsvoll erfreue, besitze aber keinerlei Kenntnisse der umfassenden Gesamtheit, in der ich meine letzte Bestimmung habe. Ich bemühe mich, mein Selbst zuversichtlich den Ereignissen anzuvertrauen, die sich mit meinen Energien verbinden, um eine konkrete und sich ihrer Befindlichkeit bewußte Persönlichkeit zu formen. Es macht mir absolut nichts aus, festzustellen, daß meine Zuversicht in die äußerste Bestimmung meines Lebens auf Gott gerichtet ist — vorausgesetzt, das Wort Gott wird nicht häufiger als einmal im Jahr ausgesprochen und dann gehandhabt wie die Bundeslade.

Was würde geschehen, wenn Theologen zur unentbehrlichen Ehrfurcht vor der Tradition negativer Theologie zurückfinden und ihre Rolle nicht als »Dienst für die Welt« (eine Vorstellung von Barth) verstehen würden, sondern als Bewahrer des Schweigens? Das würde mich schon interessieren. In der heutigen Welt haben wir dringend die Aufforderung nötig: »Zieh deine Schuhe aus — du befindest dich auf heiligem Boden; schweige, du bist in der Nähe eines heiligen Mysteriums.«

Alles hängt ab
von
vertrauensvollem Schweigen

und

Lachen,
weil die Freude
mitgeteilt werden muß.

V

Die Bedeutung der Sinnlichkeit – Anmerkungen zu einer instinktiven Theologie

Körperlichkeit und Gnade

In der Dunkelheit warteten die Dämonen: Ängste und Kränkungen aus meiner Vergangenheit nahmen in Träumen Gestalt an, um mich heimzusuchen und meine Hoffnungen zu zerstören. In seinem Exil hin- und hergeworfen durchstreifte mein Geist das mitternächtliche Reich der Verzweiflung und Leere. Doch jetzt ist Morgen. Der Geist kehrt allmählich in den Körper zurück. Ich habe das Gesicht dem Meer zugewandt, wohltuend breitet sich die Wärme der jungen Sonne auf meinem Rücken aus und massiert meine Schultern. Das rhythmische Schlagen der Wellen wiegt und rüttelt meinen Geist, läßt ihn gesunden. (Ich bin Poseidon ein Trankopfer schuldig.) Während meine Augen angestrengt bemüht sind, den Horizont zu durchdringen, löst das unendliche Blau und die Ewigkeit des Meeres in mir ein Bewußtsein für den unendlichen und unermeßlichen Raum aus, mit dem ich zusammenhänge. Ich überlasse mich dem Geheimnis, das meine Bestimmung ist, mit gelassenem Vertrauen. Meine Atmung wird langsam und stetig. Mein Körper entspannt. Die Dämonen sind fort. Der Tag beginnt gnädig.

Was ist mit mir geschehen? Wie habe ich mir diese Wärme, dieses Wohlgefühl zu erklären, die meinen

Körper erfüllen? Während ich über diese Fragen nachdenke, wird mir bewußt, daß mir weder die christliche noch die säkulare Kultur, in deren Einfluß ich aufgewachsen bin, Möglichkeiten vermittelt haben, eine derartige Erfahrung zu deuten und einzuordnen. Keine von beiden hat mich gelehrt, das Heilige in der Stimme des Körpers zu erkennen und die Sprache der Sinne zu verstehen. So wie es die christliche Theologie versäumte, mir zu einer Wertschätzung der Körperlichkeit der Gnade zu verhelfen, versagte die säkulare Ideologie darin, mir ein Verständnis der Gnade der Körperlichkeit zu vermitteln. Um zu begreifen, was mir widerfahren ist, muß ich da nachforschen, wo mich christliche Theologie und säkulare Ideologie im Stich gelassen haben.

Trotz der gegenteiligen Behauptungen hochgeachteter Theologen hat das Christentum nie den alten und dauerhaften Dualismus (der gleichermaßen im Platonismus, im Gnostizismus und in der Schizophrenie manifest ist) überwunden, für den das Fleisch weniger wert ist als der Geist, die Sinne dem Verstand unterlegen sind. In den letzten Jahren hörten wir viel von der hebräischen Vorstellung der psychosomatischen Einheit des Menschen. Allmählich beginnt ein Hauch von Sinnlichkeit in den Bereich der Kirche einzusickern. Es ist mittlerweile statthaft, sich auch als Christ eines durchaus abgesegneten Sexuallebens zu erfreuen; Kunst und Tanz fangen an, ihren Weg zurück in das Heiligtum zu finden. Doch ungeachtet dieser kleinen Schritte nach vorn bleibt dem christlichen Verständnis von Geschichte und Erlösung ein tiefsitzendes Mißtrauen gegenüber allem Körperlichen verhaftet. Nur eine bedeutende theologische Revolution kann es dem Christentum ermöglichen, der Häresie des Gnostizismus zu entkommen.

Nach dem theologischen Konsens, der das westliche Christentum dominiert, sind wahre Gnade, Errettung und Erlösung nur durch das Bekenntnis zu Jesus Christus möglich sowie durch die Anerkennung des maßgebenden Zeugnisses der Kirche, daß er die Offenbarung des göttlichen Wesens und dessen Absichten ist. Daher bedingt Erlösung im eigentlichen Sinn eine Art historischen Wissens, das nur dem Menschen zur Verfügung steht, der in der Gemeinschaft von Israel verwurzelt ist. Erinnerung und nicht Bewußtsein ist für das Erlangen wahrer Gnade entscheidend.

Bemerkenswert an dieser traditionellen christlichen Vorstellung von dem, was zur Erlösung führt, ist die Tatsache, daß sie das Mittel für die Heilung menschlicher Leiden weit entfernt von der augenblicklichen Existenz des Menschen ansiedelt. Um in den Genuß der göttlichen Erlösung zu kommen, die die Quelle der Gnade ist, muß sich das heute lebende Individuum a) von seinen unmittelbaren körperlichen Empfindungen, b) seinem Standpunkt in der Schöpfung sowie c) seiner momentanen kulturellen und politischen Situation abwenden, um eine Rückreise in die Geschichte des alten Israel anzutreten. Bezeichnenderweise hat der Protestantismus erklärt, daß die Erlösung nicht durch etwas bewirkt werde, was gesehen, gefühlt oder berührt werden könne, sondern allein durch das *Hören* von Gottes Wort. Das Ohr ist das Organ der Erlösung. Dem Menschen, dessen Ohren gegenüber Gottes großen Taten in der Geschichte Israels verschlossen sind, kann kein hinlängliches Verständnis der göttlichen Gnade zuteil werden. Aufmerksamkeit gegenüber dem Körper (Empfindungen und Gefühle), gegenüber der Schönheit und Großartigkeit der Natur oder dem Wunder menschlicher Liebe reichen nicht aus, die Gnade Gottes zu begreifen, solange man nicht mit der Geschichte Israels vertraut ist.

Indem die christliche Theologie das *sine qua non* authentischen Lebens so weit entfernt von der augenblicklichen Existenz des Menschen ansiedelt, wertet sie das Unmittelbare zugunsten des Mittelbaren ab, das Jetzt zugunsten des Damals, Gefühl und Empfindung zugunsten des Gehorsams gegenüber der Autorität, die die entscheidende Erinnerung bewahrt. Daher können keine hohlen Erklärungen der »psychosomatischen Einheit des Menschen« oder des »Feierns der Sinnlichkeit« die tiefe Abneigung fleischlicher und befindlicher Existenz ausräumen, die der Kern traditioneller christlicher Vorstellungen von Schicksal und Erlösung ist. Solange wir unfähig sind, die Mittel zu unserer Erlösung in der augenblicklichen Geschichte zu erkennen, auf dem Boden dessen, was unmittelbar erfahrbar ist, solange können wir auch nicht von der Vorstellung abrücken, daß (intellektueller oder moralischer) Gehorsam gegenüber einer äußerlichen Autorität, die behauptet, im Besitz des allein seligmachenden Wortes zu sein, die Voraussetzung für unsere Erlösung ist. Wir werden jene Gnade nicht erkennen können, die aus dem Instinkt kommt, und die immer da zu entdecken ist, wo es Schönheit und Zärtlichkeit gibt — in einer blühenden Pflanze in rissigem Mauerwerk oder in der morgendlichen Sonne über einem kalifornischen Strand. Wenn Inkarnation etwas anderes sein soll als ein »Es war einmal«, dann heißt das, daß Gnade fleischlich ist, daß Erlösung durch den Körper möglich ist. Der eigentliche Tatort des Wirkens Gottes ist der Körper, nicht das altertümliche Israel! Wie sollte ich sonst jene Gnade begreifen, die mich mitunter überkommt, wenn ich auf das Meer hinausblicke oder bei der Liebe?

An diesem Punkt schiebt sich ein Bild vor mein inneres Auge. Ich sehe ein grinsendes, halb triumphierendes Lächeln auf den Gesichtern einiger meiner überaus säkularen Freunde. Und jetzt wird ihr Lächeln durch Worte ersetzt:

Selbstverständlich können die antiquierten Vorstellungen des Christentums dir nicht dabei helfen, deine körperliche Existenz zu begreifen. Nur eine naturalistische und absolute weltliche Sicht des Menschen kann dich in die Lage versetzen, deine Gefühle und deinen Körper voll zu verstehen. Du wirst nur dann mit der Welt *in Berührung* kommen, wenn du alle mystischen Vorstellungen des Körperlichen aufgibst und der »nackte Affe« wirst, zu dem dich die Evolution gemacht hat. Du mußt dich von allen dualistischen Ideen verabschieden und erkennen, daß du nichts als dein Körper bist. Und dein Körper ist nichts anderes als ein komplizierter, in sich geschlossener Nexus interagierender chemischer und spannungsgeladener Systeme, die der Logik von Reiz und Reaktion folgen, von Ursache und Wirkung. Was du deinen Verstand oder Geist nennst, ist in Wahrheit nur dein Hirn, und dein »freier Wille« ist eine Illusion, die auch durch eine mechanistische Sicht des Körperlichen nicht realer wird. Sobald du aufhörst, irgendeiner eingebildeten Transzendenz nachzustreben und statt dessen deine Identität mit deinem Körper begreifst und bekennst, wirst du ein positives und zufriedenes menschliches Wesen sein. Du wirst keiner Gnade mehr bedürfen, da du weder deinem Körper noch deiner Umgebung entfremdet wirst.

Wenn eine derart säkulare Anschauung der körperlichen Befindlichkeit menschlichen Daseins auch weit eher gerecht wird als die herkömmliche christliche Sicht, vernachlässigt sie doch das Element der Gnade in der allgemeinen Erfahrung des Menschen.

Unter Gnade verstehe ich etwas Konkretes, das sowohl poetisch als auch phänomenologisch beschrieben werden kann. Wenn es Ihnen zu ungenau ist, von der helfenden und heilenden Wirkung der Sonne und des Meeres zu sprechen, dann lassen Sie mich Gnade als »plötzliche Sanierung von eher ökonomischer Art durch Wahrnehmungen, Einstellungen und Stimmungen« definieren, »die zu einer Entspannung innerer und äußerer Konflikte sowie der Freisetzung von zuvor gebundenen Energien für Vorhaben und Beziehungen führt, die für das reife Selbst befriedigend sind.« Im modernen Sprachgebrauch ist Gnade eher ein Ereignis als eine Errungenschaft, eher ein Geschenk als eine Belohnung. Indem sie die Entfremdung zwischen Selbst und Selbst verringert, zwischen dem Selbst und anderen, dem Selbst und der Welt, bewirkt sie eine Voraussetzung für Handlungen, die integral und verantwortlich sind. Sie befreit das Ich von zwanghaftem Reagieren auf Vergangenes zugunsten einer Gegenwart und einer Zukunft, die ursprünglich Neues zu bieten hat. Auch ein anderer Aspekt der Gnade sollte nicht vergessen werden. Sie wird nur einem Menschen zuteil, der eine unverwechselbare Biographie und Bestimmung hat, und keinem anonymen System, das vom Imperativ autonomer Gesetze beherrscht wird. Von Gnade kann ich nur in der ersten Person sprechen.

Wie hinlänglich die Konzepte von Gesetzlichkeit, Anregung und Reaktion, Ursache und Wirkung sich schließlich für das Verständnis der Gesamtheit menschlicher Erfahrungen erweisen mögen, läßt sich zum augenblicklichen Zeitpunkt nicht bestimmen. Es ist jedoch eindeutig, daß es in der Gesamtheit subjektiver Erfahrung Augenblicke gibt, in denen wir uns von Leiden, Gewohnheiten und Problemen befreit fühlen, die unsere Vergangenheit und gerade vergangene Gegenwart geformt haben. In solchen Momenten ist es so, als ob Neues die Gesetzmäßigkeit ersetzt hätte. Wenn mir Gnade zuteil wird, ist es, *als ob* Sonne und Wellen ihre Ressourcen zusammengetan hätten, um jene Dämonen zu vertreiben, die zu meiner Biographie gehörten. Auch wenn die semiphantastische Kategorie des *Als ob* für eine wissenschaftliche Beschreibung menschlichen Verhaltens unzulänglich sein mag, so ist sie doch unverzichtbar für die Beschreibung der inneren oder subjektiven Dynamik der Erfahrung. Phänomenologie beruht auf dem *Als ob*, also darauf, sich jeder Bewertung zu enthalten und Erfahrung so zu beschreiben, wie sie erlebt wird.

Natürlich kann nach dem Ereignis immer ein objektiver Beobachter kommen und zu dem Menschen sagen, der von einer Erfahrung körperlicher Gnade berichtet:

Was du als Gnade erfahren hast, als aus neuen Möglichkeiten resultierende Freiheit, war in Wirklichkeit nur eine neue Form, die durch das Zusammenwirken von Anregungen und Gesetzmäßigkeiten geschaffen wurde, die prinzipiell absolut verständlich sind. Wären wir im Besitz ausreichender Information über deine chemische, physische und umweltbedingte Vergangenheit gewesen, hätten wir das Ergebnis vorhersagen können, das du so hartnäckig mit den dubiosen philosophischen Begriffen von Gnade und Freiheit beschreibst. So könnte es beispielsweise scheinen, daß das sogenannte »segensreiche Verhalten« des Engels im Konzentrationslager, der mit seinen kärglichen Rationen jene versorgt, die noch schlimmer dran sind als er, gegen alles verstößt, was wir über die Gesetzmäßigkeit des Selbsterhaltungstriebs wissen. Aber das ist keineswegs der Fall. Es ist einfach so, daß die Bedürfnisse seines Ego, das nicht anders als die biologischen Bedürfnisse von Gesetzmäßigkeiten bestimmt ist, stark genug sind, ihn zur Mißachtung seiner unmittelbaren körperlichen Bedürfnisse zu veranlassen.

Es ist bemerkenswert, wie derart deterministische Theorien über den Menschen alle falschen Vorhersagen durch nachträgliche Korrektur bereinigen können. Wenn die Zuversicht in die Allmacht der Gesetzmäßigkeit keine akkuraten Vorhersagen zuläßt, kann man *ex post facto* immer bestimmte Regelmäßigkeiten und Kontinuitäten aus dem unerwarteten Ereignis ableiten und ein neues Gesetz formulieren, das die Situation erklärt. Wenn solche nachträglichen Erklärungen auch keine zuverlässigen Vorhersagen neuer Ereignisse und Erfahrungen im Leben des Einzelnen gestatten, so erhalten sie doch zumindest die Zuversicht des Deterministen in die Gesetzmäßigkeit.

Auf welche Weise wir die Beziehungen zwischen den inneren und äußerlichen, den existentiellen und den wissenschaftlichen Perspektiven menschlicher Erfahrung auch immer definieren mögen — eines ist sicher: Wir können keine vernachlässigen, ohne gegen die Art und Weise zu verstoßen, in der Menschen ihre Welt erfahren. Die subjektive oder existentielle Erfahrung körperlicher Gnade ist eine Gegebenheit, die in jeder hinlänglichen Sicht des Menschen in Betracht gezogen werden muß. Wenn wir die körperliche Existenz und die Gnade begreifen wollen, die uns mitunter zuteil wird, wenn wir uns unserer selbst sinnlich bewußt werden, dann bedarf die Ideologie des Säkularismus ebenso einer Korrektur wie die christliche Theologie.

Um die Problematik des Körperlichen voll zu erfassen, bedarf es der konzertierten Anstrengung, die Voraussetzungen sowohl der christlichen als auch der säkularen Ideologie beiseite zu lassen und dem sinnlichen Gefühl körperlicher Existenz absolute Aufmerksamkeit zu widmen. Auf den folgenden Seiten dieses Kapitels werde ich a) die Implikationen einer verkörperten Existenz betrachten, b) die empirischen Verbindungen zwischen dem Körperlichen und dem Heiligen untersuchen und c) einige pragmatische Schlußfolgerungen für die Theologie und religiöse Institutionen ziehen.

Die Implikationen der Inkarnation

Zu bezweifeln, daß das Körperliche zur grundsätzlichen Definition des Menschen gehört, ist eine ständige Versuchung. Durch die gesamte Geschichte der Bemühungen des Menschen, zu einem Verständnis von sich selbst zu kommen, zieht sich ein roter Faden dualistischen Denkens, das den Körper von der Seele trennt, das Fleisch vom Geist, die historische Existenz von einem ewig gültigen Sinn. Notwendigerweise wird das Wesen des Menschen in einem derartigen Dualismus mit der Seele, dem Geist und dem Verstand identifiziert, während die körperliche Befindlichkeit als eine zufällige Erscheinungsform betrachtet wird, die an die Definition des Menschen irgendwie ›angehängt‹ wird.

Die bedeutenden Religionen der Welt haben sich dieser Perspektive mit geradezu idealistischer Philosophie angenommen.

Der existentialistischen Philosophie ist zu danken, daß sie alle Bemühungen zurückgewiesen hat, das Körperliche aus der Definition des Menschen herauszuhalten. Mit zunehmender Deutlichkeit hat sie von der Zeit Kierkegaards bis heute den Menschen als ein Wesen definiert, daß *grundsätzlich körperlich bedingt* ist. Körper, Lebensort und historische Beschränkungen sind nicht nur Qualifizierer einer zeitlosen menschlichen Bestimmung. Der Mensch ist sein Körper und seine Situation, hat Marcel gesagt. Daher sollten wir uns davor hüten, uns von dem Dualismus verführen zu lassen, der sich auch an unseren Sprachgewohnheiten zeigt, wenn wir davon sprechen, »einen Körper zu haben« (als wären Habender und Habe voneinander getrennte Einheiten). Alles menschliche Wissen, alle Wertvorstellungen, alles Streben und Trachten wird durch den Körper gekennzeichnet. Die existentialistische Einsicht in das inkarnierte Wesen menschlicher Existenz kann wie folgt zusammengefaßt werden: Der Körper des Menschen ist seine Brücke zur und ein Modell der Welt. So wie der Mensch in seinem Körper ist, wird er also auch in der Welt sein.

Das vielleicht beste Beispiel für ein Nachdenken über die Beziehung zwischen Körper und Welt ist die analoge Beziehung zwischen Mutter und Kind. Am Anfang besteht eine Einheit, das Einssein des Körpers mit der Gebärmutter, die ihn ernährt und erhält. Der Embryo und die Plazenta sind unzertrennbar. Die Geburt und das Durchschneiden der Nabelschnur trennt das Baby lediglich in einem physischen Sinn von der

Mutter. Entsprechend den meisten Hypothesen über das frühkindliche Bewußtsein lebt das Neugeborene in einem Stadium undifferenzierten Bewußtseins. Es ordnet oder erfährt seine Lippen, die Brust der Mutter oder seine Windeln nicht als zu drei unterschiedlichen Realitätsbereichen gehörig (Ich – andere – Welt oder Ich – Du – Es). Die Unterscheidung zwischen dem Ich und der Welt erfolgt erst, wenn das Baby mit seinem Körper zu spielen beginnt und entdeckt, daß es da Dinge gibt (beispielsweise seine Füße), die weh tun, wenn sie getroffen werden, während das andere (Bauklötze zum Beispiel) nicht tun. Nach und nach stellt das Kind fest, daß es über manche Dinge Kontrolle hat, über andere jedoch nicht. Wenn ein Fuß weh tut, kann es ihn bewegen und so aus der Gefahrenzone bringen. Aber wenn ein Bauklotz näher an das Bettchen herankommen soll, damit er aufgenommen werden kann, bleibt er seltsam reaktionslos. An dieser Dialektik zwischen erfolgreichem Tun und frustriertem Wollen lernt das Kind zwischen dem Körper und der Welt unterscheiden. Doch diese Unterscheidung ist noch nicht annähernd so absolut, wie sie später sein wird. Für ein Kind sind die Dinge der Welt ihm noch ähnlich. Sie haben Gefühle, Absichten, besitzen sogar eigene Persönlichkeiten. So werden Stühle, die ein Kind beim Laufenlernen zu Fall bringen, für ihre ›Bosheit‹ bestraft, während Teddybären für ihre Zärtlichkeit belohnt werden.

Das Ende der Kindheit könnten wir als den Zeitpunkt definieren, an dem die durchlässige Membran zwischen dem Körper und der Welt zu verkalken beginnt und eine Entfremdung zwischen Ich, Körper und Welt einsetzt. Das Kind lernt, daß es einen Körper hat, der erzogen und beherrscht werden muß, wenn es auf

Wohlwollen der Erwachsenen hoffen will, und daß die Welt eher dazu da ist, sich ihrer zu bedienen, als sich an ihr zu erfreuen.

Der Grad der Entfremdung hängt von dem Maß ab, in dem Familie und Umgebung des Kindes erwarten, daß es die Wünsche seines Körpers zugunsten der Verwirklichung anderer Bestrebungen unterdrückt. Zivilisation bedingt zwangsläufig Unzufriedenheit und Entfremdung, hat Freud erkannt. Die Beziehung des Erwachsenen zu seinem Körper entspricht seiner Beziehung zur Welt. Ob der Mensch von Zuversicht oder Mißtrauen geprägt ist, ob er vorrangig genießt oder zu benutzen trachtet, ob er sich stark oder eher schwach vorkommt, spiegelt sich gleichermaßen in seiner Einstellung gegenüber dem eigenen Körper wie der Welt wider.

Gegen jede volle Anerkennung einer inkarnierten Existenz sind mächtige Kräfte am Werk. Die Entfremdung eines Menschen von seinem Körper, die ein beherrschender Wesenszug aller Gesellschaften gewesen ist, wurde nicht ohne Bedeutung für das Überleben verewigt. Die Ignoranz gegenüber dem Körper soll die Illusion von Unsterblichkeit vermitteln. Seelische, geistige und nichtkörperliche Einsichten unterliegen nicht den Beschränkungen von Zeit und Raum. Sie überwinden mit Leichtigkeit die Androhung von Schmerzen und Bedeutungslosigkeit, der das Fleisch unterworfen ist. Das Körperliche kann nur auf Kosten jeder omnipotenten Perspektive und der Erkenntnis erfahren werden, daß Beschränkung, Geschichtlichkeit und Tod Grundvoraussetzungen menschlichen Daseins sind. Eine solche Erkenntnis mag in der Theorie leicht erreichbar sein. Es ist jedoch wesentlich schwieriger, sie in die Haltungen und Einstellungen einzugliedern, die unseren Umgang mit der Welt formen.

Der entscheidende Faktor für volle Inkarnation ist die Bereitschaft zu einem Vertrauen, auf das ich keinen Einfluß habe. In dem Augenblick, in dem ich mich mit meinem Körper identifiziere und voll inkarniert werde, beziehe ich das, was in mir ist, in etwas ein, auf das ich keinen endgültigen Einfluß habe. Wenn ich auf die Stimme des Körpers höre, wird deutlich, daß Gefühle und Empfindungen ihre eigene Logik haben, die dem Willen keineswegs immer unterworfen ist. Gleichermaßen hat der Körper seine Zeiten von Ebbe und Flut, von Ohnmacht und Stärke, Unbehagen und Wohlgefühl und schließlich — Leben und Tod. Nur wenn ich diesen Rhythmus akzeptiere, bin ich in der Lage, mich voll mit meinem Körper zu identifizieren. So wie ich dem Rhythmus meines Körpers vertraue, so vertraue oder mißtraue ich meiner Welt im ganzen. Es trifft nicht zu, daß ich von den Rhythmen der natürlichen Welt abgeschnitten bin. Viele Soziologen wie auch Philosophen argumentieren gern, daß der Mensch im westlichen Kulturkreis seine Beziehung zur Natur verlor, als er seinen täglichen Kontakt mit dem Boden abbrach, als er nicht mehr Getreide anbaute und auf Regen wartete. Das ist Unsinn. Die Vitalität des Bewußtseins für ein Eingebundensein in die Natur ist nicht abhängig von der Landwirtschaft. Mein Körper ist ebenso meine Eingangspforte in die Natur, wie er auch meine Brücke zur Menschheit ist. Vertrauen in die Jahreszeiten des Kosmos entsteht aus Vertrauen in die Rhythmen des Körpers. Der Gnostizismus in allen seinen Erscheinungsformen hat Körper und Kosmos stets als dem Menschen fremd angesehen, ebenso wie die Romantik andererseits sowohl die Natur als auch den Körper als vertrauenswürdig betrachtet hat.

Wenn wir das Ich verlieren, verlieren wir den Anderen, wenn wir den Körper verlieren, verlieren wir die Welt. Daher ist es gefährlich, den eigenen Körper nicht zu lieben. Liebe zum Nächsten und zum Kosmos beruht auf der Liebe zum Selbst. Das geht sogar noch weiter: Das Heilige beruht auf dem Fleischlichen. Einer Analyse dieser Beziehung wenden wir uns jetzt zu.

Das Fleischliche und das Heilige

Religiöse Menschen befürchten häufig, eine absolut körperliche und befindliche Sicht des Menschen könnte die Vorstellung des Heiligen zerstören. Wenn der Mensch vollständig mit seinem Körper und seiner Situation identifiziert wird, wo bleiben dann der Geist, die Transzendenz, der Umgang mit der geheiligten Dimension der Wirklichkeit, der sich stets in der Theologie ausgedrückt hat? Wenn wir den Menschen auf Raum und Zeit seiner körperlichen Existenz beschränken, nehmen wir ihm damit nicht seine Möglichkeiten, etwas von dem Geheiligten oder Gott zu erfahren, der die Welt übersteigt?

Wir könnten versuchen, Antworten auf diese Fragen zu finden, indem wir dem Begriff »heilig« eine Bedeutung geben, die nicht im Vagen verharrt. Nach Rudolf Ottos klassischer phänomenologischer Definition ist das Heilige ein *mysterium — tremendum et fascinans,* ein Geheimnis, das sowohl ungeheuerlich-furchteinflößend-erschreckend wie auch faszinierend-zwingend-begehrenswert ist. Als Ursprung aller Werte ist das Heilige prinzipiell unantastbar. Man erbebt in seiner

Gegenwart, da es einen absoluten Anspruch auf Anerkennung und Verehrung erhebt. Das Heilige ist aber auch begehrenswert und faszinierend, weil es die Quelle für alles ist, was den Menschen stützt und erhält.

Der Mensch hat sich dem Heiligen traditionell durch die Vermittlung religiöser Symbole und Institutionen genähert. Wenn wir die Frage nach der Beziehung zwischen dem Fleischlichen und dem Heiligen stellen, dann deuten wir damit an, daß es auch ›nicht-religiöse‹ Erfahrungen mit dem Heiligen geben könnte, daß das Heilige in ganz gewöhnlichen Erfahrungen faßbar ist. Wir haben bereits darauf hingewiesen, daß es in bestimmten sinnlichen Erfahrungen ein Element der Heilung und Gesundung gibt. Da ist Segen und Gnade in der Harmonie der Farben und liebkosenden Winden wie auch in freundlichen Worten oder der Begegnung von zwei Körpern. Dem Menschen, den Vorurteile nicht blind gemacht haben, ist Hilfe und Beistand durch sinnliche Erlebnisse jederzeit möglich. Es gibt jedoch in den allgemeinen Erfahrungen auch etwas, das dem Element absoluten Forderns, bedingungslosen Müssens im herkömmlichen Erleben des Heiligen gleichkommt. Lassen Sie mich das näher erläutern.

Vor kurzem erschien in einer Zeitung das Photo eines vietnamesischen Gefangenen, der hinter einen Jeep gebunden war. In der Bildunterschrift hieß es, der Mann würde über Stock und Stein gezerrt, bis er zusammenbräche und seinen Häschern die Informationen gäbe, die sie hören wollten. Während die Bedeutung des Bildes in mein Bewußtsein sickerte, entspann sich eine Unterhaltung zwischen meinem Instinkt und meinem Verstand:

Instinkt: Furchtbar. Schrecklich. Unvorstellbar. Mein

Gott, ist mir schlecht. Ich bin außer mir. Verdammt nochmal, wie kann ein Mensch so etwas nur einem anderen Menschen antun?
Verstand: Hörmal, was ist denn eigentlich los? Was soll diese ganze Empörung? Warum wirfst du mit Schimpfworten um dich und sprichst davon, dich übergeben zu müssen?
Instinkt: Gottverdammt! Da muß man doch etwas unternehmen! Wir werden mißhandelt, gefoltert, gequält! Es geht um einen von uns. Wie kannst du nur so ruhig zusehen, während sich Ungeheuerliches abspielt?

Verstand: Einen Moment mal. Beruhige dich, dann können wir darüber diskutieren. Bemühe dich erst einmal um ein bißchen Abstand von dem ›Geschehen‹. Du bist ja völlig durcheinander. Überlege doch einmal, welche Fürwörter du benutzt. Du hast gesagt, ›wir werden mißhandelt‹. Aber du befindest dich in der Behaglichkeit und Sicherheit der guten alten Vereinigten Staaten von Amerika. Darüber hinaus ist der Bursche, der da gefoltert wird, ein Vietnamese, oder doch zumindest ein Sympathisant des Vietkong. Du solltest nicht derart aus der Haut fahren.

Instinkt: Das ist doch nur widerliche Wortklauberei! Nordvietnamese, Südvietnamese, Amerikaner — wo liegt da der Unterschied? Mensch ist Mensch. Und der ist unteilbar. Ich bin eins mit dem Gefolterten (und dem Folterer?). Es ist Fleisch von meinem Fleisch, das da mißhandelt wird.

Verstand: Tut mir leid, aber nach derart sentimentalen und großspurigen Kategorien bemißt sich der Gang der Welt nun einmal nicht. Deine Behauptung, daß alles Fleisch von deinem Fleisch ist (und ich nehme an, du würdest noch weiter gehen und die Welt zu deinem Körper erklären), ist eine neurotische, anmaßende Einbildung. Du willst Gott spielen, eine Beziehung zu allem haben, was so vor sich geht. Du solltest dich zunächst einmal deiner Verantwortung zuwenden, dein Abendessen zu verdauen, bevor du dich an die Aufgabe machst, die Welt verdauen zu wollen. In einem Krieg geschehen furchtbare Dinge, aber du bist an diesem Ereignis absolut nicht beteiligt. Also reg dich ab!

Dieses Zwiegespräch verweist deutlich auf ein Element heiliger Forderungen im Kern des Körperlichen. Der Instinkt hat ein natürliches Empfinden des Heiligen. Er weiß, daß der menschliche Körper geachtet werden sollte, daß er unantastbar ist. Daher ist das »Gottverdammt« buchstäblich als der Aufschrei eines verletzten Gefühls für das Heilige zu verstehen. Es trifft auch nicht zu, daß der Selbsterhaltungstrieb lediglich für den Schutz der eigenen Haut sorgt. Die normale instinktive Reaktion auf Übeltaten und Gemetzel ist Übelkeit und das Bedürfnis, sich zu übergeben. Dies ist der sinnfälligste Beweis für die Realität universeller Identifikation.Der Instinkt ist von der Imagination, der Vorstellungskraft nicht zu trennen — mit Ausnahme jener unmenschlichen Ausschaltung des Bewußtseins, um das nationale Regierungen in Zeiten des Krieges bemüht sind. Die gesunde Vorstellungskraft bewirkt eine instinktive Verbindung zwischen dem Ich und den anderen ›Ichs‹. Der ›Bauch‹ weiß, daß das, was einem geschieht, allen geschieht, selbst wenn der Verstand das nicht wahrhaben will. Seine schwerverdauliche Empörung ist ein Hinweis auf die Fähigkeit des Körperlichen, Frevel zu erkennen.

So vermittelt der Instinkt den kategorischen Imperativ: Achte die körperliche Unversehrtheit aller Menschen so, wie du deine eigene achtest. Dieser Imperativ beruht auf Mitgefühl oder dramatischer Identifikation mit dem Fleisch der Artgenossen. Genau diese Identifikation ist die Grundlage der Ethik. Verpflichtung erwächst aus dem Gefühl, der kategorische Imperativ aus dem Mitgefühl (im Widerspruch zu Kant). Wenn Menschen ein Gefühl für die Unverletzlichkeit des eigenen Körpers entwickeln, dann werden sie nicht zulassen, daß die Körper anderer versehrt werden. Eine mitfühlende ›Körperzählung‹ zur Feststellung der feindlichen Verluste kann es nicht geben. Wo Leichen gezählt werden, führen die Automatenkörper der Lebenden — gegenüber Empfinden und Mitempfinden bereits gefühllos — den Vorsitz über das Begräbnis anderer Toter. An einem solchen Begräbnis nehmen keine Menschen teil. Es sei denn, daß ungeachtet der Indoktrination Tränen für alles Fleischliche übrig sind, das nun empfindungslos ist.

Damit haben wir bewiesen, daß ein voll inkarnierter und befindlicher Mensch das Heilige in seinen unterstützenden und fordernden Dimensionen entdecken kann, wenn er sich seinen Gefühlen und unmittelbaren Erfahrungen stellt. Viele Theologen und Antitheologen werden jedoch darauf beharren, daß wir keineswegs die Möglichkeit einer körperlichen Theologie bewiesen haben. Theologie befaßt sich nicht mit dem Heiligen, werden sie sagen, sondern mit Gott. Und Gott existiert außerhalb des flüchtigen Moments, er übersteigt die Zeit. Ehrenwerte Humanisten werden anführen, daß der Mensch durch seine körperliche und historische Befindlichkeit schon von der Definition her kein Wissen von etwas haben kann, das Geschichte übersteigt, und daß eine körperliche Theologie daher ein Widerspruch in sich sei. Theologen werden vermutlich darauf hinweisen, daß es Gott gefallen hat, sich in der Körperlichkeit zu offenbaren, daß ich es jedoch bislang versäumt habe, mich mit den entscheidenden Ereignissen (Exodus und Auferstehung) zu befassen, in denen diese Offenbarung erfolgt ist. Folglich muß die Frage legitim sein: Gestattet uns eine voll inkarnierte Sicht des Menschen die Beschäftigung mit Theologie? Erlaubt sie uns, von Gott zu sprechen, oder lediglich von etwas Heiligem, das sich in der Welt alltäglicher Erfahrungen findet? Der Instinkt kann uns bis zum Pantheismus führen, aber kann er eine theistische Vision der Wirklichkeit rechtfertigen?

Beim Nachdenken über die Möglichkeiten und Grenzen einer instinktiven Theologie dürfen wir zwei Dinge nicht außer acht lassen: a) Der Mensch ist sterblich, daher beschränkt sich alles Wissen auf seine historische Erfahrung, und b) auch wenn das Wissen des Menschen auf das Irdische beschränkt ist – sein Horizont ist es nicht. Jedes menschliche Leben umgibt ein unauslöschliches Geheimnis, und dieses letztlich Unerkennbare ist für die Definition des Menschen ebenso unverzichtbar wie das vorletztlich Erkennbare. Das Unbekannte und das Bekannte bilden den Boden, die Gestalt, unter deren Bedingungen sich menschliche Identität formt.

Kein antimetaphysischer Erlaß im Namen des Positivismus, Funktionalismus oder der Wissenschaftlichkeit kann das ewige menschliche Bedürfnis ausrotten, das Ich auf irgendeine dauerhafte Art in einen Zusammenhang mit seiner geheimnisvollen Existenz zu bringen. Wie sollen wir das Mysterium begreifen, aus dem wir kamen und in das wir wieder eingehen werden? Es gibt drei grundsätzliche Anschauungen, zu denen man im Hinblick auf den letztlichen Kontext menschlicher Existenz kommen kann: a) fremd und feindselig (Gnostizismus), b) freundlich und fürsorglich (die religiöse Option) und c) neutral (Wissenschaftlichkeit).

Wir haben bereits das grundlegende Prinzip einer inkarnierten Sicht des Menschen festgestellt: So wie ein Mensch in einem Körper ist, ist er auch in der Welt. Jetzt könnten wir diese Sicht ausweiten und extrapolieren, um ein zweites Prinzip aufzustellen, das die Basis einer instinktiven Theologie sein könnte: So wie ein Mensch in der Welt ist, wird er auch in dem Mysterium sein, das die bekannte Welt begründet und erhält. Zwischen der Einstellung eines Menschen zu a) seinem Körper, b) seiner sozialen und materiellen Umgebung und c) seiner letztendlichen Bestimmung kann ein Zusammenhang hergestellt werden. Wenn ich meinem Körper gegenüber mißtrauisch bin und glaube, er müsse diszipliniert werden, ist es sehr wahrscheinlich, daß ich einem sozialen System zuneige, in dem Gesetz und Ordnung die höchsten Güter sind. Gleichfalls werde ich von der Voraussetzung ausgehen, daß auch die letztliche Bestimmung des Menschen durch Gesetzmäßigkeit geregelt ist. Die vorherrschenden Symbole, derer ich mich bediene, um diese Einstellung auszudrücken, können politisch (Gesetz und Ordnung), psychologisch (Stärke und Ego), philosophisch (Vertrauen in die Naturgesetze) oder theologisch (Gott als Gesetzgeber-Logos) sein. Wenn ich andererseits davon überzeugt bin, meinem Körper und meinen Empfindungen grundsätzlich vertrauen zu können, werde ich vermutlich eine mehr liberale Sicht der politischen wie auch der endgültigen Realität haben. Ich werde Neues und bislang Unbekanntes als vorherrschend betrachten, nicht Gesetzmäßigkeit und Notwendigkeit. Das wird am deutlichsten an der Korrelation zwischen den Einstellungen zum Körper, der Natur der politischen Ordnung und der Stellung des Metaphysischen in einem historischen Phänomen wie dem Gnostizismus. Der Gnostizismus betrachtete durchweg einen feindlichen Gott (den *demiourgos*) als Schöpfer des Körpers, der *polis* und des Kosmos. Daher mußten alle drei vom Menschen auf seinem Streben nach Erlösung gleichermaßen mit Mißtrauen betrachtet und abgelehnt werden. Ob derart überzeugende Korrelationen in allen Fällen zurückverfolgt werden können, steht noch dahin. (Es ist also dringend notwendig, die funktionale Bedeutung verschiedener Arten metaphysischer und religiöser Bestimmungssymbole empirisch zu untersuchen.) Uns geht es jedoch hier nur darum zu zeigen, daß eine Vorstellung von Gott mit einer inkarnierten Sicht des Menschen vereinbar ist, die uns bestätigt, daß dem Körperlichen vertraut werden kann. Wir behaupten keineswegs, daß eine solche Vorstellung dringend notwendig ist. Wenn wir jedoch das Wort Gott benutzen wollen, dann sollte es bedeuten, daß dem letztendlichen Sinn menschlicher Existenz ebenso vertraut werden kann wie dem Körperlichen und der Welt. Gegenüber all jenen Dimensionen der Wirklichkeit, die auf das Individuum einwirken, sich aber seiner letzten Kontrolle entziehen, sollte eine Haltung der Offenheit, Erwartung und dessen eingenommen werden, was Erikson »Grundvertrauen« genannt hat.

Wenn wir uns gegenüber den irdischen Gewißheiten verschließen, muß unsere Theologie Stückwerk bleiben. Wir mögen uns zwar des Wortes Gott bedienen, um die Einheit und Vertrauenswürdigkeit des unerforschlichen Ursprungs und Endes jeder irdischen

Wirklichkeit zu bezeichnen, aber wir können nicht behaupten, irgendein *Wissen* über Gott zu besitzen. Eine aufrichtige Theologie ist notwendigerweise agnostisch. Kein menschliches Wesen kann eine Position beanspruchen, von der aus es mit Recht behaupten könnte, irgendein Wissen über das Wesen Gottes zu besitzen, oder über die Angemessenheit einer Konstellation historischer Ereignisse oder Personen, die als Offenbarung Gottes dienen könnten. Das Wort Gott hat eine unverzichtbare Funktion für den Menschen, den es nach einer dauerhaften Bestätigung der Vertrauenswürdigkeit des Mysteriums verlangt, das seine Existenz umgibt, doch es ist kein Wort, dem er einen Inhalt geben könnte. Wir können sagen, daß die Vorstellung von Gott dazu dient (als Begrenzungskonzept, wie Kant es genannt hat), unsere Beteuerungen über den unbekannten Ursprung und das unbekannte Ende irdischer Realität zu vereinheitlichen und dementsprechend zu hoffen und zu handeln. Es könnte durchaus angeraten sein, daß eine Theologie, die die Körperlichkeit des Menschen ernst nimmt, zu dem alten jüdischen Brauch zurückkehrt, den Namen Gottes nur einmal im Jahr zu nennen. Auf diese Weise könnten wir einerseits die Bedeutung der Vorstellung von Gott sowie jener Erwartungen und Handlungen, die mit der Hingabe an eine solche Idee verbunden sind, betonen, uns andererseits aber von der Anmaßung freimachen, wir würden Gott kennen. Ein aufrichtiger Theologe wird zugeben, daß er nicht weiß, was er meint, wenn er das Wort Gott ausspricht, auch wenn er sehr wohl weiß, warum er es aussprechen muß. Er kennt die Funktion des Begriffs, aber nicht seine Definition. Und die Anwendung des Begriffs ist durchaus berechtigt, wenn dadurch bewiesen wird, daß das menschliche Leben hoffnungsvoller, offener und kreativer wird, wenn wir es wagen, von Gott zu sprechen, als wenn wir es nicht tun.

Auch wenn eine instinktive Theologie in ihrer Anschauung von Gott zwangsläufig agnostisch ist, kann sie nichtsdestoweniger über großes Wissen über das Heilige verfügen. Wir könnten die Aufgabe der Theologie sogar als empirisches Kartographieren der Vielfalt menschlicher Erfahrungen des Heiligen definieren. Im besten Fall ist Theologie Phänomenologie. Oder — wenn es uns gestattet ist, ein böses Wort zu kreieren — Numenologie, die Wissenschaft von den Erscheinungsformen des Heiligen in der menschlichen Erfahrung. Ihre Aufgabe ist die unablässige Erforschung der sich verändernden Art und Weise, in der sich das Unantastbare und Gnadenvolle in der menschlichen Erfahrung zeigt. In der Verfolgung dieser Aufgabe ist sie verpflichtet, viele unterschiedliche Disziplinen und Ausdrucksformen auf der Suche nach jenen Elementen zu erkunden, die tatsächlich dazu dienen, das menschliche Leben würdiger und weniger antastbar machen. Die Religion ist nur in dem Maß eine Aufgabe der Theologie, in dem sie diese Bedingungen erfüllt. In einem bestimmten Zeitalter kann es die Politik sein oder die Kunst, die Psychologie oder die Bildung, innerhalb derer das überzeugendste Zeugnis für die Anwesenheit des Heiligen entdeckt werden kann. Es bleibt eine beständige Aufgabe der Theologen, zwischen dem Heiligen und dem nur rhetorisch Heiligen zu unterscheiden, da die reine Rhetorik des Heiligen — ob nun in der Politik angewandt *(In God We Trust)* oder in der Religion (Du mußt an den Herrn Jesus Christus glauben, um erlöst zu werden) — tatsächlich dazu dienen kann, das menschliche Leben zu erniedrigen.

Einige praktische Folgerungen —Für eine Auferstehung des Körperlichen

Die Vorstellung einer instinktiven Theologie wird bei religiösen Profis nicht gerade Freude auslösen. Wenn die Theologie auf eine derart bescheidene Funktion beschränkt wird (die Erklärung der Funktion des Wortes Gott), wenn das Heilige im irdischen Alltag gefunden werden kann, welcher Raum bleibt dann noch für religiöse Institutionen? Wenn die Kirche nicht länger der einzige Wächter des Heiligen ist, die mit ihren Worten Zeugnis ablegt von der »Es war einmal«-Inkarnation des Heiligen in der Geschichte Israels — mit welchen Argumenten könnte sie dann wohl ihr Weiterbestehen rechtfertigen?

Ich habe nicht die Absicht, die Frage nach der Notwendigkeit von Organisationen und Institutionen zu stellen. Allerdings möchte ich feststellen, daß ich die moderne anarchistisch-romantische Polemik gegen Institutionen für naiv halte, auch wenn sie verständlich sein mag. Für mich bestand zwischen Vitalität und Form, Erfahrung und Reflexion, Charisma und Organisation stets eine dialektische Beziehung. Daher kann nicht gefragt werden, ob es überhaupt Organisationen und Institutionen geben soll. Die Frage muß vielmehr lauten: Welche Arten von Organisationen und Institutionen sind zwingend nötig, um gegenüber der Erfahrung des Heiligen aufgeschlossen zu sein und zu bleiben. Falls sie irrelevant geworden sein sollten, dann liegt das nicht daran, daß sie Institutionen sind, sondern vielmehr daran, daß sie sich gegenüber dem zunehmenden Bewußtsein für das Heilige als reaktionsunfähig erwiesen haben. Die Theologie ist ein gefährliches Unterfangen, weil sie die Illusion fördert, daß zwischen dem Gespräch über Gott und der Erfahrung des Heiligen notwendigerweise eine Beziehung besteht. Jede Institution, die so kühn ist, sich der theologischen Sprache zu bedienen, hat die Verpflichtung, Erfahrung und Rhetorik eng verbunden zu halten. Andernfalls kann sie mit Recht heuchlerisch genannt werden.

Ich werde meine Hinweise für die Kirche in die Form von Imperativen fassen, da ich fest davon überzeugt bin, daß institutionelle Treue zur Erfahrung des Heiligen ein paar recht rigorose Reformen bedingt.

Wenn die Theologie sich aufrichtig an die Grenzen dessen halten will, was für einen inkarnierten, befindlichen Menschen erkennbar ist, dann muß sie sehr viel demütiger werden, als sie es in der Vergangenheit war. Dabei rede ich nicht von der Pseudo-Demut einer Generation durch Barth beeinflußter Theologen, die die Verantwortung für die Form christlicher Theologie und deren Institution Gott übertrugen. Demut heißt, eng mit dem Irdischen verbunden zu bleiben. Übertragen in Begriffe der Psychologie und der Erkenntnistheorie bedeutet das, sich eng an beschränkte, historische und relative Erfahrungen zu halten. Eine demütige Theologie würde sich auf die Reflexionen des Einzelnen über seine eigenen Erfahrungen mit dem Heiligen begründen. Sie wäre im Grunde ein systematischer Zeuge des Heiligen, wie es von dem befindlichen historischen Menschen erfahren wird. Sie würde danach trachten, mit den Erfahrungen einer größeren Gemeinschaft übereinzustimmen, aber sie würde sich nicht auf einem Ereignis begründen, das in der gegenwärtigen Zeit nicht verfügbar ist. Demut in der Theologie heißt, das Heilige auf heimischem Boden zu entdecken.

Eine instinktive Theorie räumt dem Tastsinn, dem

Erspüren, eine größere Bedeutung ein als dem Hören. In unserem postreformatorischen Zeitalter wird das Wort Gottes nicht länger mit gläubigen Ohren vernommen. Das Heilige muß in dem entdeckt werden, was uns bewegt und anrührt, was uns erzittern läßt, was nah ist, nicht entrückt, im Gewöhnlichen und nicht im Außergewöhnlichen, im Einheimischen und nicht im Importierten.

Eine instinktive Theologie erfordert daher eine Wiedererweckung des Körpers, eine Auferstehung des Körperlichen. In Norman Browns Buch *Love's Body* ist beeindruckend dargestellt, was es bedeuten könnte, wenn wir die Repression abschütteln und zu dem zurückkehren, was Freud das »polymorphe, perverse System der Kindheit« genannt hat. Aber Brown begeht einen fatalen Fehler, der typisch protestantisch ist. Als es ihm um den passendsten Ausdruck des dionysischen oder erotischen Bewußtseins geht, findet er ihn in einem Wortspiel, das der Kern der Poesie ist. Ohne die dringende Notwendigkeit eines spielerischeren Umgangs mit der Sprache, besonders der theologischen Ausdrucksweise, leugnen zu wollen, müssen wir doch darauf hinweisen, daß Worte, selbst poetische Worte, allein nicht genügen. Der reale, prosaische, fleischliche Körper muß resensibilisiert und in der Heiligkeit unterwiesen werden, die in seinen Empfindungen verborgen ist. In einem Zeitalter der Werbung sind Gespräche, Geschwätz, Worte (selbst Worte von der »psychosomatischen Einheit des Menschen« oder einer instinktiven Theologie) nicht fähig, uns zu heilen und zu erlösen.

Wenn es, wie wir behauptet haben, eine Beziehung zwischen dem Körperlichen und dem Heiligen gibt, dann muß die Kirche nach Wegen suchen, um eine

Wiedererweckung oder Achtung vor dem Körper und seinen Rhythmen zu bewirken. Es gibt etliche Ansatzpunkte, an denen diese Suche beginnen könnte. Östliche Religionen haben die physische Disziplin des Yoga in mehr als zweitausend Jahren verfeinert. Vielleicht ist der Zeitpunkt für uns gekommen, zur Abwechslung einmal um Missionare aus dem Osten zu bitten! In den vergangenen Jahren haben Sensitivitätstraining und Trainingsgruppen einer großen Anzahl von Menschen dabei geholfen, wieder ›zu Sinnen zu kommen‹. Die Sonntagmorgenbarriere, die verhindern soll, daß wir bewegt und angerührt werden (mit Ausnahme durch die Worte, die an die Gemeinde gerichtet sind), sollte niedergerissen werden. Eine Kirche aus einem Nexus von Trainings- und Begegnungsgruppen, in der Empfindungen von Zorn, Vertrauen und Verherrlichung ausgetauscht werden können, hätte ein bei weitem großartigeres, würdigeres Potential als die augenblickliche wortorientierte Kirche. Es könnte Zeit für diese Generation von Geistlichen sein, eine Pilgerfahrt nach Esalen zu unternehmen.

Die Zeit ist reif dafür, zum Primitiven, dem Ursprünglichen, dem Sterblichen zurückzukehren Ich möchte Arthur Darby Nocks Worte wiederholen: »Primitive Religion wird nicht geglaubt. Sie wird getanzt.« Worte, Konzepte, Doktrinen und Ideen sind unerläßlich für die Erlangung von Klarheit und für folgerichtiges Handeln. Es ist eine Zeit der Worte. Sie hat mit der Reformation begonnen und dauert heute noch an. Doch jetzt sind wir es leid, in einem Meer des Wortgeklingels unterzugehen. Das Wort muß im Fleischlichen wiederentdeckt werden. Die Religion muß zum Tanz zurückkehren. Vielleicht ist Alexis Zorbas der Heilige unserer Zeit.

Wenn die Kirche an der Aufgabe scheitert, eine instinktive Theologie zu entwickeln, wenn sie versagt, dem modernen Menschen dabei zu helfen, seinen Körper und seine Gefühle wieder zu entdecken und zu achten, vernachlässigt sie eine Quelle gemeinsamer Gnade ebenso wie den Ursprung, aus dem Mitgefühl erwächst. Sie würde damit der Inkarnation des Heiligen in unserer Geschichte, in unserem Fleisch den Rücken zukehren.

Band 60353

Sam Keen
Feuer im Bauch

Was ist heutzutage eigentlich ein richtiger Mann? Die alte Männlichkeits-Rolle ist ausgespielt, der „Softie" war auch keine Alternative. Wie sollen sich Männer also in Zukunft verhalten, was soll aus ihnen werden?
Sam Keen untersucht die politischen, wirtschaftlichen und mythischen Ursachen der männlichen Unrast und hilft, sinnvolle Antworten zu finden. Darüber hinaus unterzieht er die Beziehung von Mann und Sex, Mann und Krieg, Mann und Arbeit einer kritischen Betrachtung und zeigt auf diesen Gebieten neue Rollen, andere Vorbilder auf.
FEUER IM BAUCH ist daher ein Leitfaden auf der Suche nach dem neuen Mann.

„Seit langem das Intelligenteste,
was zu diesem unendlichen Thema zu lesen war."
Zeit-Magazin

Band 66273

Joe Tanenbaum

Mann und Frau – oder der große Unterschied

Der »kleine Unterschied« ist allgemein bekannt. Wenn Mann und Frau sich aber so wenig unterscheiden, warum tobt dann seit Jahrhunderten der Kampf der Geschlechter?

Mann und Frau sind ganz verschieden. Joe Tanenbaum, Spezialist für zwischenmenschliche Beziehungen, hat den großen Unterschied erforscht. In diesem Buch erklärt er die grundlegenden Verschiedenheiten männlichen und weiblichen Verhaltens und gibt zahlreiche Hinweise, wie man das Zusammenleben der Geschlechter unkomplizierter und für beide Teile erfreulicher gestalten kann.

BASTEI LÜBBE

Band 66272

Perikles Kastrinidis

Wenn Liebe krank macht

Es erscheint paradox, daß Liebe Unwohlsein, Übelkeit oder gar ernstzunehmende Krankheiten auslösen kann. Schwebt nicht jeder Verliebte auf rosa Wölkchen? Doch auch die Liebe erfährt den grauen Alltag. Wenn in der Beziehung Probleme auftauchen, sendet der Körper Schmerzen als Signale, denn Leib und Seele bilden eine Einheit. Durch Schmerzen will der Körper warnen, schützen und helfen.
Wer die Sprache seines Körpers mit Hilfe dieses Buches verstehen lernt, kann Beziehungskonflikte erkennen, lösen oder vielleicht sogar verhindern.

Perikles Kastrinidis ist Facharzt für Psychiatrie und Psychotherapie. Seit einigen Jahren praktiziert er in Zürich.

BASTEI LÜBBE